集人文社科之思 刊专业学术之声

集刊名：理论与史学

主办单位：中国社会科学院历史理论研究所
　　　　　中国史学理论与史学史研究室

总第10辑

集刊序列号：PIJ-2024-504

中国集刊网：www.jikan.com.cn/ 理论与史学

集刊投约稿平台：www.iedol.cn

AMI（集刊）入库集刊
中国学术期刊网络出版总库（CNKI）收录

中国歷史研究院
Chinese Academy of History
学 术 性 集 刊 资 助

理论与史学

2024年第1辑 （总第10辑）

中国社会科学院历史理论研究所
中国史学理论与史学史研究室 / 编

社会科学文献出版社
SOCIAL SCIENCES ACADEMIC PRESS (CHINA)

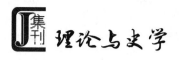

理论与史学

2024年第1辑
总第10辑

秦汉社会的"民""族""国家"意识

王子今^{**}

摘　要：秦汉时期社会意识中尚未出现与今天通常所谓"民族"接近的理念。当时的"民"，如《说文解字·民部》所谓"民，众萌也"，"氓，民也"，一般指代社会下层群众。"族"则多用以言"宗族""家族""氏族"等。"族"的字义，历史衍生复杂，稍晚才用来指称类似后来"民族"的族群。"国家"在汉代文字遗存中多见应用，语义与后世不尽相合。考察秦汉时期的民族史与行政史，不宜生硬套用现代化"民族""国家"语词，以避免概念化、公式化误说。

关键词：秦汉　民　族　民族　国家

秦汉时期是中国民族史进程中的重要历史阶段。当时社会意识中尚未出现与今天通常所谓"民族"一语接近的理念。当时的"民"，如《说文解字·民部》所谓"民，众萌也"，"氓，民也"，作为大略阶级区分的符号，^①一般

---

* 本文系 2020 年度国家社科基金中国历史研究院重大研究专项（"兰台学术计划"）"中华文明起源与历史文化研究专题"委托项目"中华文化基因的渊源与演进"（20@WTC004），2023年国家社科基金"铸牢中华民族共同体意识研究专项"项目"新发现周秦汉唐西北民族关系史料的整理与研究"（23VMZ006）阶段性成果。

** 王子今，"古文字与中华民族传承发展工程"协同攻关创新平台，中国人民大学国学院，西北大学铸牢中华民族共同体意识研究基地。

① 段玉裁注："古谓'民'曰'萌'，汉人所用，不可枚数。""今《周礼》'以兴锄利甿'，许《耒部》引'以兴锄利萌'，愚谓郑本亦作'萌'，故注云：变'民'言'萌'，异外内也。'萌'犹懵懵无知皃也。郑本亦断非'甿'字。大氐汉人'萌'字，浅人多改为'氓'，如《周礼音义》此节摘致氓是也。继又改'氓'为'甿'，则今之《周礼》是也。说详《汉读考》。'民''萌'异者，析言之也。以'萌'释'民'者，浑言之也。"《诗》：'氓之蚩蚩。'《传》曰：'氓，民也。'《方言》亦曰：'氓，民也。'《孟子》：'则天下之民皆悦而愿为之氓矣。'赵岐注：'氓者，谓其民也。'按此则'氓'与'民'小别。盖自他归往之民则谓之'氓'。故字从'民''亡'。"许慎撰，段玉裁注《说文解字注》，据经韵楼藏版影印，上海古籍出版社，1981，第627页。

指代社会下层群众。"族"则往往用以言"宗族""家族""氏族"等。所谓"族类"，也以"宗族"为判别基点。"族"的字义，历史衍生有复杂的变化，稍晚才用来指称类似后来"民族"的族群。汉代社会意识中"大汉""皇汉""强汉"之"汉"似并非民族意识的体现，而颇类同国家意识。"国家"在汉代文字遗存中已经多见应用，语义则与后世不尽相合。对于秦汉时期民族史与行政史的科学考察，应当从生动鲜活的历史文化现象出发，不宜简单生硬地套用现代"民族""国家"语词，以避免概念化、公式化的误说。研究者应当对刻舟求剑、削足适履等误识误判情形有以警觉。

一　中原人的"夷狄"观及"攘夷狄"理念的历史变化

秦始皇时代实现统一，即所谓"秦并天下"①，并非仅仅兼并六国，也包括对北河与南海异族地方的征服。②《史记》卷一五《六国年表》记载："及文公逾陇，攘夷狄，尊陈宝，营岐雍之间，而穆公修政，东竟至河，则与齐桓、晋文中国侯伯侔矣。"③说秦文公政治功业，包括"攘夷狄"。此后又言秦穆公"西霸戎翟，广地千里，天子致伯，诸侯毕贺，为后世开业，甚光美"。但是东方人对秦，依然长期"夷翟遇之"④，史称"诸夏宾之，比于戎翟"⑤。东方人又有"秦戎翟之教"⑥"秦杂戎翟之俗"⑦"秦与戎翟同俗"⑧的说法。这样的社会认识，经历秦政经营以及汉初的觉悟，似乎有逐步淡化渐次

---

① 《史记》卷二八《封禅书》，中华书局，1959，第1366、1371页。
② 王子今：《秦统一局面的再认识》，《辽宁大学学报》（哲学社会科学版）2013年第1期；《论秦始皇南海置郡》，《陕西师范大学学报》（哲学社会科学版）2017年第1期。
③ 《史记》，第682页。
④ 《史记》卷五《秦本纪》："秦僻在雍州，不与中国诸侯之会盟，夷翟遇之。"第202页。
⑤ 《史记》卷一五《六国年表》："秦始小国僻远，诸夏宾之，比于戎翟。至献公之后，常雄诸侯。论秦之德义，不如鲁、卫之暴戾者。"第685页。
⑥ 《史记》卷六八《商君列传》："始秦戎翟之教，父子无别，同室而居。"第2234页。
⑦ 《史记》卷一五《六国年表》："今秦杂戎翟之俗，先暴戾，后仁义，位在藩臣，而胪于郊祀，君子惧焉。"第685页。
⑧ 《史记》卷四四《魏世家》："无忌谓魏王曰：'秦与戎翟同俗，有虎狼之心，贪戾好利无信，不识礼义德行，苟有利焉，不顾亲戚兄弟，若禽兽耳。此天下之所识也，非有所施厚积德也。'"第1857页。

消除的趋向。

我们注意到，《史记》卷五《秦本纪》言秦先祖"子孙或在中国，或在夷狄"，秦穆公与戎王使者由余讨论过"中国"与"戎夷"的文化差异，"（秦穆公）三十七年，秦用由余谋伐戎王，益国十二，开地千里，遂霸西戎"。这一成功得到周天子的肯定，"天子使召公过贺缪公以金鼓"。又写道："秦缪公广地益国"，"西霸戎夷"。秦孝公以"秦僻在雍州，不与中国诸侯之会盟，夷翟遇之"，决心自强，以仿效"昔我缪公自岐雍之间，修德行武……西霸戎翟，广地千里"。秦惠文王"十一年，县义渠"，"义渠君为臣"，更元十年（前315），"伐取义渠二十五城"，"武王元年""伐义渠"①，都是带有民族战争性质的军事行动。秦昭襄王时代彻底解决了西北方向的民族问题，"义渠之事已"②，如马非百《秦集史》所说，"使秦人得以一意东向，无复后顾之忧"③，于是"五十三年，天下来宾"④，成就了"昭襄业帝"⑤的大一统的奠基准备。

然而秦统一后，丞相王绾、御史大夫冯劫、廷尉李斯等"议帝号"时说"昔者五帝地方千里，其外侯服夷服"，周青臣进颂，也说："他时秦地不过千里，赖陛下神灵明圣，平定海内，放逐蛮夷，日月所照，莫不宾服。"然而可以读作秦帝国政治宣言的秦始皇出巡各地刻石的内容中，却未见涉及"蛮夷""戎翟"的字样。即使会稽刻石言及对越地风习的否定如"防隔内外，禁止淫泆，男女絜诚；夫为寄豭，杀之无罪，男秉义程；妻为逃嫁，子不得母，咸化廉清"等⑥，也是如此。尽管秦有对"蛮夷"进行控制和管理的政策法规⑦，但如同秦始皇各地"刻石颂秦德""立

---

① 《史记》，第 174、192、194—195、206—207、209 页。
② 《史记》卷七九《范睢蔡泽列传》，第 2406 页。
③ 马非百：《秦集史》，中华书局，1982，第 108 页。
④ 《史记》卷五《秦本纪》，第 218 页。
⑤ 《史记》卷一三〇《太史公自序》，第 3302 页。
⑥ 《史记》卷六《秦始皇本纪》，第 23、254、262 页。
⑦ 王勇：《里耶秦简所见迁陵蛮夷与秦朝蛮夷政策》，《中央民族大学学报》（哲学社会科学版）2019 年第 1 期；邹水杰：《秦代属邦与民族地区的郡县化》，《历史研究》2020 年第 2 期。

石颂秦德"① 这种正式的政令文字中，似乎已经不使用"蛮夷""戎翟"以为宣传用语。秦二世"外抚四夷，如始皇计"，继承秦始皇的既定方针，一个"抚"字，也许透露出秦统一之后国家"四夷"政策的原则。右丞相冯去疾、左丞相李斯、将军冯劫进谏，"请且止阿房宫作者，减省四边戍转"。秦二世说："先帝起诸侯，兼天下，天下已定，外攘四夷以安边竟，作宫室以章得意，而君观先帝功业有绪。"② 他以始皇"作宫室以章得意"驳回"止阿房宫作者"的建议。对于"减省四边戍转"，二世说"天下已定，外攘四夷以安边竟"，称此为"先帝功业有绪"，似是说"天下已定"之后与"四夷"的关系并不力争继续进取，而以求"安边竟"为战略原则。这也符合"外抚四夷，如始皇计"的说法。

刘邦建国成功，"汉""并天下"③，"大一统"政治格局确立并得以巩固。民族关系史进入了新的阶段。先秦时期已经有"和戎""和亲"，结成"兄弟之国""甥舅之国"的政治婚姻形式。④ 汉初与匈奴"和亲"，继承了这一策略。作为统一帝国，则可以看作处理民族关系的一种创制。⑤ 而"关市"对民族错居地区经济生活的影响更为长久。⑥

到了汉武帝时代，"汉"作为标志性符号的文化体系初步形成。占据当时思想文化制高点的《史记》开创了专门的民族史书写。《史记》透露的司马迁的民族意识与儒学传统"华夷异处，戎夏区别"⑦ 理念有所别异。太史

---

① 《史记》卷六《秦始皇本纪》，第 242、244 页。
② 《史记》卷六《秦始皇本纪》，第 271 页。
③ 《史记》卷九九《刘敬叔孙通列传》，第 2722 页。"汉并天下"瓦当发现颇多，见陕西省考古研究所秦汉研究室编《新编秦汉瓦当》，三秦出版社，1986，第 221—223 页。
④ 宋超：《和亲史话》，社会科学文献出版社，2012，第 1—2 页。
⑤ 王子今：《汉景帝时代的"和亲"与"不和亲"》，《中央民族大学学报》（哲学社会科学版）2022 年第 6 期；《早期丝绸之路跨民族情爱与婚姻》，《陕西师范大学学报》（哲学社会科学版）2016 年第 1 期。匈奴也曾经采用"和亲"方式实现对西域国家的控制。王子今：《匈奴经营西域研究》，中国社会科学出版社，2016，第 124—132 页。
⑥ 王子今：《汉代河西长城与西北边地贸易》，中国长城学会编《长城国际学术研讨会论文集》，吉林人民出版社，1995；王子今、李禹阶：《汉代北边的"关市"》，《中国边疆史地研究》2007 年第 3 期。
⑦ 《晋书》卷二九《江统传》，中华书局，1974，第 1532 页。

公正式为中原民族以外的"匈奴""南越""东越""朝鲜""西南夷""大宛"等诸族立传,是中国史学的伟大创举。司马迁之《史记》不仅能够克服"史绩复杂"的困难,"叙述""详博""明晰",堪称"此类记述之最好模范","惜后世各史之记事,能如此者绝希"①,而且公允地承认多民族对华夏文明进步的积极影响,尤其显现其史识高明。对于"胡人"在西汉重心地方的作用,《史记》也保留了珍贵的记忆。就丝绸之路开通的历史,司马迁笔下对草原民族的贡献有所表彰。司马迁赞扬"胡服之功"②,承认和尊重文化风习的"四夷各异"③,也体现了明智合理的历史意识。《史记》对于战国秦汉时期"冠带""夷狄"之间民族关系史的记述、理解和说明,证明今人应当重视司马迁民族意识的积极意义。④ 这样的意识,体现出在司马迁生活的时代,民族关系进入了新的阶段,开明士人的民族意识达到了新的境界。

二 《史》《汉》"族"字指意

《说文解字·㫃部》:"族,矢缝也。束之族族也。从㫃,从矢。㫃所目标众,众矢之所集。"段玉裁注:"今字用镞,古字用族。《金部》曰:'镞者,利也。'则不以为矢族字矣。""族族,聚皃。《毛传》云:五十矢为束。引伸为凡族类之偁。""此说从㫃之意,㫃所以标众者,亦谓旌旗所以属人耳目,旌旗所在而矢咸在焉。'众'之意也,《韵会》《集韵》《类篇》皆引此。而衍'一曰从'三字,则不可解矣。"⑤ 大致可以理解,"族"字言"聚""众",自箭镞而来,"引伸为凡族类之偁"。

"族"在史籍文献中,以《史记》《汉书》为例,出现最为密集的是

① 梁启超:《中国历史研究法》第六章"史迹之论次"论"(《史记》)《西南夷列传》之叙述法",中华书局,2015,第105—106页。
② 《史记》卷四四《赵世家》,第180、1808页。
③ 《史记》卷一三〇《太史公自序》,第3225页;《史记》卷一二八《龟策列传》褚少孙补述,第3318页。
④ 王子今:《"冠带""夷狄"之间:司马迁的民族意识》,《中华民族共同体研究》2022年第1期。
⑤ 许慎撰,段玉裁注《说文解字注》,第312页。

"宗族"。①

此外，又有"家族"②"氏族"③等概念的使用。

《史记》所见"公族"主要言东周各国等级高贵的"族"。④《汉书》关于西汉史的记述也使用这一称谓。⑤此外，又有"贵族"⑥"强族"⑦"大

---

① 《史记》卷一八《高祖功臣年表》，第968页；《史记》卷三五《管蔡世家》，第1572页；《史记》卷四六《田敬仲完世家》，第1881页；《史记》卷五九《五宗世家》，第2101页；《史记》卷六九《苏秦列传》，第2262页；《史记》卷八六《刺客列传》，第2524、2532页；《史记》卷八七《李斯列传》，第2561页；《史记》卷九〇《魏豹彭越列传》，第2594页（又《汉书》卷三四《彭越传》，中华书局，1962，1881页）；《史记》卷九二《淮阴侯列传》，第2630页；《史记》卷九七《郦生陆贾列传》，第2697页；《史记》卷一〇七《魏其武安侯列传》，第2847页（又《汉书》卷五二《灌夫传》，第2384页）；《史记》卷一一一《卫将军骠骑列传》，第2929页（又《汉书》卷五五《霍去病传》，第2479页）；《史记》卷一一三《南越列传》，第2970、2972页（又《汉书》卷九五《南粤传》，第3851、3855页）；《史记》卷一一四《东越列传》，第2981页；《汉书》卷二七中之下《五行志中之下》，第1928页；《汉书》卷三六《刘向传》，第1960、1962页；《汉书》卷四五《江充传》，第2178页；《汉书》卷五一《贾山传》，第2335页；《汉书》卷五三《景十三王传·广川惠王刘越》，第2427页；《汉书》卷五九《张安世传》《张延寿传》，第2649、2654页；《汉书》卷六〇《杜延年传》，第2665页；《汉书》卷六二《司马迁传》，第2727页；《汉书》卷六六《刘屈氂传》《杨恽传》，第2883、2890页；《汉书》卷六八《霍光传》《金日磾传》《金安上传》，第2936、2958、2960、2967页；《汉书》卷六九《辛庆忌传》，第2997页；《汉书》卷七一《疏广传》，第3040页；《汉书》卷七三《韦玄成传》，第3115页；《汉书》卷七六《赵广汉传》《韩延寿传》，第3199—3200、3213页；《汉书》卷七七《郑崇传》，第3256页；《汉书》卷七九《冯奉世传》《冯参传》，第3293、3307页；《汉书》卷八二《王商传》，第3372页；《汉书》卷九二《楼护传》，第3707页；《汉书》卷九三《佞幸传·李延年》，第3726页；《汉书》卷九七上《外戚传上·孝昭上官皇后》，第3959页；《汉书》卷九七下《外戚传下·定陶丁姬》《外戚传下·孝元冯昭仪》，第4004、4007页；《汉书》卷九八《元后传》，第4022、4025、4032页；《汉书》卷九九上《王莽传上》，第4082页；《汉书》卷九九下《王莽传下》，第4184—4185、4193—4194页；《汉书》卷一〇〇上《叙传上》，第4199页。

② 《汉书》卷九七上《外戚传上·孝武李夫人》，第3956页。

③ 《汉书》卷一〇〇上《叙传上》，第4208页。

④ 《史记》卷一四《十二诸侯年表》，第612、660页；《史记》卷三九《晋世家》，第1670页；《史记》卷四六《田敬仲完世家》，第1884页；《史记》卷六五《孙子吴起列传》，第2168页；《史记》卷一〇五《扁鹊仓公列传》，第2786页。

⑤ 《汉书》卷二八下《地理志下》，第1656页；《汉书》卷三六《刘向传》，第1966页；《汉书》卷四七《文三王传·梁怀王刘揖》，第2216—2217页；《汉书》卷七七《刘辅传》，第3253页；《汉书》卷一〇〇下《叙传下》，第4240页。

⑥ 《史记》卷八《高祖本纪》，第386页。

⑦ 《史记》卷一二九《货殖列传》，第3261页；《史记》卷一三〇《太史公自序》，第3316页。

族"①"名族"②诸说，均形容这些"族"声望、地位、实力方面的强势。

《史记》卷四六《田敬仲完世家》可见"疏族"③，涉及"族"中的亲疏区别。《史记》卷三四《燕召公世家》裴骃《集解》引"谯周曰"说到"支族"④，或许大致义近《汉书》卷六九《辛庆忌传》所谓"宗族支属"⑤。

《史记》卷七一《樗里子甘茂列传》所见"外族"⑥，应是说明宗族之间相互关系时出现的说法。《史记》卷八二《田单列传》："即墨即降，愿无虏掠吾族家妻妾，令安堵。"⑦所谓"族家"之说值得注意。"吾族家"之外者，或许就是"外族"。这里"外族"并非指其他部族或民族。《汉书》卷六三《武五子传·燕刺王刘旦》两次说到"异族"："昔秦据南面之位，制一世之命，威服四夷，轻弱骨肉，显重异族，废道任刑，无恩宗室。""乃与它姓异族谋害社稷，亲其所疏，疏其所亲，有逆悖之心，无忠爱之义。"⑧所谓"异族"，只是指其他"宗族"即"它姓"，以区分宗族之间的"亲""疏"。

《史记》《汉书》又有"族类"的说法，如《史记》卷七八《春申君列传》："人民不聊生，族类离散，流亡为仆妾者，盈满海内矣。"⑨《汉书》卷九九下《王莽传下》："宗属为皇孙，爵为上公，知宽等叛逆族类，而与交通。"⑩此"族类"并非体现民族意识的语词。《左传·成公四年》有"非我族类，其心必异"语。"秋，公至自晋，欲求成于楚而叛晋。"而季文子曰："不可。晋虽无道，未可叛也。国大臣睦，而迩于我，诸侯听焉，未可以贰。史佚之志有之曰：'非我族类，其心必异。'楚虽大，非吾族也，其肯字我乎？"

---

① 《汉书》卷一下《高帝纪下》，第66页；《汉书》卷七六《赵广汉传》，第3200页；《汉书》卷七七《郑崇传》，第3254页。

② 《汉书》卷三一《项籍传》，第1798页；《汉书》卷六四上《徐乐传》，第2804页；《汉书》卷六四下《贾捐之传》，第2836页。

③ 《史记》，第1883页。

④ 《史记》，第1549页。

⑤ 《汉书》，第2997页。

⑥ 《史记》，第2313页。

⑦ 《史记》，第2455页。

⑧ 《汉书》，第2754、2758页。

⑨ 《史记》，第2391页。

⑩ 《汉书》，第4153页。

于是，"公乃止"。所谓"楚虽大，非吾族也"，杜预注："与鲁异姓。"①《史记》《汉书》所见"族类"，一如鲁人言"楚""非吾族"，即"楚""与鲁异姓"，也就是前说"它姓"。

秦汉史籍所谓"族"，多是言"宗族""家族""氏族"，而并非后来所谓"部族""民族"。正史中明确出现"民族"一语，有《南齐书》卷五四《高逸传·顾欢》文例："今诸华士女，民族弗革，而露首偏踞，滥用夷礼，云于翦落之徒，全是胡人，国有旧风，法不可变。"② 正史文献所见"民族"字样之另一例的出现，已经晚至《清史稿》了。③ 而"部族"称说在正史中的最初出现，则见于《旧唐书》。④

《三国志》卷三〇《魏书·乌丸传》记载阎柔事迹："广阳阎柔，少没乌丸、鲜卑中，为其种所归信。柔乃因鲜卑众，杀乌丸校尉邢举代之，（袁）绍因宠慰以安北边。后袁尚败奔蹋顿，凭其势，复图冀州。会太祖平河北，柔帅鲜卑、乌丸归附，遂因以柔为校尉，犹持汉使节，治广宁如旧。"建安十一年（206），曹操亲征蹋顿，击败袁尚与蹋顿，其余众"遗迸皆降"。"及幽州、并州柔所统乌丸万余落，悉徙其族居中国，帅从其侯王大人种众与征伐。由是三郡乌丸为天下名骑。"⑤ 这里所谓"悉徙其族居中国"之"族"，有可能在某种意义上已经有些接近后来"民族"的含义。

也就是说，直到晋人记述东汉末年史事，方才使用了有可能在某种意义上包含"民族"语义的"族"的概念。

---

① 阮元校刻《十三经注疏》，中华书局据原世界书局缩印本，1980，第1901页。
② 《南齐书》，中华书局，1972，第924页。
③ 《清史稿》卷四七七《循吏传二·时翔传》："南胜民族居峒中，多械斗。"中华书局，1977，第13008页。
④ 《旧唐书》卷一五八《郑从谠传》："阴山府沙陁都督李国昌部族方强，虎视北边。"中华书局，1975，第4169页。《旧唐书》卷一七四《李德裕传》："开成末，回纥为黠戛斯所攻，战败，部族离散，乌介可汗奉大和公主南来。""赤心部族又投幽州，乌介势孤，而不与之米，其众饥乏，渐近振武保大栅、杷头峰，突入朔州界乎。"第4521—4522页。《旧唐书》卷一九四下《突厥传下》："颉利之衰也，兄弟构隙而部族离心，当太宗之理，谋臣猛将讨逐之，其亡也宜哉。"第5193页。《旧唐书》卷一九五《回纥传》："史臣曰：自三代以前，两汉之后，西羌、北狄，互资部族，其名不同，为患一也。"第5216页。
⑤ 《三国志》，中华书局，1959，第835页。

三 "秦人"与"汉人"

西汉时期,匈奴人称中原人为"秦人",西域人也称中原人为"秦人"。[①]东汉时期,从新疆拜城刘平国刻石文字看,西域地方依然使用"秦人"名号。[②] 我们不仅看到匈奴人与西域人习称中原人为"秦人"的历史语言现象,更注意到西域中原人指代中原人也使用"秦人"称谓的情形。

这一文化现象可以说明丝绸之路的作用在秦人于西北方向形成影响的时代已经显现。作为社会称谓、民族代号和文化标识的"秦人",是可以说明中华民族交流交往交融历史的具有典型性意义的语言标本。

《史记》卷一二三《大宛列传》:"宛城中新得秦人,知穿井……"[③]《汉书》卷六一《李广利传》"宛城中新得汉人知穿井"[④]。所谓"汉人",又见于《汉书》卷九四下《匈奴传下》"与汉人交通"[⑤],《后汉书》卷一九《耿恭传》"后王夫人先世汉人"[⑥],《后汉书》卷四七《班勇传》"又禁汉人不得有所侵扰""汉人外孙"[⑦],《后汉书》卷八六《南蛮传》"以蛮夷率服,可比汉人",《西南夷传》"至天汉四年,并蜀为西部,置两都尉,一居旄牛,主徼外夷,一居青衣,主汉人",[⑧]《后汉书》卷八七《西羌传》"月氏来降,与汉人错居"[⑨],《后汉书》卷八八《西域传》"大人休莫霸复与汉人韩融等杀都末兄弟,自立为賨"[⑩],《后汉书》卷八九《南匈奴列传》"比密遣汉人郭衡奉匈奴地图","北单于惶恐,颇还所略汉人,以示善意","辄谢曰:'自击亡虏薁

---

① 《汉书》卷九四上《匈奴传上》,第3782页;《汉书》卷九六下《西域传下》,第3912—3913页。
② 王炳华:《"刘平国刻石"及有关新疆历史的几个问题》,《新疆大学学报》1980年第3期,收入《西域考古历史论集》,中国人民大学出版社,2008。
③ 《史记》,第3177页。
④ 《汉书》,第2701页。
⑤ 《汉书》,第3804页。
⑥ 《后汉书》,中华书局,1965,第721页。
⑦ 《后汉书》,第1588页。
⑧ 《后汉书》,第2823页。
⑨ 《后汉书》,第2899页。
⑩ 《后汉书》,第2925页。

鞮日逐耳，非敢犯汉人也'"①，《后汉书》卷九〇《鲜卑传》"汉人逋逃"②等。《史记》卷一一〇《匈奴列传》注引服虔、如淳说③，《汉书》卷四九《晁错传》注引张晏说④，《汉书》卷六一《张骞传》注引服虔说⑤，大体类同。

这里所谓"汉人"，可能重在强调汉王朝民人的身份。重视的是国家控制的属性，可能并非突出种族、民族的属性。以秦汉之际史事为例，《史记》卷九二《淮阴侯列传》所见"汉人"与"楚人"对应⑥，"汉"，用以区别政治阵营。当时中原人的国家意识似乎较民族意识更强。⑦

作为明确民族称谓的"汉人"的出现，可能还要晚一些。

以"汉子"作为人物指称，初见于《北齐书》卷二三《魏兰根传》：魏兰根族弟恺，"天保中迁青州长史，固辞不就。杨愔以闻。显祖大怒，谓愔云：'何物汉子，我与官，不肯就。明日将过，我自共语'"。⑧《史通》卷一七《外篇·杂说中》"北齐诸史三条"："中州名汉，关右称羌。"有学者以此为"中州名汉"的解说，⑨也就是作为"汉""羌"对应的民族名号。"汉子"是北族对汉人的称谓。又有以"汉子"为人名者，如"李汉子"见于《北齐书》卷四五《文苑传·樊逊》。⑩这一情形，或许也可以做相同的理解。有学者指出，与"汉子"相同的称谓，又作"汉"，其实出现更早。清人钱大昕《廿二史考异》卷三六《南史二·王懿传》："见仲德，惊曰：'汉已

---

① 《后汉书》，第 2942、2945 页。
② 《后汉书》，第 2991 页。
③ 《史记》，第 2889、2901 页。
④ 《汉书》，第 2287 页。
⑤ 《汉书》，第 2687 页。
⑥ 《史记》，第 2624 页。如此指向的"汉人"称谓，又见于《汉书》卷四五《蒯通传》，第 2164 页；《后汉书》卷一一《刘玄传》，第 476 页。
⑦ 王子今：《大汉·皇汉·强汉：汉代人的国家意识及其历史影响》，《南都学坛》2005 年第 6 期；《"汉朝"的发生：国家制度史个案考察的观念史背景》，《中国史学》第 18 卷，京都：朋友书店，2008。
⑧ 《北齐书》，中华书局，1972，第 332 页。
⑨ 张振珮笺注《史通笺注》，中华书局，2022，第 837、839 页。
⑩ 《北齐书》，第 614 页。

食未.'《辍耕录》云：今人谓贱丈夫曰汉子。引《北史》，魏该迁青州刺史，固辞，文宣帝大怒曰：'何物汉子，与官不就.'① 据此《传》，则晋时已有汉之称，亦非贱词也."② 而《北齐书》所见，确实表现出含鄙贱意味的民族歧视倾向。

四 "秦胡""秦虏"以及"胡巫""越巫""胡骑""越骑"

讨论匈奴与西域"秦人"称谓与汉地"秦胡""秦虏""秦骑"称谓的关系，也是有学术意义的话题。"秦胡"之"秦"与"秦虏"之称谓指代，大致是与西北民族形成融合，在生产方式、生活礼俗诸方面与内地民族传统显现一定距离的原中原民众。③

西汉时期，王朝上层有"胡巫"活动。④ 汉军编制中也有"胡骑"部队。甚至曾经承担长安近卫任务。⑤ 而匈奴单于身边也有汉人参与行政操作和军事谋划。在长安有活跃表现的"越巫"⑥，以及"越骑"见于军事史记录⑦，也值得民族史研究者注意。

自张骞"凿空"，丝绸之路的作用既表现于联络友好民族之间的关系，也表现于与隔绝敌对民族的交往。但是总体说来，中原人向往在少数民族聚

---

① 今按，《南村辍耕录》卷八"汉子"条："今人谓贱丈夫曰汉子。按北齐魏恺自散骑常侍迁青州长史，固辞。文宣帝大怒曰：何物汉子，与官不就。"陶宗仪：《南村辍耕录》，中华书局，1959，第 104 页。此说其实更早见于陆游《老学庵笔记》卷三："今人谓贱丈夫曰'汉子'，盖始于五胡乱华时。北齐魏恺自散骑常侍迁青州长史，固辞之。宣帝大怒，曰：'何物汉子，与官不就！'此其证也。"陆游：《老学庵笔记》，李剑雄、刘德权点校，中华书局，1979，第 29 页。《南村辍耕录》应袭用《老学庵笔记》，不取"五胡乱华"语，是民族关系史处于特殊阶段的缘故。

② 钱大昕：《廿二史考异》，陈文和主编《嘉定钱大昕全集》（增订本）第 2 册，凤凰出版社，2016，第 689 页。

③ 王子今：《说"秦胡""秦虏"》，《中国边疆史地研究》2019 年第 1 期。

④ 王子今：《西汉长安的"胡巫"》，《民族研究》1997 年第 5 期。

⑤ 王子今：《两汉军队中的"胡骑"》，《中国史研究》2007 年第 3 期。

⑥ 王子今：《两汉的"越巫"》，《南都学坛》2005 年第 1 期。

⑦ 王子今：《汉朝军制中的"越骑"部队》，《史学月刊》2010 年第 2 期。

居的西北方向的积极努力，已经成为社会意识的积极倾向。① 汉民族逐步形成了越来越宏大的文化共同体。各民族间文化交流与经济往来，甚至促成了更密切的族际交融。②

汉王朝与南越国之间的国家关系，是与民族关系相交错的。③ 与朝鲜的关系也相当复杂。④ 与乌桓、鲜卑之间，也体现政治关系与民族关系的彼此交织。⑤ 而文化交往多方面的条件，也是包括战争的。军事学家克劳塞维茨曾经指出："战争是一种人类交往的行为。"⑥ 与这一论点类似，马克思和恩格斯也写道："战争本身""是一种通常的交往形式"。他们特别重视民族关系在这种"交往"中的动态。马克思、恩格斯指出："对进行征服的蛮族来说，正如以上所指出的，战争本身还是一种通常的交往形式；在传统的、对该民族来说唯一可能的粗陋生产方式下，人口的增长越来越需要新的生产资料，因而这种交往越来越被加紧利用。"⑦

和亲与征伐彼此交替的国家关系和民族关系，在汉与匈奴的交往史中有鲜明表现。汉王朝在西域的经营，因时代条件的变化和执政者决策各有成败得失。民族关系的复杂和文化渊源的差异也是重要因素。

"秦人""秦胡""秦虏"以及"胡巫""越巫""胡骑""越骑"这些称谓形式中的"秦""胡""越"，在某种意义上是带有浓重民族色彩的符号，但同时也是区域标识。由当时的历史文化背景所决定，其身份、表现和历史作用，与所服务的政治力量即国家其实有更密切的关系。

---

① 周新：《论鄂城汉镜铭文"宜西北万里"》，《南都学坛》2018年第1期。
② 王子今：《早期丝绸之路跨民族情爱与婚姻》，《陕西师范大学学报》（哲学社会科学版）2016年第1期。
③ 王子今：《岭南移民与汉文化的扩张——考古资料与文献资料的综合考察》，《中山大学学报》（社会科学版）2010年第4期；《秦汉时期"中土"与"南边"的关系及南越文化的个性》，中国秦汉史研究会编《秦汉史论丛》第7辑，中国社会科学出版社，1998。
④ 王子今：《略论秦汉时期朝鲜"亡人"问题》，《社会科学战线》2008年第1期；《论杨仆击朝鲜楼船军"从齐浮渤海"及相关问题》，《鲁东大学学报》（哲学社会科学版）2009年第1期。
⑤ 王子今：《论秦汉辽西并海交通》，《渤海大学学报》（哲学社会科学版）2014年第2期。
⑥ 〔德〕克劳塞维茨：《战争论》第1卷，中国人民解放军军事科学院译，解放军出版社，1964，第179页。
⑦ 《马克思恩格斯选集》第1卷，人民出版社，2012，第206页。

五 "大汉""皇汉""强汉"：民族意识还是国家意识？

由于"大一统"国家形态与中央集权政治格局的形成和巩固，以及在与周边国家、部族联盟的直接接触（包括战争及和平交往）中显现的优势，汉代人的国家意识逐渐形成。当时人称自己所归属的文化共同体为"大汉""皇汉"，在对外关系中又有"犯强汉者，虽远必诛"的观念。《汉书》卷七〇《陈汤传》四次出现"强汉"一语。司马谷吉上书："臣幸得建强汉之节，承明圣之诏，宣谕厚恩，不宜敢桀。若怀禽兽，加无道于臣，则单于长婴大罪，必遁逃远舍，不敢近边。"匈奴郅支单于上书："居困厄，愿归计强汉，遣子入侍。"又作"单于上书言居困阨，愿归计强汉，身入朝见"。班固又记载："延寿、汤上疏曰：'臣闻天下之大义，当混为一，昔有唐虞，今有强汉。匈奴呼韩邪单于已称北藩，唯郅支单于叛逆，未伏其辜，大夏之西，以为强汉不能臣也。郅支单于惨毒行于民，大恶通于天。臣延寿、臣汤将义兵，行天诛，赖陛下神灵，阴阳并应，天气精明，陷陈克敌，斩郅支首及名王以下。宜县头槀街蛮夷邸间，以示万里，明犯强汉者，虽远必诛。'"① 自汉武帝以后，强国愿望付诸实践，并且深入到范围甚广的社会层面。汉代人的国家意识，对后世中国有深远的影响。

汉代史迹所见国家意识，其表现并不仅仅限止于政治生活，也对极宽广的社会文化层面形成影响。对某些政治意识或许可以从中寻找到具有典型性的历史标本。苏武事迹千古传颂就是一例。② 然而汉代社会"大汉""强汉""皇汉"意识的消极意义，一方面表现于在对"强国"和"富民"的政策导向进行高层择定时，往往前者被推崇而后者被压抑。而在臣民和国家的对立关系中，也形成了下层社会的人们必须牺牲个人利益以服从国家利益的政治道德定式。国家所表现出的文化强势，成为压迫个性自由的因素之一。另一方面，我们还看到，在汉王朝外交事务中表现出的国家虚荣心，也是形

---

① 《汉书》，第 3012、3015 页。
② 王子今：《说唐诗"苏武"咏唱》，《湖湘论坛》2013 年第 5 期。

成久远历史影响的值得重视的文化现象。①

　　值得我们特别注意的是，汉代文字遗存中已经可以频繁地看到"国家"一语。② 例如贾谊《过秦论》："延及孝文王、庄襄王，享国日浅，国家无事。"③《史记》卷七《项羽本纪》载项羽对宋义的指责："国兵新破，王坐不安席，埽境内而专属于将军，国家安危，在此一举。"④《史记》卷八《高祖本纪》记述刘邦登基，曾经虚伪辞让："汉王三让，不得已，曰：'诸君必以为便，便国家。'甲午，乃即皇帝位氾水之阳。"又说："镇国家，抚百姓，给馈饷，不绝粮道，吾不如萧何。"⑤ 又《史记》卷一〇《孝文本纪》记载汉文帝语："楚王，季父也，春秋高，阅天下之义理多矣，明于国家之大体。"⑥

六　汉代文物遗存与史籍文献所见"中国""国家""人民"

　　汉代文物资料中，也可以频繁地看到所谓"国家"，例如马王堆汉墓出土帛书《五行》："……【和】则乐，乐则有德。有德则国家与（举）……"（31/200）"……乐而笱（后）有悳（德），有悳（德）而国家与（举）。国家与（举）者，言天下之与仁义也……"（118/287）⑦ 马王堆汉墓出土帛书《十六经》中的《五正》《姓争》《兵容》《三禁》《本伐》《前道》等篇，也都说到"国家"。定州西汉中山怀王墓出土竹简《文子》中，"国家"字样出现多次。⑧ "国家"成为习用语，不仅使用于史论和政论之中，在许多文化层面

---

① 王子今：《大汉·皇汉·强汉：汉代人的国家意识及其历史影响》，《南都学坛》2005年第6期。

② 先秦正式文书中较早出现"国家"一语的文例，有《史记》卷五《秦本纪》载秦孝公下令国中所谓"会往者厉、躁、简公、出子之不宁，国家内忧，未遑外事，三晋攻夺我先君河西地，诸侯卑秦、丑莫大焉"。第202页。

③ 《史记》卷六《秦始皇本纪》，第279页。《史记》卷四八《陈涉世家》引作"施及孝文王、庄襄王，享国之日浅，国家无事"，第1963页。

④ 《史记》，第305页。

⑤ 《史记》，第379、381页。

⑥ 《史记》，第424页。

⑦ 括号内数字为帛书原文编号。湖南省博物馆、复旦大学出土文献与古文字研究中心编纂，裘锡圭主编《长沙马王堆汉墓简帛集成》第4册，中华书局，2014，第59、84页，

⑧ 如简2288、0572、2243、0587。河北省文物研究所定州汉简整理小组：《定州西汉中山怀王墓竹简〈文子〉释文》，丁原植：《文子新论》附录一，台北：万卷楼图书有限公司，1999，第363、367—368页。

都曾出现。

汉代镜铭中所见"国家",已经频繁成为确定语式的构成之一。比较典型的文例如:"李氏作镜四夷服,多贺国家人民息,胡虏殄灭天下复,风雨时节五谷孰,长保二亲得天力。"① 也有词语有异者。如《金索》金六·四〇六"龙氏镜":"龙氏作竟四夷服,多贺君家人民息,胡虏殄灭天下复,风雨时节五谷孰,蒙禄食长保二亲,子孙力得天福。"又如湖北沔阳出土汉镜:"龙氏作竟四夷服,多贺君家人民息,胡羌捹灭天下复,风雨时节五,官位尊显蒙禄食,长保二亲乐无已。""君家"或写作"新家",应当是指新莽政权。②

何尊较早出现"中国"字样,"国"写作"或"。"中国"也可以读作"中域",③ 语义是同样的。汉代文物可见织锦文字"五星出东方利中国"。或与"讨南羌,四夷服,单于降,与天无极"织锦文字拼合。汉镜铭文也见数例出现"中国"字样者,如"中国大宁,子孙益昌""中国大宁宜孙子""中国安宁兵不扰""四夷降服中国宁"等。④ 镜铭"青盖作竟四夷服,多贺中国人民富"或作"青盖作竟四夷服,多贺国家人民息"⑤,说明"中国"语近"国家",与"人民"的连接,意义重大。又有"多贺君家人民昌,四夷皆服中国强"镜铭。又可见以王昭君故事为主题的铜镜图案,铭文有:"倍(背)去中国事胡人,汉召单于匈奴臣,名王归义四夷民,兵革不用中国安。"⑥ 其中"中国"出现两次。近日受到重视的一面汉镜,大唐西市博物馆研究者提供了镜铭释文:"天禄辟邪曰有喜,上有龙虎四时置。长保二亲乐无事,子孙

---

① 鹏宇:《汉镜铭文汇释》,云南人民出版社,2022,第365—368页。

② 鹏宇:《汉镜铭文汇释》,第372—373页。

③ 《史记》《汉书》中可见称"西国"者。文献中出现的这些"西国",其实与后来通行的区域方位指示语所谓"西域"意义相近。陈桥驿曾经写道:"西域之名由来已久,《史记·大宛列传》:'匈奴奇兵,时时遮击使西国者。'清徐松认为:'古音国读如域'(《汉书西域传补注》卷上)。因此,《史记》'西国'即是'西域'。"陈桥驿:《〈西域历史地理〉序》,苏北海:《西域历史地理》,新疆大学出版社,1988,第1页。敦煌汉简"西域东域北域"简文2062,也对于我们理解"西域"的意义有参考价值。王子今:《"西域"名义考》,《清华大学学报》(哲学社会科学版)2010年第3期。

④ 鹏宇:《汉镜铭文汇释》,第267—268页。

⑤ 鹏宇:《汉镜铭文汇释》,第382—384页。

⑥ 张少华:《最早铭铸"中国"的文物》,"语萃视线"微信公众号,2022年10月1日。

顺息当大富，侯王寿命长。多贺君家人民昌，四夷皆服中国强。"① 一些镜铭"中国""国家""君家"与"四夷""胡虏""匈奴""单于"的对应关系，说明当时社会的国家意识和民族意识是密切相关的。

镜铭出现"中国"者，又有千石唯司《中国王朝的粹》图52所见西汉中晚期的"铜华（游中国）铭圈带镜"末句铭文"游中国，时来盥"。有研究者说："末两句铭文'游中国，时来盥'十分罕见，这里的'盥'字若是认读正确时，可释作祭名，即灌祭，酌酒浇地以降神。""古文多见'时来归'。"② 今按：从镜的用途来说，"盥"字或取其本义。

"人民"文字亦见于汉代镜铭。石刻文字所见"人民"，如新疆拜城刘平国石刻。王炳华的"判释"，很可能是最接近原意的比较合理的释文。考虑到"直建"应与"乙酉"连读，则释文应作："龟兹左将军刘平国以七月廿六日发家，从秦人孟伯山、狄虎贲、赵当卑、万口羌、石当卑、程阿羌等六人，共来作列亭，得谷关，八月一日始斫山石，作孔，至廿日。坚固万岁人民喜长寿亿年宜子孙，永寿四年八月甲戌朔十二日乙酉直建，纪此。东乌累关城，皆将军所作也。""坚固万岁人民喜"文字醒目，受到学者重视。朱玉麒、李肖主编的刘平国刻石与西域文明学术研讨会论文集即以此为题名。③

正史文献说到"人民"与"中国"者，《三国志》卷三〇《魏书·乌丸传》："……然乌丸、鲜卑稍更强盛，亦因汉末之乱，中国多事，不遑外讨，故得擅漠南之地，寇暴城邑，杀略人民，北边仍受其困。"④ 由于"汉末""中国多事"，"北边"不能稳定，"乌丸、鲜卑"较前更为"强盛"，进侵"杀略人民"。介绍外域文化的文字，有《后汉书》卷八八《西域传》"大秦"条："其人民皆长大平正，有类中国，故谓之大秦。"⑤《三国志》卷五三《吴书·

---

① 《一件迄今唯一铸有"中国强、人民昌"铭文的国宝级铜镜——西安大唐西市博物馆藏汉代铜镜鉴赏》，"大唐西市博物馆"微信公众号，2022。
② 清华大学汉镜文化研究课题组编《汉镜文化研究》下册图录部分图107，北京大学出版社，2014，第232—233页。
③ 朱玉麒、李肖主编《坚固万岁人民喜：刘平国刻石与西域文明学术研讨会论文集》，凤凰出版社，2022。
④ 《三国志》，第831页。
⑤ 《后汉书》，第2919页。

薛综传》载录薛综上疏："自臣昔客始至之时，珠崖除州县嫁娶，皆须八月引户，人民集会之时，男女自相可适，乃为夫妻，父母不能止。交阯糜泠、九真都庞二县，皆兄死弟妻其嫂，世以此为俗，长吏恣听，不能禁制。……然而土广人众，阻险毒害，易以为乱，难使从治。县官羁縻，示令威服，田户之租赋，裁取供办，贵致远珍名珠、香药、象牙、犀角、玳瑁、珊瑚、琉璃、鹦鹉、翡翠、孔雀、奇物、充备宝玩，不必仰其赋入，以益中国也。"①这里说南土僻远之地，"人民""男女"，其实就是"土广人众"的"人"。这些地方与内地的经济交往，可以"以益中国"。②

汉代语词"中国""国家""君家"的关系，值得我们注意。铜镜应用于极广泛的民众社会生活。看来在汉代一般人的意识中，"君家"就是"中国""国家"。"中国""国家"相当于"君家"。"国"只是君主的私产。似乎帝制时代这样的政治文化现象，在汉代被归入"人民"的社会阶层已经有了初步的文化感觉。

（本文写作，得到中国人民大学国学院王泽的帮助，谨此致谢）

---

① 《三国志》，第1251页。
② 王子今：《说汉镜铭文"人民昌""中国强"》，《中华文化论坛》2023年第4期。

由生产而应用：公众影像史学基本问题*

钱茂伟**

摘　要：影像史学是现代影像技术与史学结合的产物，由文献史学而影像史学是一大突破。完整的影像史学包括影像历史初生产与影像历史再生产两类活动，在前代史与当代史不同时段会受到不同的制约。当下史界的影像史学中，单一的历史研究导致单一的影像历史应用，单一的文献史学导致单一的图像应用。当代影像历史生产，可与生活世界无缝接轨，可以让影像史学更有创造力，必须引起重视。向来的影像历史生产由国家专业机构来组织实施，主题偏重国家政治，可称为影像史学。公众社会的逐步出现，让社会个体力量也参与进来，主题偏重民间生活，从而形成公众影像史学。公众影像史学必须独立成学，从而加强其基本特点与基本问题研究，才能促进它的健康发展，最终成为公众史学的分支学科。纪录片与影像志是公众影像历史的核心生产方式。人人参与拍摄，书写公众生活，形成大量影像文本，又在众多网络平台播放，让公众自由分享，这是书写公众、公众参与、公众分享的基本特色。当代公众影像历史是最为普及最为亲民的史学活动，将凸显影像史的影像本位。指数级增长的公众影像文本会加快影像数据库建设，这会使未来的历史研究成为数字人文书写。

关键词：影像史学　公众影像史学　影像历史生产　影像历史应用

在回答"什么是影像史学"之前，有必要先回答"什么是史学"。对于史学，不同时代不同国家不同的学者，会有不同的定义。多数人是从时间的前代性、内容的国家性、后人的再研性来理解史学的，笔者近年来是从生活世界与文本世界二分角度来理解史学的。生活世界是人类在地球上实际活动的空间，而文本世界是通过符号化文本手段再现的生活世界。从生活世界与

　*　本文系国家社科基金重大项目"当代中国公众历史记录理论与实践研究"（19ZAD194）阶段性成果。
　**　钱茂伟，宁波大学公众史学研究中心。

文本世界二分来说，人类在地球上的所有活动都具有一度实在性，活动瞬间消失后只剩下大脑对活动痕迹的认知即记忆。大脑记忆又多具有短暂性，必须外化为文本记忆，才能永久存在于世。所以，历史是文本化的过往记忆。对过往记忆的回溯就是历史研究，它在当代就开始了，不是要等到后代才进行。当代人的历史研究是初级研究，可称为历史记录，本质上是历史文本的初生产。后代人据前人留下的史料再研究，这就是大家习称的历史研究，本质上是历史文本的再生产。只进行后人的再研究，少关注前人的初研究，这是当下史界的一大误区。有了历史文本"初生产"与"再生产"概念，再来理解影像史学就比较方便了，影像史学也存在"初生产"与"再生产"两种形态。受载体的影响，传统对史学的理解偏重文献史学，现在多了影像史学。在单一的历史研究视野下，对影像史学的理解也偏重影像文本的分析，这属前人遗存影像史料的再研究，是比较被动的有限行为。增加当代历史记录层面以后，我们的史学活动更为主动，当代人就可以直接从事影像历史生产，可以同步做影像历史记录了。即使错过及时记录机会，也可通过口述的方式，让当事人事后回忆过往情景，这便是口述影像史。对前人遗存影像史料的再研究是一种有限的存量研究活动，而当代影像历史的直接生产是一种无限的增量活动，显然更为重要。这便是本文要提出的论点。

据此新理念反观，可以发现当下影像史学研究存在的弊病，大体而言，可归纳为两端：一是只关注影像史料分析而忽视影像文本生产；二是只关注机构影像生产而忽视公众影像生产。从公众层面来说，其弊也有两端：一是习惯照相而忽视录音录像；二是习惯拍摄而忽视编纂成册、加工成片。要解决这些问题，须着眼当代，从历史文本初生产（历史记录）角度提倡影像历史生产。尤其要从公众史学角度提倡公众影像历史生产，将书写对象、参与人群扩大到广大民众。要将公众影像史学进行学科化建设，已受到学界关注，[①] 本文拟进一步做出详细的阐述。

---

① 周兰：《论建构影像传播历史的大众意识》，《当代文坛》2007 年第 5 期；周兰：《纪录片——影像对历史的传播》第五章"建构影像传播历史的大众意识——大众书写历史"，四川大学出版社，2010；钱茂伟：《中国公众史学通论》第九章"公众影像史学"，中国社会科学出版社，2015；全根先：《建立公众影像史学成为必要》，《社会科学报》2020 年 10 月 16 日。

一　由影像史学而公众影像史学

影像史学是现代影像技术与史学结合的产物，由文献史学（或称"书写史学"）而影像史学是一大突破。影像史学的形成，其源有二。

一是图像史学。在古代世界，"左图右书"是基本格局。此间的"图"自然是"图画"，它是借助笔、纸、墨来绘制的形象文本。"图像史学"是2007年出现的术语，于庆祥认为"是以图片排列、揭示为主，附以简洁的说明文字而述说历史的一种史学分支"。①直白地说，图像是历史的图像化再现，图像史学是解读图像所含历史信息的历史研究方式。至于"形象史学"，则是从人与物体的外在形象来定义的，"是指把形与象作为史料，用以研究历史的一门学问"②，包含了人与物的实在形象及实在形象的影像文本再现。它是一个历史研究概念，我们的讨论更偏重当代历史记录层面。

二是影视史学。进入近代社会以后，有了工业化的视听技术，照相、电影、电视文本先后被引入史学，于是有了影视史学、影像史学诸说。1988年，美国历史学家海登·怀特在《美国历史学评论》上发表《书写史学与视听史学》，首次提出"historiophoty"，即"视觉影像和电影话语中的历史再现以及人们对此的思考"③。简单地说，是用影视的方式再现历史。怀特的"historiophoty"重在视频，偏重历史纪录片与历史专题片。"historiophoty"，可以译作"视听史学"或"影视史学"，1996年，周樑楷选择了"影视史学"，且根据怀特文章中提及的历史电影、纪录片、照片，对其内涵做了扩充，称："凡是静态平面的照相和图画，立体造型的雕塑、建筑、图像等，凡是所有影像视觉的媒体和图像，只要能呈现某种历史论述，都是影视史学所要研究

---

① 于庆祥：《图像史学：历史研究的新视点》，刘潞、〔英〕吴芳思编译《帝国掠影：英国访华使团画笔下的清代中国》卷首，国家清史编纂委员会图录丛刊，中国人民大学出版社，2006。

② 中国社会科学院历史研究所文化史研究室编《形象史学研究》（2011），人民出版社，2012，"前言"，第1页。

③ 〔美〕海登·怀特：《书写史学与视听史学》，王佳怡译，《电影艺术》2014年第6期。

的对象。"① 它既可包括动态的视频，也可涵盖静态的图像。1996 年后，张广智使用的"影视史学"② 概念即如此。从周、张两教授的实际使用来看，偏重历史电影。③

"影视"概念既包括动态的视频，也涵盖静态的图像，周樑楷根据怀特所做的延伸思考有理，但"影视史学"不如"影像史学"更妙，因为"影像史学"可以涵盖"图像史学"④。影像是指运用技术手段记录事物的外在形象，照相、录像均不脱此特征。笔者理解的影像史学，至少有两大分支：一是用照相记录生活，指照片的拍摄、影像志制作、以图证史；二是用影视手段记录历史，包括视频素材的拍摄、纪录片制作与分析。口述史的录像，也包括在内。这是从历史记录角度来思考影像史学的，这两类活动的特点是借用现代传媒技术手段来记录当代历史。至于 2019 年成立的"影视史学专业委员会"⑤，是中国高校影视学会下属专业委员会，此间的"影视史学"显然偏重历史剧，是用演员扮演、电影电视手段再现过往历史。用影视手段再现过往历史也是需要的，可以让死人活起来，活人喜欢看"活着的死人"。笔者将此类活动纳入"通俗史学"分支加以研究。之所以要将历史影视剧放在"通俗史学"下而不是"影像史学"下，这是因为它属历史的艺术再现，有时尺度会比较大，与历史的真实性有冲突，会说不清道不明。

在"影像史学"之前加上"公众"，是为了突出参与对象的公众主体性、合法性、特殊性。所谓公众影像史学，就是公众参与、反映公众眼光的影像历史生产应用之学。它完全是个人化影像生产行为，有人称为"个人影像"。当摄像权掌握在个人手里时，拍什么、怎么拍、给谁看，自主权完全

---

① 周樑楷：《影视史学与历史思维——以"青少年次文化中的历史图像"为教学实例》，(台北)《当代》第 118 期，1996 年。

② 张广智：《影视史学》，台北：扬智文化事业股份有限公司，1998。

③ 相关研究综述，见朱艳艳、慈波《关于影视史学几个问题的研究综述》，《沧桑》2010 年第 2 期；迟道华：《影视史学研究述评》，《德州学院学报》2016 年第 1 期。

④ 刘金泉：《"影像史学"探析：概念、对象与操作》，《中北大学学报》(社会科学版) 2020 年第 5 期。

⑤ 苏佳霖、林洁：《中国高校影视学会成立影视史学专业委员会》，《中国青年报》2019 年 12 月 7 日。

由个人决定。这样，就会出现十分个性化的影像历史生产方式，如视频博客（Vlog）是日记体纪录片。公众影像史学，对应的是"机构影像史学"。也就是说，影像史学可以进一步划分为"机构影像史学"与"公众影像史学"。机构影像史学指职业化的影像历史作品生产机构（包括电影制片厂、电视台与影视文化制作公司等）进行的影像历史生产活动。而"公众影像史学"是指民间个体进行的影像历史生产活动。公众，近于"人人"，可以进一步细化为"精英"与"大众"两大部分。如吴文光、杨天乙之类独立制片人后来成为公众影像历史行业领袖即属精英，其他业余参与者就是大众。"公众影像"早期称为"民间影像""业余影像""大众影像"[①]。"机构影像史学"与"公众影像史学"两者的划分，取决于参与主体专业与业余的不同。这样的划分也是相对的，不是截然对立的。之所以要单列出公众影像史学，是为了防止以专业影像历史作品生产标准评判业余影像历史作品，给公众影像史学以独立的生存空间。以前的影像史学，主要是机构主办的职业化的专业影像史学的天地，公众以业余的方式参与影像史学活动，是夹杂在专业影像史学里的，没有独立的生存空间。试想，公众影像历史作品生产水平，如何能与专业影像历史作品生产水平比。这样一来，在机构影像史学这座高楼大厦旁，公众影像史学小屋就显得越发矮小。现在，机构的归机构，公众的归公众，各有天地，各自建立评判体系，不在同一个段位上比拼，公众影像史学的发展之路会更为健康。

以上论证了公众影像史学拥有独立的生存空间，接下来通过公众历史影像文本及实践活动，对公众影像史生产的理论与技术等方面展开深入思考。绘画、照片、录像，向来被纳入艺术之列，成为高端的文化创意活动。不过，公众生产的影像历史作品尽量不要归入艺术之列，对公众影像历史作品的评价得另立标准。公众影像历史文本应有自己的评判标准。大体说来，机构影像历史与公众影像历史，因生产主体的不同，其作品的艺术水准与所涉题材风格会不完全相同。机构专家制作的影像历史作品品质更高些，题材更

---

① 韩鸿：《民间的书写——中国大众影像生产研究》，中国传媒大学出版社，2007。

为广泛些，除了生活领域题材，重在国家重大军政。而公众影像史学作品的制作品质会差些，题材也多为身边人的历史。从艺术与市场角度来说，影像制作是十分费钱费力的活；但从历史记录角度来说，要求没有这么高。机构影像历史作品制作多追求艺术性与商业性，以向大量人群传播为目标；公众影像历史作品制作也可以走文化公益之路，以少数人分享为目标。以记录当代公众历史为己任的影像拍摄与制作，可以追求公益性历史文化建设之路，它有历史文本自身的不朽价值。

纪录片是用镜头来记录真人真事。"二真"（真实与真情）应是公众影像史的两大法宝。有人称，真实的故事远比编的故事好听。人间至味是真情，只有情感才能感动人心。人只有动心才会喜欢，这是活人世界的游戏规则。譬如 2021 年春节红火的电影《你好，李焕英》，是建立在真人真事基础上的电影，票房收入超 50 亿元。昕玥品影剧称此片"艺术含量并不高，却用最朴素和真挚的情感打动了观众"。① 关注身边人的故事，有朴素和真挚的情感，这可能是当代公众影像史作品成功之道。

二　由影像历史应用而公众影像历史生产

1.影像历史生产可以让影像史学更有创造力

完整地说，影像史学分影像生产与影像应用两大层面。然而，现在史界对影像史学的理解却是残缺不全的：一是重视影像文本应用而忽视影像文本生产；二是就影像文本应用来说，仅涉及图像应用，忽视声像应用。查阅相关的论文或专著，都是"以图证史"。即使有人想到了历史影视资料，往往也是"以影视说史"。这是由传统史学的关注时段与研究方式决定的。传统史学研究关注时段，重点在前代史研究；在研究方式上，表现为现存文献文本的再加工，属于文献史学。前代史是一个早已消失的遥远世界，后人不可能拍摄到过往，所以重点是用图说史。后人如想用影像技术再现过往，只能

① 昕玥品影剧：《〈你好李焕英〉：子不嫌母丑是恩，母不嫌子丑是爱》，https://baijiahao.baidu.com/s?id=1692026473333989334&wfr=spider&for=pc，2021 年 2 月 18 日。

通过演员扮演的历史剧来进行。这是影像艺术界的事，多不关史界。如此必然忽视影像生产，只会偏重影像应用。在影像应用上，也偏重现存图像文本的再研究，而忽视声像文本的再研究。过往生产的影像资料，只能谈影像的应用研究。传统史学偏重过往文本资料的再研究，所以影像资料的应用也偏重再研究，不参与影像历史的生产，这样的影像史学对现代史学的影响力仍是有限的。

公众史学的提出会让人关注到当代历史影像生产活动，多了一个历史文本初生产层面，从而可以更为主动些。影像历史生产就是历史视频制作。不同的时空段会有不同的关注点，影像史学在当代历史中更有用武之地。影像历史文本的初生产是一个当下概念，它意味着借助影像技术，及时记录当代生活；或者是通过当事人的口述回忆，再现过往世界。也就是说，影像历史生产适应当代活人世界。及时记录与回溯过往两类活动，都得靠当代活人来做。如此公众史学视野下的影像史学，重在借助影像手段记录当代公众历史，成为生产性影像史学。影像历史生产使影像史学独立，不再是文献史学的附属。只有公众开始广泛运用影像来记录历史，公众影像记录成为生活世界的新常态，才能逐渐扩大影像史学的影响力，提高其在学术上的地位，这就是公众影像史给我们呈现出的康庄大道。

2.影像历史生产可与生活世界无缝接轨

影像最能反映人类生活世界原貌。人类生活在地球上，上有天，下有地。在天地之间，除了人，尚有其他动物、植物。生活世界本身是一个由人、物与景观构成的图像世界，人际交流擅长声音与肢体表达。在不同的时空段，人与景组合在一起时，自然就构成了一幅幅人文图像。人类生活在地球上，睁眼看到的是生活世界的图像。人类会有各种活动，会说不同的话，会有种种表情。这种图像能记录下来吗？能。人类有一个大脑，天然地会通过双眼自动拍摄，会通过双耳自动记录声音。非常遗憾的是，人类的大脑记录的图像是封闭式存储的，人可以通过大脑回放，实现自我观看，但无法让他人来观看，无法实现图像的公共化。

那如何才能实现图像的公共化呢？人类最早发明的技术是绘画，人类对生活世界的符号表达，正是从图像开始的。在只有语言的时代，绘画是人类保存生活世界面貌的唯一办法，绘画的优势是再现图像。当象形的图画数量增多时，它们就成了表意的图像符号。这些图像符号的笔画越来越抽象、越来越简洁时，就成为文字。从此，"文字与图画就分道扬镳了，文字成了人类表达思想的媒介符号，而图画成了艺术之一类"。①表意的文字远离生活原貌，用文字描述生活，成为文本，要靠读者的大脑记忆存储的相关信息来想象性再现。传统的绘画虽也有记录生活的功能，但主要是艺术功能。绘画有两大缺陷，一则创作费时，二则至多近似。进入近代工业社会，摄像技术的发明，使再现历史图像功能得以充分发挥。先是照相的发明，强化了历史图像的静态再现功能。工业化摄影术有两大优势：瞬间捕捉与准确再现。后来发明的录音机，使人类讲话得以进入文本世界；录像机可以连续拍摄，能够配上字幕。再后来电影技术进一步改革，可以容纳声音，如此实现肢体语言、图像、声音、文字四结合，进入动态地立体地再现人物、事物外观的时代。

影像再现生活有其自身的优势，首先，影像是人类历史的活体再现。影像是再现历史最直接的手段，可以直观地、逼真地再现生活世界的一切原貌，可以留住人类静态的图像、动态的声音与外貌，甚至肢体动作。这是当下最为高级的再现生活世界的方式。其次，影像再现历史的理解门槛低。影像可以达到一览无余的程度，不用翻译就可以通行于世界，是任何人都看得懂的，是一种能征服全世界的文化符号。最后，影像表达的情感更加丰富。文字可以叙述事件内容，可以表达看法，但是其所蕴含的情感则较为苍白。影像是有张力的，有些影像所代表的情感冲击力是无法用文字表达出来的。用中国新闻摄影家协会主席李舸的话说，因为它不灌输，也不凭借外在形式，而是体现人内心的力量，"冲击力必须来自于内心"。②静态的照片如此，动态的录音、视频更有力量。通过录像再活前人，更是如同回归原场。

---

① 钱茂伟：《中国公众史学通论》，第 249 页。
② 《视觉冲击力来自内心》，《光明日报》2017 年 12 月 24 日。

三　理想的公众影像历史生产方式

随着物质的富裕、生产水平的提高、照相与摄像技术的进步，影像史学逐步出现大众化趋势。这种大众化表现为四个方向，一是拍摄者的大众化，二是拍摄对象的大众化，三是拍摄主题的生活化，四是拍摄技术的便捷化。不过，理想很丰满，现实很骨感。公众历史影像生产要取得长足的发展，仍有较长的路要走。

要通过多种方式鼓励公众积极参与影像历史生产。人人参与局面能实现吗？理论上是可能的，但实践上有一个普及推进过程。

举行公众影像历史作品比赛能够鼓励更多公众参与。现在有很多视频比赛，例如"'我爱山东，我为家乡代言'短视频大赛""'耀动青春·青年之声'全国青少年微视频大赛""2020中国新媒体短视频大赛"等等。有竞争性、有获奖概率的公众影像比赛往往能收到很多参赛作品。不仅如此，因为竞争需要，制作人往往也更加用心地制作影像作品，这对公众影像历史作品水准的提高也有帮助。

专业人士与公众合作生产影像。例如《余生一日》《武汉：我的战"疫"日记》纪录片。《余生一日》是由专业纪录片制作人召集起来的，回应者众多，近5000人参与了这个征集活动，每个人拍摄到的也是生活中的方方面面。《武汉：我的战"疫"日记》由中央广播电视总台影视剧纪录片中心纪录频道联合快手推出的Vlog集结，素材来自在武汉的人们用手机记录下的在新冠肺炎疫情期间自己的所见所闻。这些都是鼓励公众参与影像历史生产的典型事例。

相关法律的完善为口述史等声像作品的诞生和传播保驾护航。除了要对口述作品和音频制品的著作权加以保护，也要解决口述史出版中容易出现的侵犯名誉权纠纷。口述史是一种再现历史的活动，不属当下的政治活动。当代人是有价值观的人，涉及第三方的表达，难免会有个人价值倾向，但绝对不是恶意，所以不能作为当下名誉侵权纠纷来处理。否则，就没有人敢做当代公众历史记录了。当影像历史有法律保护以后，公众参与其中的顾虑相对就会减少，公众表达的欲望将会提高，想要发声的想法便会增多，这将更有利于公众影像历史作品的生产。

要借用手机普及影像历史记录。拍摄技术的便捷化是促进人人参与的关键所在。至20世纪90年代初，随着"傻瓜"相机的普及，照相不再神秘，只要拥有健全的双手，就能随时拍下所看到的一切。民间拍摄模式DV出现以后，门槛逐步下降。21世纪以来，随着数码相机的普及，胶卷数量限制的概念消失，照相不再成为特权阶层和有闲阶级的专利。拍摄不断便利化，使影像与民间人士如此接近。近十多年来，智能手机的发明，则将摄像的门槛降到了最低。从历史记录角度来说，智能手机提供了上网、打字、录音、照相、摄像、扫描诸功能，拥有一部智能手机，意味着同时拥有电脑、录音机、照相机、摄像机、高拍仪。智能手机小巧轻便，携带方便，解决了电脑、录音机、照相机、摄像机笨重、不便携带的弊端。今日中国智能手机相当普及，有点知识、财力的人几乎人手一部。每日生活中手机不离手，这意味着时时可用、处处可用。可以说，智能手机使历史记录实现了真正的革命，从而有可能实现真正意义上的摄像大众化。由此，个人创作的纪录片数量会更多。近年出现的抖音、快手等短视频平台，可以理解为人人参与记录当下生活。据2020年11月移动短视频App榜单统计，抖音、快手分别以5.30亿、4.25亿用户名列第一、第二，而西瓜视频、火山小视频以1.41亿用户数并列第三名。合起来统计，确实过了10亿。人人参与的结果是个人视频创作的数量庞大。仅2019年，快手上的知识作品数量便超过1.2亿条，平均每秒诞生4条知识内容，平均每个作品获得1万多播放量曝光。[①]这些短视频，绝大多数是用手机拍摄的。网络用户成为故事的主角，成为节目共创的重要力量。至于公众制作的纪录片数量当不会少，只是难以统计。一般的说法，在《舌尖上的中国》《互联网时代》等大制作纪录片的影响和引领下，纪录片从小众化走向大众化。自动录播系统的出现，也提倡多拍过程录像，

---

① 薛芳:《快手知识短视频作品数量超过1.2亿》，腾讯网，2019年11月29日。

譬如课堂教学过程、会议过程，均可自动录播，存储起来。既可当影像资料用，也可用于公众纪录片剪裁。

要提供多样化的网络分享平台。视频网站的出现，解决了公众视频制作上"产量众多，播出极少"的窘境。有了视频网站，视频传播更方便了，从而有可能促进更多的人参与视频拍摄。据至诚排行，2020年国内十大视频网站依次是：抖音、凤凰网、第一视频、优酷、爱奇艺、哔哩哔哩、土豆网、酷6、我乐、天翼云VR。据品牌网，2021年在线视频行业十佳品牌依次是：爱奇艺、腾讯视频、优酷、芒果TV、哔哩哔哩、搜狐视频、中国网络电视台（CNTV）、乐视、PP视频、暴风影音。优酷网的特色是"快速播放、快速发布、快速搜索"。更精确地说，是拍客快速拍摄快速上传，网站快速播放，别人快速搜索。这里表达的是全民参与、全民收看的快捷理念，这完全是现代公众社会的传播方式。哔哩哔哩观众边看边通过弹幕技术表达即时想法，这是典型的公众实时参与评论现象，这使公众及时分享得以文本化，让评论家搜集到更多的公众评论资料，深化对视频的社会理解。

要通过多实践提升影像拍摄技术。要关注普及，面向公众推广影像生产技术。摄像观念的更新、摄像习惯的培养，这是让影像记录成为公众新常态的关键。影像生产分为两个层面，一是前期拍摄，二是后期制作。目前，尚有相当多的公众不习惯拍摄。智能手机的出现，解决了拍照的普及问题，但手机的录音录像功能仍使用不多，录音录像的普及仍要努力。"无中生有"，面向社会大众做影像史学普及推广，让他们接受全新的观念，养成全新的拍摄制作习惯，这是难度不小的事。实践是改变观念的最好手段，鼓励人们多拍，时时拍处处拍，成为一种习惯。前期视频拍摄，至少要注意以下五点：一是拿稳工具，二是重视图像建构，三是要选择隔音较好的地方拍摄，四是受访人的眼神要平视，五是要动静结合。在拍摄国家重大活动画面时，如能从个人、家庭联系国家重大活动的角度来取景（被人称为"第二场景"），将更为成功。[1] 国家历史的个人化影像视角，这是其特点。人人参与，时时拍

---

[1] 《视觉冲击力来自内心》，《光明日报》2017年12月24日。

摄，处处拍摄，就可留下无数的生活影像记录。

要大胆尝试影像作品建构方式。即使有了前期拍摄观念，普通人也往往没有后期编纂成册或加工成片意识。也许，后期制作更为专业化。影像作品主要是影像志与纪录片两大类。普通人物参与视频制作的最好方式是制作公众历史纪录片。喜欢视频拍摄的人，手中掌握了一大批视频素材，可考虑将这些视频素材加工成纪录片。公众历史纪录片的制作，可以借助留下来的视频与图像制作，也可以故地重游拍下视频。两者结合，就可制作出公众历史纪录片。"画面＋解说"是纪录片公认的基本形式。普通人参与公众历史纪录片制作的最好途径是做老照片影像志。此间的"影像志"，主要指影像画册。近百年，尤其是近几十年，国人留下了大量的家庭老照片，目前分散在全国各地家庭中。这是一笔巨量的影像历史资料，我们提倡公众将家中的老照片加工成为影像志。公众影像志的编纂模式，主要是个人影集、家庭影集，也可以按事件做成专题影集。

要借用流程与模板普及制作技术。要普及影像素材加工制作技术，得懂得基本流程，也要掌握一些成功的模板，以进入公众纪录片的生产。大众参与，必须提炼影像作品制作的流程与模板，能软件化或平台化最为理想。公众历史纪录片制作，要求懂得剪辑技术，会使用爱剪辑、剪映之类软件。不过更大的难度在于构思，这考验编纂者的想象力。就纪录片制作模板来说，不能过于单一，得丰富多彩才行。个人或群体影像志的基本特点是以图为主、图文结合。可以借用相关制作软件来制作，也可借助电脑制作 PPT 格式的图录，便于在电脑上连续播放。图录编纂讲究设计，颜色与景物的搭配均有讲究。如果设计思想不成熟，可以先编纂活动图录，粘贴式相册可以实现这一要求。有别于个人相册，图录是经过编纂的，体现了编者的思想。图录可当画册，用于广泛传播。

四　公众影像史学的意义

影像记录历史最适合公众人人参与。影像技术是记录当代历史的最普及工具。向来的历史记录方式是靠文字，文字是一套符号体系，须懂文字、会写作的文人才可适应此任，门槛比较高。拍照与录像则是门槛十分低的记录方式。这种方式不需要耗费太多的精力，随时随地"咔嚓"一下，想记录下来的人、景就能被记录下来。有了录像机，可以慢慢地扫录，如同"摄影笔"，可承载的图像信息量更大。一旦留下影像记录，人类的生活图像就进入了文本世界。"比较而言，影视史学往往拥有更为广泛的受众群体，也更容易使公众接受和理解其要传达的信息和内容。"① 公众影像历史生产最能体现公众史学的亲民性。张广智说："影视史学在公众史学这个大家族中最具'亲民'的特点。应当也能起到先锋的作用。"② 亲民确实是影像史学的特点所在。亲民，不仅表现为参与的便捷性，也表现为内容的百姓化。从内容来说，公众影像历史作品最需要体现的是民间的声音，是要将历史的话语权交给公众。公众影像历史作品提供的由小而大、由微观而宏观的局部历史，表达的是自己身边的小情小事，是老百姓自己的历史。个人影集详细记录个人历史，家庭影集再现一个家族的历史，专题影集再现的是不同侧面的历史。③ 公众生产的历史视频也如此。至于参与式影像记录，能给民众发声机会。在以人的发展为中心的新的发展理念下，除了传统由上而下的传播系统，"更需要参与性、地方化、横向和自下而上的传播系统"。参与式影像，也叫社区影像、草根影像、过程影像，这三个词可以表达它的特点，即草根以社区为单位，通过一个过程的拍摄，表达自己的想法。"参与式影像作为一种小范围运作的信息生产、传播和基层民众的参与工具，非常适合中国'大分散、小集中'的老、少、边、穷地区特点。"④ 在中国纪录片已经迈入"公众时代"⑤ 时，值得广大读者去实践与尝试。鼓励更多的公众参与影像历史生

---

① 赵丹：《影视史学的发展与展望》，《电影文学》2014年第5期。
② 张广智：《影视史学：亲近公众的史学新领域》，《人民日报》2016年2月22日。
③ 傅丹囡、潘雨辰、周晨：《公众影像留史研究》，钱茂伟主编《公众史学评论》第1辑，石油工业出版社，2018，第239页。
④ 韩鸿：《参与式影像与参与式传播——发展传播视野中的中国参与式影像研究》，《新闻大学》2007年第4期。
⑤ 许路阳：《2012年：中国纪录片迈入"公众时代"》，《新京报》2013年10月18日。

产，是公众影像史学发展的核心目标所在。

公众影像史学可以让口述史的"声音本位"①、影像史的"影像本位"②特征更为明确。影像史学能令我们重新审视口述史、影像史的性质，"声音本位""影像本位"能让我们回答更为本质的口述史是什么、影像史是什么的问题。人类会说话的历史悠久，生活世界"声音本位"的时代长达几万年，但古代世界一直无法解决说话的直接保存与再现问题，人类的声音从而无法进入文本世界。如此，声音的间接保存方式——文献成为人类最强势的表达方式，古代中国成为典型的文献强国。在"文献本位"③下，生活世界的"说话"在文本世界彻底边缘化，绝大部分无法传承下来。虽然早有了口述史采访，但因为无法直接录音，只能通过文字的间接表达方式记录下来，如此口述史成为文献的补充，这是一种典型的因文献本位的"前理解"而导致的对口述史性质的误读。直到19世纪后半期录音技术产生以后，口述史的"声音本位"才得以在文本世界确立。早期的口述史采访用的是录音，现在可以直接用录像记录。用录音录像直接记录人类说话，用录音录像让人述说往事，使口述历史得以从原来"文献史学"中独立出来，正式成为全新的"声音本位"的口述史学，这就有了现代口述历史采访，进而成为独立的现代口述史学。说话有自己独立的表达体系，言文分离是汉语的特点。口语是脱口而出的即时话语生产，更加贴近说话者的真实意图。现代口述史学的产生，方便了普通人的参与，使他们能直接用日常生活中的口语表达往事，无缝接轨，进入文本世界，这是一大革命。影像是比绘画更灵活的动态画面，录像使生活世界的面貌更为逼真地进入文本世界，革命意义更大。有了影像口述史，当事人得以开口说话，留下他自己真实的声音，可以用自己的话语表达自己对往事的理解。这样，便于后人了解个性化的祖先的真实声音，便于后人的公众史研究，也更方便了后人对汉语口语的研究。

① "声音本位"，借自张彩、曹默《广播百年看广播学：声音本位与听觉传播规律探索》，《现代传播》2020年第4期。
② 黄文达：《电影研究中的影像本位问题》，《社会科学》2007年第6期。
③ "文献本位"，借自高晨焜、万力胜《立足文献本位 聚焦学科建设》，中国社会科学网，2021年1月25日。

　　人人参与影像历史生产会使影像历史文本指数级增长。借助现存影像资料进行历史研究，可以提升现有的历史认知水平，这属于存量应用，增长速度是比较缓慢的。而人人参与所带来的影像历史文本则是一个指数级增量概念，可以增加无限量的影像资料。历史是人类的历史，人类是一个巨量概念，仅中国当下人口即达14亿。人人参与的方式，一是及时记录。人人参与拍摄，记录当代生活影像；二是事后回溯，通过口述录像的方式回忆过往。活动是人的活动，消失的活动存储于人的大脑记忆中。每个人的大脑记忆，都是一个小型数据库，它是一个巨量概念。更重要的是，大脑记忆不是仓库，它有直接生产性，通过人际对话，可以生产出巨量的历史信息。丰富多彩的当代人类活动，仅凭少数职业人士来做记录是不够的；要想将整个社会中方方面面的活动都记录下来，得让人人来参与这项记录工作。强调人人都是生活的影像记录者，这可以鼓励更多的公众参与进来。人人都是当代局部活动的当事人、见证人，人人可以使用影像工具来记录当代公众眼中的局部历史。公众影像生产涉及大批量生产问题，适合当代公众的无限需求。

　　公众影像历史生产能加快影像数字人文建设。当公众影像文本生产达到指数级增长时，就有一个如何存储的问题，必须建立影像数据库。上传在线视频网站的短视频、纪录片会保存在云端中，如果放在特定的视频数据库中，更为理想。现在影像文本保存中，更为迫切的是老照片数字化公共保存问题。目前，绝大部分老照片藏在个人家中。家庭保存是一种私有保存，是一种短时空保存与使用观念，且往往只有一种版本，显然存在较大的风险。理想的状态，要送到公共图书馆或档案馆收藏，公共保存是一种大时空保存与使用观念。"公共档案保存不同于私人之处，不再从属于某一人，而从属于大家，且是永远的大家，于是要求永久保留，永久使用。"[1] 老照片的保存，可以用共享方式来解决，版权属私人，但使用权归公藏机构。老照片的数字化保存，这是最为靠谱的办法。公藏机构应建立公众影像库，个人与家庭均须有一种大数据库观念来解决照片的储存与检索问题。老照片的搜集，可以

---

① 傅丹囡、潘雨辰、周晨：《公众影像留史研究》，钱茂伟主编《公众史学评论》第1辑，第239页。

公开征集，也可通过网络影像平台让人上传。有了数字化保存，原件可放在公藏机构，数字化影像可用于查阅，这可以解决收藏与利用的矛盾。有了影像数据库建设，后人可以直接从海量影像历史数据中挖掘相关信息，从而观察人类社会和行为的变化。

公众影像史学会改变未来历史研究的范式。有了公众影像历史文本的初生产，然后才有专家的影像历史文本再生产。公众影像历史数据库建立后，后人研究历史的方式也会变化，他们首先是"听历史"或"观历史"，其次才会阅读相关文献。影像历史会让人更直观地看到当代社会的面貌，研究者能直接感知历史人物的声音、形象、所处环境等各种细节，使历史再现更加生动。甚至录音、录像可以让人永远活在人间，这种活着是影像文本世界的真实活着，是可以说话的。这样后人能直接听当代人说话，当代人就真的变成"活着的死人"了。今日有机会聆听孙中山、毛泽东等伟人的原声，会让更真实的伟人形象现声于世。即使普通人也一样，后人有机会聆听自己祖先的原声，也会让人感叹。"影视正在取代书籍成为普通公众了解过去的主要方式"①，这是值得广大史家注意的现象。甚至未来历史成果的表达方式也可能是影像书写，不再是单一的文献书写。这将让传统文献史学转变为文献史学、影像史学并驾齐驱的现代史学。最终，影像史学与文献史学直接汇合，成为更新的多媒体融合的人文数字书写。

结　语

通过以上的研究，初步可形成以下观点。

一是现代史学经历了由文献史学垄断而文献史学、影像史学并立的转型，融媒体史学也在形成之中。

二是影像史学可进一步划分为机构影像史学与公众影像史学两大分支。这是因公众史学的出现而提出的细分要求，细分的目标是可以让它们有各自

---

① 张旭鹏：《电影与历史》，《光明日报》2013 年 11 月 21 日。

的独立生存空间，互不否定，互为补益。

三是完整的影像历史活动包括影像历史生产与影像历史应用。在专业史学视野下，影像史学就是现存影像文本的历史信息解读，以图证史；在公众史学视野下，影像史学是可以生产出大量影像历史文本的、为公众分享的。突破历史研究的单一性，进入历史记录与历史研究并存格局，才能关注到影像历史生产。历史记录是当代历史文本生产层面之学，影像历史生产正是当代历史文本生产层面的活动，它是通过当事人参与的方式来实现的。另一类既适合前代又适合当代的影像历史生产属文艺与通俗史学，由职业演员出演，不在讨论之列。专家讲史式的纪录片生产，也不在讨论之列。

四是从书写对象来看，影像历史生产又可分国家历史影像生产与公众历史影像生产。大体说来，机构影像历史生产偏重前者，公众影像历史生产偏重后者。及时记录与事后回溯，是两类基本影像历史生产活动。影像史学进入生产层面，就会插上飞翔的翅膀，使历史再现更为逼真、更有活力。

五是影像历史生产主体，经历了由机构一花独放而机构、公众并存格局。因实力的不同，机构生产的影像历史作品品质肯定高于公众影像历史作品。不过，公众影像历史作品生产也会有它的撒手锏，那便是情感真挚，唯真情可动人心。

六是公众历史影像生产要取得长足的发展，有很长的路要走。要鼓励人人参与，提升拍摄技术，借助模板与平台，养成制作成册成片习惯，大胆分享到网络平台，甚至影像资源要由家庭收藏转型为公藏、数字化保存与传播。

七是公众影像史学意义在于人人参与，书写人人，人人分享。以前只有精英的文字记录，现在有了人人可参与的影像记录。当代公众影像历史是最为普及最为亲民的史学活动，将凸显影像史的影像本位。指数级增长的公众影像文本会加快影像人文数据库建设，这会引导未来的历史研究向数字人文书写转型。它应是公众史学发展的重心所在。

公众影像史学作品的建构方式[*]

应芳舟　施琪航^{**}

摘　要：公众化是现下影像史学发展的方向。公众影像史学作品作为公众影像史学的呈现载体在研究中居于重要地位。对公众影像史学作品的建构进行研究后发现，这些作品的主题繁多、体裁各异，同时十分便于传播。因公众参与的自由度较高，公众影像史学作品充分体现出影像史学的公众化性质，推进了公众史学的发展，推动了历史学的转型。另外，公众影像史学也与国史相辅相成，对增强民族认同有重要作用。不过，在公众的影像观、历史观、记录历史的习惯和现代技术的影响下，公众影像史学依然还有进一步发展的空间。在未来的发展中，要更快建立起相关学科，培养公众影像史学人才，扩大公众影像史学在社会上的辐射范围，让更多人参与进来，记录中国历史，讲好中国故事。

关键词：影像史学　公众影像史学　影像历史建构

公众影像史学是公众史学学科体系下的重要部分，与先前的影像史学相比，区别在于更加突出公众本位。突出公众本位意味着公众影像史学的研究对象是"公众"，就是"人人"，重点在于每一个个体。所以，我们从"人"的变化上来进行探讨，将从影像史学发展为公众影像史学的这个过渡时期分为两个阶段，第一个阶段是书写对象的公众化，第二个阶段是参与人群的公众化。由于人类历史文化的传承和发展需要、历史学史料的革新现状和现代数码科技的发展，影像史学才有了向公众化发展的契机。20 世纪 80 年代后

---

* 本文系国家社科基金重大项目"当代中国公众历史记录理论与实践研究"（19ZAD194）阶段性成果。

** 应芳舟，宁波市天一阁博物院；施琪航，宁波大学公众史学研究中心。

期到90年代初期，国内兴起了以"纪实主义"为口号、以"真实再现"为理念的新纪录片运动。这场运动从本质上来看，就属于影像史学公众化的第一阶段，是一场"影像书写对象公众化"运动。新纪录片运动发展到尾声，借数码科技发展的东风，影像史学开始进入公众化的第二阶段，这时公众开始自己书写自己的历史。那么，公众书写的公众影像史学作品现状如何，本文将围绕这个主题，通过对网上的公众影像史学作品进行搜集和分析，具体解决以下几个问题：公众影像史学作品在创作上有何特点？公众影像史学作品有何文化特征？哪些因素会影响公众影像史学作品的建构？公众影像史学作品的发展又有哪些意义？公众影像史学作品的出路有哪些？

一 公众影像史学作品的创作特点

近年来，利用影像来对自己的生活进行记录的人越来越多，公众影像史学作品也开始增多。对于公众影像史学来说，这是一个很好的发展势头。我们通过在优酷网生活频道对公众影像史学作品进行反复检索和分类研究，发现这些作品的创作呈现以下几个特点。

公众制作的公众影像史学作品类别繁多。这些作品涵盖家族史、单位史、村（社区）史、专题史、个人史等。影像形式的家族史用于记录宗族中的一些大事件。优酷自频道"钦州婚礼高清摄像"发布《屯岸村黄氏宗祠落成庆典风彩典记》（2021），通过对庆典当天进行实录来记录当地先祖祠堂落成典礼及请祖祭祖仪式。优酷自频道"木同设计－亮子"发布《2017李氏家族新年年会》（2017），完整记录了年会的过程，其中有相关人员讲述李氏家族的历史和现状，对于家族的记录比较丰富。也有用影像来记录对家庭和家族的寻根之旅者，申氏兄弟《不能忘怀的爱》（2015）就通过重走父母走过的路、寻访故地旧人去追寻家族的根。单位史大多是一些校庆、毕业典礼等活动的实录，例如优酷自频道"肥城雾绕"发布的《安徽新华学院10周年校庆晚会》（2013）记录了整场晚会活动。另外，也有对学校等单位历史的回顾，如优酷自频道"爱在绿城"发布的《中国地质大学（北京）校情校史》

（2013）中，该校老师在视频里利用各种文字和影像资料来讲解中国地质大学（北京）的历史和现状。这个视频是作迎新用的，欢迎新生成为该校一员，所以对于该校的历史讲解得十分清晰。专题史多婚丧嫁娶的影像实录。例如优酷自频道"伟杰影视"发布的《刘某高某回门纪念视频》（2020），利用照片与现场实况的拍摄记录了一对新人回门的情景；自频道"长沙风行者"发布的《怀念我的父亲》（2019）则是一个葬礼实录。村（社区）史是对村或社区历史的记录，例如自频道"秦道其"发布的《灞桥上桥村村史》（2019），根据留存的古迹和文字记载，提到了该村封建社会时期的大致状况，之后主要讲述近代战争时期的历史，对于战争中的人物、地点等都进行了较详细的追溯。自频道"家传万代"发布的《北岔河村史村貌纪录片》（2017）借相关人之口简要讲述了当地的发展历程。个人史往往是对制作者父母亲等长辈进行记录。自频道"365影视"发布的《我的父亲》（2020）通过父亲的生活影像来记录父亲的生活。自频道"美乐婚庆影视"《怀念我的父亲》（2019）亦简单记录其父亲的生活。自频道"雷献禾"《我的父亲》（2018）值得借鉴的特点在于由其父亲亲述自己的历史，通过口述历史的方法直接展现出来。

公众影像史学作品中有影像志，也有录像。在一些作品中影像志形式运用较多。原因可能是一些被摄成员已经不在人世，或者失去联系，不方便录像，也有可能是建筑、村落等失去了原来的样子。在这种情况下，使用图片来进行整合，形成影像志来补救，尽力复原某段历史的面貌，是一种可行的方式。例如自频道"我的影像世界生活记录"发布的《我的父亲》（2019）就是一部影像志，利用父亲的照片来记录父亲的生活和历史。我们所推崇的录像是在现有条件下可使用的最佳的记录方式，一些作者实地记录了很多婚礼、葬礼、生日等人生中较重要事件。直接录像是最简单的方式，在此基础之上，也有剪辑过的、多机位的、比较复杂的影像。有条件的可以对影像进行后期加工，但考虑到现在后期制作技术尚未普及，所以直接录像是公众影像制作最便捷的路径。

制作公众影像史学作品的有普通个体，也有工作室。这里的工作室并非指专业的影视公司，而是一些成员较少，专注于对庆典等现场实录的团队。聘请工作室来进行记录的往往是一些比较正式的场景，影像的时间也较长。主题几乎都是大寿、新婚、生日纪念、同学聚会、丧事、联谊会、运动会等。结婚典礼的影像记录大多由婚庆公司来进行，在优酷中也能够看到很多相关的自频道，例如"爱度婚纱摄影""婚礼纪婚礼定制""甘洛青娅婚纱摄影婚庆工作室"等。也有一些对其他纪念活动进行记录的工作室，例如"王五音影工作室""兄弟影室"等，能够对庆典等活动进行拍摄。这些工作室的工作基本面向公众日常需要，只要公众想要对一些相对重要的活动进行影像记录，这些工作室就有用武之地。成立工作室与成立影视公司不同，有时候一些工作室的成员并不多，也没有达到专业的影视公司水平。例如优酷自频道"王五音影工作室"，账号拥有者就是一名毕业后长期从事各类摄像摄影活动的记录者，他的工作任务多是拍摄记录婚礼等庆典。

除此之外，普通公众中参与历史影像制作较多的是年轻人群体，其成果大多是较短时长的生活琐事记录。他们的作品有一个新的名字叫作 Vlog（影像日志），是近年从国外传来的。油管（YouTube）视频平台对于 Vlog 的定义是，创作者通过拍摄视频来记录自己的日常生活，形成不同于传统视频形式的日志。"创作者一般是拍摄者，其内容主要与拍摄者亲身经历相关，受众在观看的过程中更有生活代入感。"[①] 中国留学生接受这一新事物后，就开始在国内媒体平台逐渐传播。到 2018 年，Vlog 在国内形成了巨大的风潮，于是这也成了影像历史记录的重要表现方式。现在，它是最容易被公众掌握的影像制作方法。这种视频日志"热衷日常生活琐事"，"内容定位契合用户年轻定位"[②]，同时体量短小、主题鲜明，在快节奏的现代社会十分便于传播，人们也非常乐于在网络上分享自己的生活。而且很多视频播放平台有生活区，在生活区里有很多视频上传，主要是一些生活体验的记录。例如自频道"逍遥小枫"《不用点火的速食火锅，在家吃是什么样的感受？！》（2017）

---

① 宾振宇：《Vlog 中国发展现状与前景浅析》，《视听》2019 年第 3 期。

② 吴洪莉、刘梦娇：《VLOG：短视频下一个爆发点——基于 B 站的热门 Vlog 视频内容生产策略分析》，《湖北第二师范学院学报》2018 年第 6 期。

简单分享美食，自频道"中国 BOY 大猩猩"《最后的在日本的两天》（2016）记录自己在日本游玩的经历等。

新的分享平台使公众影像史学作品衍化出新的传播形式。这些影像从主题、时长等方面都受到了传播要求的影响。短小精悍、主题明确、趣味性强的影像传播更广，影响也更大。优酷的自频道、哔哩哔哩的 UP 主（上传者）等都是公众用影像来记录自己的生活和历史的典型表现。他们的关注者少则十几人，多则几百万人，这需要制作者能够更多关注生活、体验生活，只有这样才能贴近公众。各视频网站的随手转发功能也十分便利，能使这些作品在视频网站之外的其他社交平台进行传播。另外，即时性也是一个公众影像史学作品传播的重要影响因素。当下，会议直播、生活直播、游戏直播等各种主题的直播在网络上遍地开花，人们可以通过网络实时参加会议，或者体验他人的生活，还能同别人进行实时交流。这些影像活动的文本留存下来，也就成了历史记录。2020 年 9 月 21 日的"纪录片与口述史的文献价值——《口述国图》研讨会"就是线上线下同步进行，通过网络直播的会议，让更多人关注到《口述国图》这部口述史纪录片的重要性和其中深厚的历史底蕴。影像的方式使得这场会议的影响更广，对其普及和传播都有重要作用。北京师范大学历史学院在 2011 年开设"影像史学实验室"后，很多教师的线上课程都设立起来，成果颇丰。2020 年由于新冠肺炎疫情各大高校开学受到影响，北京师范大学历史学院的线上课程则为它们提供了很好的借鉴。"线上历史教学实时顺利进行，在为高校抗击新冠肺炎疫情，保障历史教学正常进行中发挥了显著作用。"[1]

二　公众影像史学作品的文化特征

公众影像史学作品结合了公众史学与影像史学两者的特点，是用公众眼光去构建影像史学，与传统影像史学相比，更加能发挥出影像史学"亲近公

---

[1] 参见北京师范大学历史学院官网，https://history.bnu.edu.cn/xwdt/48163b8ab10f4d1987f4b48911122198.htm，2020 年 2 月 25 日。

众"的优越性。可以说，公众影像史学的文化特征是十分鲜明的。

公众影像史学作品体现出鲜明的"公众化"性质。张广智认为影像史学本身就具有"亲近公众"的特质，"在公众史学这个大家族中最具'亲民'的特点"。[①] 而公众影像史学更是直接从名称上就突出体现了这一点。"公众性"是公众影像史学的第一特点。当我们从公众史学的视野来解读影像时，所关注到的影像内容就是人民群众的日常生活与工作。从作品来看，往往带有"我的"或"我们的"这样的内涵意味，常见的作品名例如《我的父亲》《我的母亲》《我们的村庄》等，都从自己身边的人、事、物出发来进行记录。我们可以从这种日常中来了解个人或者区域性群体，同时了解与其相关或类似的人群的生活。"公众化"的意义在于突出"人"在历史中的作用与价值，这里所说的"人"是每一个个体。公众影像史学从视角到内容都更加突出"公众本位"。

公众影像史学作品是公众史学领域的重要研究内容。公众影像史学属于公众史学的"声像史"部分。公众史学在"贴近公众"的要求下，需要由公众书写出关于公众的历史作品，并需要由公众来进行消费，那么一个优秀的公众化历史记录方式，必须在这三个突出"公众"作用的阶段里，都能发挥符合公众要求的作用。当公众参与历史书写时，书写的标准就不能过高，书写的方式也不能过于复杂。我国在20世纪中后期进行过多次扫盲运动，文盲人口大幅下降。但是，要做到书写历史的程度，很多人还是达不到，这就显示出了现代公众史学要求下传统文字书写的短板。所以，要让公众史学更广泛地进入公众生活，只能由更加简单快捷的影像记录来开路。公众影像史学就承担着这样重要的任务。需要公众来进行消费，意味着历史书写作品的传播度要高，要有庞大的普通人群作为受众。目前来看，就是需要利用电视、互联网等传播媒介。公众影像史学完全能满足这些要求，在历史的传播与普及上有着极大的优势。

公众影像史学作品具有很高的自由度。公众影像史学发展到现在的阶

---

① 张广智：《影视史学：亲近公众的史学新领域》，《人民日报》2016年2月22日。

段，利用简单的技术手段，已经到了能够使公众自己参与拍摄的地步。与科班出身的拍摄者不同的是，公众拍摄自己的生活往往是随心所欲、不拘一格的，例如优酷自频道"五套体操"发布的《我的父亲 91 岁春暖花开踏青散步》（2020），就是记录了父亲散步的一个短视频，没有任何说明，手机镜头摇晃，可以看出只是一时兴起的拍摄。公众影像史学作品往往记录某一段有趣的历史和生活，没有太多拍摄教条。而且，由于公众影像史学作品的商业感接近于无，公益性更加突出，所以，不受到外界的影响和束缚。我们确定公众影像的拍摄是业余的，因而我们也不以专业的标准去评判它，不要求它有多么高的艺术性，只求它是真实的。只要达到"真实记录"这一标准，都是合格的公众影像史学作品。技术工具较为低端并不重要，公众拍摄技术不高也不是重点，"公众"一词本身就意味着这些作品不是精致、华丽的，它的特点在于直接记录了真实生活，即使它所记录的生活并不是一件完美的东西，却能表现出公众影像和公众历史的优越性。

公众影像史学作品蕴含着丰富的情感。历史学往往追求客观真实，而历史不可重现，所以完全的客观是不存在的。传统的文字文本作为学人研究的对象，也是前人经过思维活动留下的。文字和影像在本质上是一致的，都在人为地、创造性地建构历史现实，"二者的区别，仅在于媒介的不同，而不在于信息产生的方式"[①]。同时，学人研究前人文本，也不能脱离对此人的研究，而既然研究人，那么就不得不关注他的思想活动和情绪情感。如此，一直以来被认为不够"科学"的情感就有了被研究的必要。公众影像史学作品来源于生活，这些生活素材是最鲜活的，是离人们最近的记录，人们的生活中有丰沛的情绪表现和跌宕的情绪变化，这些变化对个人历史的发展有着重要影响，例如，2017 年发布在哔哩哔哩视频网站，由尚雪红团队四名大学生所拍摄的《最后的敖鲁古雅》，记录了在时代变迁下，鄂温克族人生活的变化，人们在采访中流露出对旧时生活的怀念和对生活习惯改变的无奈，让我们体会到时代前进中传统事物消亡的无可奈何。所以，我们对这些生活素材

---

① 〔美〕海登·怀特：《书写史学与视听史学》，王佳怡译，《电影艺术》2014 年第 6 期。

的研究不能剥离情感。

公众影像史学对增强民族认同起到了重要的作用。公众影像是公众记录下的公众身边的日常，将这些日常作为一种新形式的历史来书写。"人们期待纪实性的作品，是因为人们希望看到自身。"① 换言之，人们通过公众影像史学的真实作品，能够从他人的生活中看到自己，这种历史书写比较便于人们在网络平台寻求共鸣。当人们对这种日常的书写产生了亲近感，相互之间就会形成一种认同的氛围。这个认同的范围逐渐扩大，就能够在一个民族或一个国家中产生强大的聚合作用。可以说，公众从影像中加深了自己作为一个国民的认知，认识到整个国家、整个民族团结的意义。2020年，《武汉：我的战"疫"日记》系列短视频纪录片向民众发起号召，希望人们用 Vlog 的主观视角讲述这段时间在武汉发生的故事，记录更多抗击疫情的细节。群众纷纷踊跃参加，在那时，无论是紧张的一线，还是在家隔离的人们的生活，都引起了全社会的共鸣，让人们对中华民族的团结有了新的认识。

公众影像史学与国家历史密不可分。公众历史往往相对于国家历史而存在，我们突出公众历史，却也并不反对对国家历史的记录和研究。就像公众和国家不能互相脱离一样，两者的历史也是不能被割裂的。公众历史与国家历史不是对立的，而是有着密切的关系。公众史学的研究对象是历史中个体的"人"。这些"人"的历史和国家历史相互印证，是同一个时代下的产物。公众影像史学使这些个体的"人"更加具象化，将"人"和"人的历史"切实地展现在我们眼前。但是这些个体的"人"并不是脱离国家而存在的，人们集结起来组成一个国家，人们的历史也能融合成一个国家的历史。崔永元团队制作的《我的抗战》是一个典型的例子。在国家和时代的背景下，每一名老兵都有着共同点，就是抗击敌人、保家卫国的决心，也都经历过那段艰难的岁月。在国史中，那是几场壮烈的战役；但经过那些老兵的讲述，我们才更能知道"惨烈"并不只是一个简单的形容词。他们真实地存在于那段历

---

① 时宇石:《DV 时代：艺术的生活化与生活的艺术化》,《新闻界》2005 年第 1 期。

史中，所见到的绝非国史描写的那么笼统，他们的叙述又加重了国史描写中每一个字的分量。公众史学与国史是能够互相观照的。

三　建构公众影像史学作品的影响因素

新事物不是生来就完美的，其发展是曲折的，没有完全一帆风顺的。以公众影像拍摄来代替纸质文本书写历史是一个大胆的尝试。尝试是难以被打压的，这是新事物发展的土壤。我们发现历史学领域中影像的公众转型还未完全到位，可以说至今依然在转型的过程中，仍存在一些因素制约着它的发展。

"影戏观念"与历史观念的冲突。观照我国的影像发展史，由中国人自己拍摄的第一部电影是《定军山》，这部影片拉开了中国国产电影的序幕。问题在于该片是将京剧影像化，是用电影来表现戏剧的，这就体现出了人们心目中"影"就是"戏"的观念。"影戏观念"和"影像观念"的长期交杂往往使人们认为影像不能脱离戏剧性。而人们传统印象中，历史是不夸张的，是真实的，是与影像相悖的事物。此外，"戏"在中国传统文化观中居于"下九流"，从业者也被认为是社会地位较低的人群，与在传统文化中居于"显学"地位的历史学也有很大的差距。这就会导致在观念上对以影像来记录历史的一种怀疑。

公众对"公众化"的不理解。这一方面是拍摄者的观念问题，另一方面是被摄者的观念问题。前者的问题在于拍摄者没有意识到自己在拥有相应的历史观下可以选择拍摄公众化的影像。后者的观念问题在于一些被摄者会认为自己的生活完全没有被作为历史来记录的必要，会对拍摄有一定的抵触心理和消极心态，对拍摄抱有不配合的姿态。公众影像史学作品的制作是需要大量的沟通来进行铺垫的，需要让被摄者明白他们的生活所拥有的价值，"普通人的自觉记录，真实的内容和情感有着千钧之力"[①]。

---

①　韩世容：《"余生一日"　看见疫情下的中国》，《北京青年报》2020 年 2 月 18 日。

　　大多数人没有用影像来"记录历史"的习惯。首先，历史作为人们生活中已经消逝的部分，从实用主义的角度来讲，在经济意义上没有很大价值。不过，经济价值并不能成为人们生活的最终追求。人活着需要一些依傍，一些来自自己的底气，生活是自己的。站在"他者"的角度所看到的生活，其实与自己本身所看到的生活有很大的不同。影像记录历史给了人们一个机会，用另一种视角来审视自己的生活，从生活中得到一些内心力量。其次，影像是近代才发展起来的。相比于文字记录历史的长期传统，影像记录需要人们有创新的想法和精神，然而人们在创新方面常常是具有惰性的。最后，记录历史有时也需要长期性习惯的坚持。需要人们坚持拍摄，久而久之自然形成"记录"这一习惯，并辐射身边更多的人。

　　技术和方法也是影响公众影像史学作品建构的因素。公众影像制作是一个复杂的过程，往往需要前期采集素材和后期剪辑制作。前期包括主题准备、实地采访、拍摄等，这是一种前期已确定主题、受访者和大致内容的素材采集，适合有较完善准备的主题性采访。例如"'家·春秋'大学生口述历史影像记录计划"，要求参赛人员先提交一份有关作品大致信息的文件，通过审核后，才进行拍摄。还有一种是公众日常的随手拍，可能都是一些零碎的素材，要经整合后才能形成公众影像史学作品。后期就需要运用先进的计算机技术对前期收获的内容进行整体和细节上的处理，使用爱剪辑等软件即可。

　　在前期素材采集中，口述历史是主要方法之一。大致来讲可从准备和采访两大阶段来进行研究。第一是准备阶段诸问题。公众影像在制作之前，需要预先做好充足的准备，为之后的采访和采访后的后期制作等流程打好基础。主要需要准备资料、准备设备。第二是采访阶段诸问题。要选择合适的采访地点、采访模式，注意采访中要以倾听为主，间或引导话题等。如宁波大学钱茂伟教授进行藕池村村史的编写时，受访者落座后，镜头安置在能录入采访者与受访者的位置，再由二者进行问答和叙述，问答式聊天结束后，影像也随之记录完毕，此影像不加修饰，仅作为记录保存，对只为留下声音与影像者的影像历史记录来说，是最简便的方法。

素材采集中也往往需要制作者敏锐地捕捉一些特殊时刻。例如受访者家中还留存的老物件、老照片等资料和一些在影像拍摄中出现的突发事件。在抖音，有一位专为生活中普通人摄影的短视频制作者"老牛的Vlog"，这位制作者长期更新"跟陌生人打招呼"系列视频。在这一个系列中，他常常带着相机和打印机在街头闲逛，抓取人们生动的生活和工作场景，然后将照片打印出来，送给被摄者，同时与对方打招呼并聊天。至今为止该系列已有百集以上，并拥有大量的关注者，能够看出受到大众的喜爱。在一些既定主题的素材采集中，有时虽然已经有了采访的大纲，但偶尔也会获得一些意料之外的素材。此时，便不能拘泥于采访大纲，而要对这个意外事件进行深入挖掘。

后期文本编辑中包括视频编辑、素材处理、字幕处理、音频处理等。后期的技术是对拍摄素材的重组和对整部影像的全新建构，但其依然建立在追求客观真实的基础上。第一，需要注意的是对影像整体结构的处理；第二，也不能忽视公众影像制作的小细节，例如对口述历史采访部分方言的处理、相关文献资料的补充等。

四 公众影像史学作品发展的意义

公众影像史学结合了公众史学和影像史学的优势，其发展对于历史学转型和社会文化发展有着重要的意义。

历史资料书写内容的丰富化。从影像化上来看，先前的传统书写方式中，文字是视觉研究的对象，而现在影像是视、听二觉研究的对象。这意味着影像本身拥有比文字更加丰富的特性，不仅能保存历史的视觉表现，也能保存历史的声音，使一项历史资料拥有了两个方面的参考价值。从公众化上来看，大众成为历史的书写人群和参与人群，占人口绝大多数的民众书写自己的历史，理论上来讲，产生的历史资料数量也会爆炸式增加。民众的性别、年龄、职业、地域等的不同会导致人们书写的历史有很大不同。但是在一些共同条件作用下，人们的历史又呈现出某种同一性，对这种同一性的研究能利用大数据技术来完成。公众影像史学让这种丰富性变成现实，恢复了大历史叙述中被砍掉的"枝叶"，弥补了大历史中被忽视的部分。

提供了历史资料中的全新视角。历史本身就有从多个层面、多个方向来阐释的可能。随着时代的发展和价值观的不断变化，人们对某段历史的评价也会发生改变。历史研究没有永远的定论，只有相对的结论。任何人对历史的理解都无法跳出时代和自身的局限性，只能在有限的时间和空间内，对历史进行某种从自身出发的探究，影像是进行这种探究的一个新方式。"社会变动既为历史书写提供了时代主题和关注焦点，也往往使书写主体的地位和身份发生根本性变动。"[①] 在社会发展水平提高时，不能再用传统的记录方式以贫乏的笔墨来书写当代的历史。就书写历史层面来讲，影像以其丰富性，比传统文字记录更有优势。

使丰富的当代文化得到文本化。公众影像史学作品是社会中的公众对自己身边的人、事、物进行记录的成果，其内容包含着当代社会文化中的各个方面。当代文化无论是物质方面，还是精神方面，都是十分丰富的，而且变化极大。在数据爆炸的当下，借助网络，文化这一人类长期创造形成的产物变化得十分快速。作为人类社会与历史的积淀物，文化中的历史地理、风土人情、文学艺术等往往随着国家地区和民族的不同而发生变化。在这个时代大背景下，所有文化都有共同点，也有差异。公众影像史学作品就是将这些文化变成具体的影像文本，将它们保留下来，成为历史的"切片"。

加快了当代文化的复杂化。全球的交流并不频繁时，各区域、各民族的文化往往有鲜明的特质，而随着如今全网信息共享，网络文化快速传播，以其为平台的公众影像史学作品的传播也加快了脚步，这样一来区域间、国与国之间文化的传播、交流与融合也变得非常频繁。文化在大量的混合、剥离后变得更加丰富多元。文化是由人类创造的，当文化发生变化，离它最近的公众对于变化中的文化的吸收、接受和再次传播也是十分快的。公众在创造了大量文化，并形成公众影像史学作品将其在网络上传播的同时，也不停地

---

① 尤学工：《历史书写与社会变动》，《华中师范大学研究生学报》2015 年第 2 期。

更新和转变文化，这意味着文化的变化性和复杂性是不可想象的。当代文化接触到社会生活的角角落落，涉及公众群体的方方面面，其复杂程度与之前不可同日而语。

五　公众影像史学作品发展的出路

公众影像史学的作品，随着公众史学的深入发展，数量上不断增加，质量上也不断优化。但公众影像史学的发展依然面临一些困境，例如"向下"的深度不够、理论上还需要进一步完善等。为了持续推动历史学转型，增强公众影像史学对学界的影响，如何在未来持续深入发展公众影像史学，推出更多更好的公众影像史学作品，这是我们亟待解决的问题。

加快建立公众历史学科，积极推动跨学科发展。学科化和专业化会使公众史学这一学科受到人们关注。而在被认识和被承认的前提下，人们的观念也将发生改变。跨学科的新的发展要求给了各界学人一个新的发展方向。传媒学的学人已经对此有了一些呼吁和推动。这种跨学科的合作与交流不仅对其中一个学科发展有所帮助，实际上还是能够提升相关所有学科的一个新的机遇。

讲好中国公众的日常故事，增强民族认同感。从政府来讲，现在对家风家训的提倡已经使人们开始重视家谱等小历史的书写。从大历史转向小历史，本身就是一个全新的变化，对书写历史的载体进行新变换的呼吁也不是不能实现的，政府要抓住时代特色来推动历史学的发展。要关注怎样将这些公众的日常故事讲好、讲精彩，这是公众影像史学需要解决的一个重点问题。

培养年轻的公众影像史学相关人才，构建公众影像史学的理论和方法。"不难发现，目前中国大陆民间影像的活跃分子，不少人最初的创作实践起步于大学校园。"① 现在，影像研讨会、影像节等层出不穷，参与其中的大学生群体是新鲜事物的最佳接受者，同时，他们也习惯表现出自己的个性和特

---

① 王艳：《影像在民间：中国当代民间影像论》，《电影文学》2007年第6期。

点，还有着源源不断的热情和动力。所以说，在公众历史影像记录的参与方面，高校学生是不可小觑的力量，将他们培养成公众影像史学所需要的人才是很有尝试价值的。现在，一些高校有公众影像史学相关的专业，数量虽还不多，但更多高校有了或校方或学生组建的他们自己的影像记录社团与俱乐部。高校学生成为公众影像史学实践的骨干力量，在 DV 等便利工具的支持下，有思想的青年大学生已经开始关注当下，并回溯过去，内窥自省，从自己和他人的经历中汲取向未来迈步的动力。

扩大公众影像史学的辐射范围，提高公众的历史意识。近年来，公众影像记录的比赛越来越多，有的是为了培养新的影像制作者，例如"'家·春秋'大学生口述历史影像记录计划""杭州大学生电影节"等；有的是为了宣传当地特色来带动经济发展，如"DV 看海南""DV 看文昌"等。无论是出于什么缘由，公众在一些外界利益的驱动下开始对自己的生活和历史进行记录，都是一件好事。

结　语

公众影像史学作品是公众史学学科体系下的公众影像史学的呈现方式，公众影像史学作品的不断发展是公众史学发展的一个重要观照。对这些作品创作特点的研究发现，公众影像的发展具有很好的前途。具体来说主要有以下几点。

第一，从公众影像史学作品的创作特点上看，这些作品主题丰富、制作者来源广泛、体裁多样，同时，通过全新且便利的网络分享平台将公众性发挥到了极致，更加贴近公众史学"书写公众、公众书写、公众消费"的主旨。

第二，从公众影像史学作品的文化特征上看，其表现出鲜明的公众性和自由性，处于公众史学领域的先锋地位，与国家大历史能够相互观照，对增强民族认同感有重要作用。

第三，从建构公众影像史学作品的影响因素上看，现在的公众虽有便利的书写工具和分享平台，但受到思想观念、生活习惯等方面的影响，依然很少有创作公众影像史学作品的冲动。另外，在实务操作上，也需要进一步普及影像史学建构的流程。前期应做好素材采集，后期要进行编辑制作，从而形成一部合格的公众影像史学作品。

第四，从公众影像史学作品发展的意义上看，其发展对于历史学的转型有比较大的影响，主要体现在利用"声像"使书写内容更加丰富、提供民间的全新研究视角上。这对于历史学"向下"发展来说，是一个很好的趋势。当然我们既要看到公众影像史学作品发展在推动历史学转型上的优势，也要看到其发展的不足。所以，要积极从呼吁公众、发展学科、培养人才等多个角度来不断推动公众影像史学深入发展，不断推出更多更好的公众影像史学作品。

基于文献融合的影像史记录与实践探析*

刘东亮**

摘 要： 在公众书写历史的实践中，影像记录是一种重要的手段和方法。本文探讨了影像记录方式的转变，并以"非遗"影像史料的分析为基础，进一步思考如何用科学合理的方式记录正在发生以及将要发生的事，在大众进行具体的影像实践中，需要结合已有的影像史料，进行有效的文献和资源整合，以此探究影像生产及利用的途径和方法，从而促进公众开展影像史的记录工作。

关键词： 影像史 记录方式 文献整合

影像史是传统史学的一种发展，为目前的史学研究提供了新的思路和方法。影像媒介在具体的实践过程中，最大化地还原"真实"的人物和事件。在现代性的语境下，目前对于影像的研究侧重于理论的解读和阐释，对于具体的方法论以及经验归纳不够深入。因此有必要对影像史记录的内容及方式进行梳理，进一步把影像史理论与开展的具体实践结合起来。

一般来说，影像包括静态的图像和动态的影像，将影像作为研究对象，是在视听文化时代记录历史事实的有效手段。影像技术手段的不断提高，可以使大众日常生活直观地展现出来，同时又能涵盖文化空间、社会历史环境等关联内容。"非遗"题材的影像史料，与其他影视创作的操作方法类似，但其不同之处在于影像记录的社会功能和价值导向丰富与多元。

---

* 本文系国家社科基金重大项目"当代中国公众历史记录理论与实践研究"（19ZAD194）阶段性成果

** 刘东亮，中国国家图书馆。

一　影像记录的产生与发展

对于历史的书写来说，最初是口头文本的讲述，这是传统社会存储和建构人类文化与记忆的基本方式。对于没有文字的族群来说，文化更多是靠非物质的形态传承延续下来的。而在有文字的社会中，口头传统依然承担着传递信息与文化交流的职能。"口头传统这个术语具有双重的含义，既指涉过程，也指涉该过程的结果。以口述方式在特定时刻表现就是'过程'，表现的信息内容就是'结果'。"① 口头传统是依靠民间力量不自觉地进行整合和传播的，这是一种"置于传下来的秩序当中的生活"② 现象，因此它也广泛地存在于日常性的生活场景中。对于口头传统叙事的演变过程，大体上有三种不同的媒介形态在发挥作用。一是语言变异与记忆的存在；二是文字书写的影响；三是现代化的技术手段的应用。这些媒体的介入，不可避免地影响了口头传统的"本真性"。

新技术的出现尤其是影像记录的产生，对以口头传统为基础的历史叙事产生了重要的影响。对于口头传统的书写来说，语言和文字的传播是抽象化的内容揭示，必须依靠已有经验和知识的积累，再加上想象的补充，才能"还原"口头文本的内容，只是在这个过程中，有多少内容要素保留了下来是需要考虑的。图画和图形是一种有效的辅助性手段，可以弥补口头传播中因记忆和理解力不足而出现的错漏。中国很早就出现图文并行的现象，"古之善绘者，或画《诗》，或图《孝经》，或貌《尔雅》，或像《论语》暨《春秋》，或著《易》象，皆附经而行，犹未失其初也……致使图史并传，助名教而翼群伦，亦有可观者焉"③。

随着摄影摄像技术的兴起，人们记录历史的手段无疑更为丰富了。影像记录可以满足对文化和记忆动态性保护的需求，"数字化音视频设备能够实

---

① 朝戈金：《作为认识论和方法论的口头传统》，《内蒙古社会科学》（汉文版）2019年第2期。

② 〔德〕赫尔曼·鲍辛格等：《日常生活的启蒙者》，吴秀杰译，广西师范大学出版社，2014，第6—20页。

③ 《宋濂学士先生文集》卷二一《杂著》，明天顺五年（1461）黄誉刻本，第15—16页。

现高保真、高清录音与摄像……多机位拍摄技术、多媒体呈现技术……在数字资源中的实现程度越来越高"①。比如，新中国成立以后拍摄的《佤族》《凉山彝族》《额尔古纳河畔的鄂温克人》等十几部民族志影片，用镜头记录了少数民族大量的生产生活场景、风俗习惯、节日仪式、宗教信仰等内容。依靠影像化的手段，可以真实地记录下来这些文化事项，把语言与文字无法完全展现的言外之意，如人的姿势、神态、动作等描述出来，使影像资料真正成为立体性的活态文献。

但是不容忽视的是，影像记录不是一种对现实生活绝对客观的摹写。一方面人的视觉是选择性的，经过大脑思考之后，会根据自身的经验对现象进行改造和加工；另一方面，人有自我的视角，这种先天的主观性会在不自觉的过程中，影响影像的客观叙述。而影像的解释"在完全的意义上并非文字。它们充当了一种记忆方法。没有哪两个解释者会一起给出同样的解释，即使他们在同一个时间师从同一个师傅"②。影像使人们对文化事项有了感知性的认识，但是同时又伴随着深层思维结构的重组，从而导致影像本身对内容的准确传递产生影响。"相似的记忆痕迹之间，会相互联系、相互加强和相互削弱，乃至相互替代。其结果是储积起大量视觉意象，有些意象清晰明了，有些则模糊无形；有的是整个物体的相貌，有些则仅仅是它们的一个片段。"③ 所以说在文化事项的影像记录中，对它的理解依然存在着辨认、解释和补充的过程。影像是复合型的载体，它与文字、语言、记忆、知觉等信息相混合，不仅自身成了一个新的信息源，而且在这一过程中还要承担把原有的内容传递出去的媒介功能。

二 影像史记录的工作方法

随着影像技术的不断成熟，越来越多的公众与研究者参与到影像记录运

---

① 杨红:《非物质文化遗产数字化研究》，社会科学文献出版社，2014，第57页。
② 〔英〕杰克·古迪:《口头传统中的记忆》，户晓辉译，《民族文学研究》2005年第1期。
③ 〔美〕鲁道夫·阿恩海姆:《视觉思维——审美直觉心理学》，滕守尧译，光明日报出版社，1986，第145—146页。

动中来，特别是在如今的融媒体时代，短视频迅猛发展的大环境下，民众的积极参与成为推动影像史学发展的重要力量。但是与此同时，出现了影像史作品质量参差不齐、参与人员的技术熟练度不一等情况，由此形成的局面是公众参与影像史热情较高，但难以有比较成型的史学作品，因此，历史影像生产如何在民间或者说公众层面实现流程化的操作，实现历史记录本身的技术更新，是亟须解决的问题。基于此，可以从作品内容题材选择、技术手段应用等方面，归纳出影像记录历史的基本方法，从而使影像史学的作品内容有基本的质量保障。

（一）选定作品主题

对于大众来说，进行影像记录一般应从熟悉的领域着手，即从自身的视角出发，观察身边的人物和事件，并选择合适的主题进行创作。比如行业人员的影像史记录，可以将关注点放在相关从业者的经历上，像抗击新冠疫情工作者的口述和影像历史即一个很好的例证，它突出了行业影像史的社会功能，并且易于被公众理解与接受。

家庭或家族影像史的记录，是研究社会历史变迁的一个重要课题。家庭生活对于个人的影响不必论说，家族观念和价值认同仍然起到维系族群内部稳定的作用，但是就目前来说，个人与整个大家族的社会关系发生了非常大的改变。过去的大家族分化为各个小家庭，随之而来的就是家族历史记忆的模糊化，因此，有必要对家族的历史进行影像记录，并且可以基于族谱、地方志等文献，将文字记载与影像结合起来，重新建立家族史在新时代的社会伦理价值。

以社区为对象的影像记录，可以关注普通人的生活细节，从另一个角度来说，也可以弥补地方志编写的不足。一般而言，城市的社区以街道为主体，农村的社区是以村庄为基本单位。因此，这些小型的社区居民影像史项目具有较强的可操作性，同时这些实践经验也有总结与推广的价值。当前传统社区的生活方式、文化观念与心理状态，较之以往都出现了重大的转变，在这一过程中，公众需要记录下这样的历史变化——社会转型时期内的社区关系解构、重组或者重生，这样的记忆从一个侧面见证了基层社会单元文化记忆的变迁，也有着重要的历史学和社会学研究价值。

因此可以说，不同角度和内容的影像作品，既可以丰富影像叙事的思想表达，又能拓宽当代历史记录的领域，可以说为后续影像史料的应用打下了较好的实践基础。

（二）影像记录的基本方法

1. 口述史访问

目前，口述史的工具性特征被越来越多的学科所接纳，它是由准备完善的访谈者，以笔录、录音等方式收集、整理口传记忆以及具有历史意义的观点的一种研究历史的方式。[①] 口述史访谈工作基于相关资料和信息的收集展开。对于个人史的工作方法而言，可以对受访人进行完整的生命史、学术（专业、领域）史、思想史的访问。如受访人状况不佳，对其本人的访问应选取重点，体现出其人生各个重要阶段的历程、学术（专业、领域）的成就、思想的内容。

口述史访问比较重要的工作文件是访问提纲，其应包含以下主要内容：受访人的基本信息及家庭情况，受访人的学习经历、工作经历、生活经历，对受访人的成长有重要影响的人物和事件，受访人经历或见证的社会及历史事件的详细情况，受访人的思想感情、自我总结，等等。

以笔者进行的"非遗"传承人口述史访问为例，对于"非遗"传承人的访问，可以依据四级"非遗"传承人名录，以此为参考确定访谈对象。采访者要熟悉传承人所属项目的历史源流、发展变迁及传承情况，初步编写传承人年表、传承谱系表。访谈结束以后需要将口述史访谈的内容转录、校对、编辑，形成口述文字稿。口述文字稿完成以后，请受访人审稿并在纸质文本上签字确认；如果有不予（或暂时不予）公布的部分，则在纸质文本上标记。除此之外，还可以进行相关传统村落的专题口述史访问。口述史的方式可以有效弥补

---

① 定宜庄、汪润主编《口述史读本》，北京大学出版社，2011，第1页。

有些村落文字书写的不足，使传统的口头遗产如农耕知识、祭祀仪式、节日庙会、婚丧习俗等内容，让这些具有代表性的文化社群和民族群众讲述出来。

2. 影像文献的采集与制作

影像文献"通过再现生活场景、刻画人物形象、凸显细节描写、呈现出了原生态的影音方式，真实客观地记录着现实生活"①。因此，对于影像作品的创作而言，可以根据影像成片所要表达的主题，把不同时间、不同场景、不同视域出现的画面组合在一起，让观众基于自己的生活经验，来理解这些影像所要传达的意义。

结合"非遗"项目的具体类别来看，记录民间文学与表演艺术影像最主要的方式是录制代表性的作品，以及作品的演述形式、演述场合。通俗来说，就是在传统的演述场合里，以其应有的演述形式，进行代表作品的记录。重点是要体现出传承人的语言特色、表演技巧、即兴能力、互动能力，记录与作品相关的信仰与禁忌等。对于传统音乐的记录，应选取传统性、代表性强的作品录制，侧重于演唱、演奏技巧，所记录的音乐作品要保留传统的表演环境和表演方式，并且要详细记录与音乐相关的仪式。对于传统技艺实践的记录，具体的工作方法是，可以全程记录传统技艺流程、制作步骤和方法，其中注意不要遗漏原材料及其加工方式、特殊工具的制作等内容；并且还可以记录与之相关的口头知识、传统行规、师训、行话等。

对于民俗活动进行影视人类学的记录，是在特定的时间空间中完整记录民俗活动筹备、活动准备、活动呈现、活动结束及循环规则等全过程。比如对于传统年节及大型祭典等习俗，要记录年节及祭典活动的全过程，重点记录其中的核心仪式和艺术表达，如敬天、祭祖都是一种严肃的精神活动，在仪式中的集体歌唱、舞蹈就带有娱乐表演的性质。对于民间信仰习俗，要完整记录整个仪式的过程，如迎春、神诞、禳灾、还愿等，以及传承人对相关信仰仪式的解释说明。并且着重记录和民间信仰有关的口头表述，如各类说辞、经文等内容。

---

① 王娇雪：《浅析纪录片真实性在剪辑中的体现》，《戏剧之家》2016 年第 7 期。

对于生产生活习俗，则要完整记录该项习俗的全部环节，尽量避免出现表演。如记录依托在生产生活习俗上的各种艺术形式，如窗上的剪纸，宴席上的祝词、歌曲，劳作时的民歌、号子等。这种生产生活习俗是民族传统观念的外化，不仅强化了彼此之间的身份认同，而且规范了族群的道德伦理观念，增强了民族的内聚力。对于民俗活动的记录应该在当地的日常环境中进行。

三 影像史料的整合与利用

面对海量的影像资料与数字化文献，可以基于系统化、专业化的文献信息处理与加工系统，最大化地利用这些已有的影像文献，发挥其史料价值和社会功能。不论对于个人、集体还是公众来说，影像史的目的在于为其提供发声的渠道和平台，将个人的经历与国家历史、社会变迁等结合起来，在宏观视域下推动历史叙事向深度和广度两个方向进一步展开。

（一）影像史料的整合

影像史的资料需要进行系统性的整合和梳理，以便于后期成果的应用。这一步可以基于多学科的文献整理方法，建立一个影像资源的共享平台，在个人或者相关机构之间建立起沟通的机制，避免出现"各自为战"的局面，最终实现共建共赢的影像史料建设模式。

当前影像生产与服务工作已经积累了一定的经验，内容涉及多个层面的文献资料。一方面是比较注重普通人的生活经历，另一方面是对社会现状的揭示。这一阶段也出现了一批高质量的影像作品。像《铁西区》《幼儿园》《秦关路十号》《三里洞》《高三》《群众演员》等，内容和题材不断创新，并且越来越贴近社会生活，体现出了一种多元化的趋势。

目前而言，影像资料的整合工作有两方面的事项。一是从内容方面进行深度的揭示，因此，对于原始文献的分类和主题标引是基础工作。可以基于影像的采录工作，进行详细的元数据描述，并同步进行内容的著录标引，这样对于影像创作者和研究者来说，基本满足了个性化的应用需要，在很大程度上提高了内容检索的效率。二是从形式方面，基于影像内容的传播是必要的工作。一段影像的应用功能是不同的，正因为如此，借助于互联网和社交平台的优势，可以拓宽影像资源传播和史料服务的渠道，形成影像创作者与受众之间的良性互动，提高公众利用影像资源的积极性。

因此，在目前的大数据时代，微博、微信、知乎等新媒体平台对于推动影像史料的建设与共享是十分显著的。在这一过程中，既需要提升公众对于公开影像资料的利用率，同时又要注意避免隐私内容的泄露，加大影像著作权的保护力度。

（二）影像史料的分析与应用

1. 影像对于个体生存状态的记录

个人影像记录的功能性在于对情感与经历的自我表达。从影像生产的角度来谈，个人影像记录是个性化的创作过程，记录的对象普遍也是个体的日常生活状态，在这一具体的实践过程中着重突出了个体的人文精神与文化价值。因此，在社会转型时期，形成大众对于影像记录重要性的共识是非常有必要的。在具体的影像操作层面，会有各种不同的问题出现，尤其在跨文化的视域中，如何保持影像历史记录的本真性，并在此基础上创新和发展，是一个必须解决的现实问题。

对于个体来说，影像史的重要职能是平衡自我意识与集体心理的共生共存的关系，其主要的表现是"在社会情境中，个体对其他个体或群体的行为方式、态度观念、价值标准等，经由模仿、内化，而使其本人与他人或团体趋于一致"①。其实，个体影像本身就包含了对于其所在的社群文化的接受和肯定性的体认，它包括伦理道德规范、风俗习惯、价值认同等方方面面的内容，实际上这是一种自我意识被塑造的心理过程，其最终的目的是使集体和社群文化延续发展下去。

---

① 车文博主编《弗洛伊德主义原著选辑》，辽宁人民出版社，1989，第375页。

比如，一方面，一些比较有影响力的纪录片《最后的山神》《神鹿啊，我们的神鹿》《藏北人家》等聚焦具有代表性的个体的生存状态，展现出现代化的进程中个人与宏观的历史、时代的冲突与弥合。《最后的山神》以鄂伦春族的一位萨满为记录对象，表现了鄂伦春族文化变迁的时代印记。《神鹿啊，我们的神鹿》以鄂温克族的一家人为主线，揭示了鄂温克族人的生活，以及在现代文明冲突中的困境与坚守。《藏北人家》讲的是一个普通牧民家庭一天的起居、饮食、装扮、劳作、娱乐等生活状况，以及牧民剪羊毛、纺线、祭神等场景，[①]展现了远离现代文明的文化生态样式。这类影像所展现出来的个人的命运实际上是他们心理变化的过程，虽然社会同质化的现象愈发普遍，但是他们仍然在坚守着固有的生活方式，因此这类影像所表达的主题也是他们对于原生文化和记忆的认同和坚守。

个人影像关注的另一方面在于记录处于信息和数字经济时代中的文化生活方式的变化，"很多行为类型正在消亡，我们需要以某种方式保存它们。这样不仅允许我们的后人重新拥有这些文化遗产（事实上，也能让当代人将其融入他们新兴的文化类型中），而且也能够让我们对于人类历史与人类潜能的理解，成为一种可靠的、可复制的、可再分析的文献集合"[②]。所以这类影像重点在于客观真实地抢救性记录下来这些社会和文化现象。

目前来说，传统文化的传承面临着较大的困境，都市文化流失现象较严重，逐渐呈空心化的趋势。近年来，由于网络和数字技术的普及，大众媒介娱乐化的倾向也日益显著。在这一过程中，激化了传统与现代之间的文化冲突，加剧了都市文化的变异现象。《千城百匠》纪录片，重点介绍了北京宫毯、料器、景泰蓝、面人郎、绢人、玉雕、古琴等"非遗"项目，其中北京料器的传承人刘宇就讲到了这个项目面临的困境。在影片中他介绍道，北京料器的发展处于濒危状态，这里有多方面的原因：一是技艺难以传承，二是

---

① 王华：《在摄影机与少数民族之间发现中国——中国少数民族题材纪录片生产与传播研究（1979至今）》，《新闻大学》2014年第5期。

② Margaret Mead，"Visual Anthropology in a Discipline of Words，" Paul Hockings，ed.，*Principles of Visual Anthropology*，2nd edition，Berlin，New York：Mouton de Gruyter，1995，pp.8-9.

原材料难以获取。"我们今天使用的原材料，基本上都是 30 年前剩下的，材料面临着马上断绝的危险，一旦材料用完了，这个行业也就不复存在了。"

这类影像更多表达的是个体的文化焦虑，对于个体来说是一种"强烈的思想震荡和巨大的精神磨难，其显著特征，可以概括为一种焦虑与希冀、痛苦与欣悦并存的主体体验"[①]。尤其是在大都市的背景下，人们更容易产生疏离感和失落感。当不能产生价值和文化认同时，便会形成分歧和文化冲突，在跨文化的语境下更是如此。

2. 影像对于集体文化记忆的书写

影像生产的一个重要主题是关于集体历史与记忆的创作。比如家族史、社区史、村史的影像资料，是地方历史的重要组成部分。这类民间的影像资料，一般都有明确的社会目的，主要书写集体的文化心理和价值观念，并且是在所处区域语境之下的情感表达，因而也就普遍具有鲜明的地方性特征；但是与此同时，它又是整个社会文化大环境作用之下的产物，其公共性的特征也不能忽视。从本质上说，地方集体的影像是从个体的历史出发，把国家机能作为必要条件而引入自身生活的一种文化实践，是地方史与国家史的有机结合。[②]

对于家族历史的编写，族谱是一种比较重要的文本证据，可以将其中的"历史叙述，视为一种秩序、一种观念以至一种规范的表达，从族谱的历史叙述中，找寻社会事实"[③]，在这一过程中人们往往注重的是文字资料，影像的留存比较稀缺。实际上，影像可以保留更多的细节，诸如地方的文化空间、人际关系、仪式礼俗等内容，弥补文字记录容易遗漏的地方。比如《客从何处来》系列家族纪录片，主要内容是名人寻访祖辈生活的地方，追溯家族的历史。影片通过找寻大量的历史照片以及各种资料，从个人家族史出发回顾社会变迁的历史。比如有一期内容是档案馆老师讲述主人公的爷爷辈背

---

① 陶家俊:《身份认同导论》,《外国文学》2004 年第 2 期。

② 孙歌:《在历史中寻找中国——关于区域史研究认识论的对话》,香港:大家良友书局有限公司,2014,第 14—15 页。

③ 刘志伟:《在国家与社会之间:明清广东地区里甲赋役制度与乡村社会》,中国人民大学出版社,2010,第 236 页。

井离乡，从大陆离开去台湾的经历，实际上不仅仅记录了家族的历史，更展现了个人命运与时代变迁结合的大历史。通过空间的复原、重现，重新构建起家族的历史文化记忆，并且在个体追忆的过程中寻找对自我身份的认同。

对于社区或村庄的历史记录，除去传统的文本记载之外，更多元性的手段是用影像表达其承载的集体情感和文化传统。随着现代化进程的不断加快，乡村的历史记忆受到了极大的冲击，正面临着解构和消亡的风险，因此，挖掘传统乡村社会的地域文化、民族文化，成为社会发展的重要课题。影像在对村落记忆的叙述中，比较常用的手段是把集体的伦理观念具象化为特定的符号，并加以强化，以达到传播文化的目的。"文化群体通过共同拥有的、用以表达该群体的集体观念的符号形式——公共符号"[①]，来固化和传承群体的共同记忆和特定的文化象征。这些村落古城的影像，在一定程度上是现代社会中乡土精神的自我表达。比如《记住乡愁》系列纪录片，通过走进传统的村落，展现乡土社会村民的生活场景和身份认同。其中，浙江省绍兴市斯宅村，村民会通过阴阳水池与祖先进行对话；在江苏省的漆桥古镇，孔子的后人每年都会举行祭孔仪式，以缅怀祖先的功德；湖北省鄂州市会举行开湖节，当地渔民通过这一仪式来表达对自然的敬畏和对美好收成的期盼。因此，影像文献在传播和展示村落文化和民族认同观念的过程中，起到了积极的推动作用，并且对于处在变革时期的乡村地区来说，人们通过强化共同的信仰和价值，获得了心理的归属感和满足感。

对于群体记忆的影像记录，主要是关注其文化心理状态和行为交往方式。正是在这种社会的互动过程中，群体的文化特征与属性才得以呈现出来。"人们通常正是在社会之中才获得他们的记忆的"[②]，当集体的知识和记忆代际传承存在障碍时，个体之间的疏离感会加深，因而这一群体的文化型构的过程便会产生断裂。因此，群体影像的重要意义就在于凝聚个体的意识，形成共同的价值体系和行为准则，凸显出其存在的功能性意义。比如《流浪

---

① 蒋立松主编《文化人类学概论》，西南师范大学出版社，2008，第26页。
② 〔法〕莫里斯·哈布瓦赫:《论集体记忆》，毕然、郭金华译，上海人民出版社，2002，第68—69页。

北京》用影像的方式最早关注了北漂族这一群体，通过回溯影片中人物的经历，传递出他们的基本价值观就是追求梦想，不轻言放弃的精神。《幼儿园》记录了湖北一所幼儿园的孩子们，分别截取了小班、中班、大班三个班级的儿童生活，表达出孩子童年的生长与整个社会的依存关系。纪录片《三里洞》用 15 个片段记录了依然生活在三里洞的老矿工的故事，20 世纪 50 年代 300 多名上海青年背离了故乡的都市质感和享受，去西北某个煤矿进行支援建设。50 年后，当年的建设者大多不在了。该纪录片通过影像凸显了在时代历史的大框架下群体的经历与命运。

结语：影像史记录的社会意义

在当下的时代，影像作为重要的媒介，在对公众普及历史知识方面扮演重要的角色。特别是在历史教育中，教师将影像资源引入课程教学，以改进历史思维的模式。"历史精神的教育意义显然要大于对历史具象的还原，因为其在形塑人格方面的作为更大，可以更好地完成文化渗透"[①]，显然对于历史思维的培养不同于通识教育，一个重要方面是如何将专业的历史理论知识用影像实践的方式加以表现，"影像叙述可以制造自己的视角，使叙述变得更加有趣……得到更加丰富的心灵体验"[②]，因此，就加强影像技术应用于史学教育而言，提供创作影像史学作品的平台和实践课程是非常有必要的。

与此同时，影像不仅仅是一种工具和手段，更是承载文化与记忆的重要媒介。比如纪录片会用历史真实的叙事方式，"不仅要让'死的过去'复活成'活生生的过去'，还要让'活的现在'一直'活着'"[③]。相当一部分影像文献纪录片成为重要的史料来源，为研究者提供了另一种研究历史的思路。因此，影像史料的保存、整理与利用具有重要的价值，"史料的涵盖范围、

---

① 邓锐：《真理与美学的实验室——历史表现论视域中的影像史学的历史教育价值论与方法论》，《史学史研究》2018 年第 4 期。
② 孙莉：《纪录影像与历史再现：史态纪录片研究》，陕西师范大学出版社有限公司，2014，第 21 页。
③ 周兰：《纪录片——影像对历史的传播》，四川大学出版社，2010，第 51 页。

采编手段、采编主体和客体都产生了质的变化，标志着史料学进一步扩大到影像领域"①，为公众"以图读史"和"以图证史"提供了便利条件。

影像在建构历史与记忆的过程中有多重的功能。在具体的方法论层面，影像记录不能仅仅停留在单一对象和主体上，而是应该回到其所处的文化环境之中，将视角转向单一个体与文化集体的互动关系等方面，即对人所处的现实生活环境、时代历史背景进行深度阐释。这是因为浅层次的文化记录容易走向追求新鲜感、时效性与娱乐化的误区，当我们把一系列的文化事项联系在一起时，就形成了富有启发意义的文化研究文本。我们通过影像的方式对历史进行分析和描写的时候，就更容易阐释其中的文化内涵。

目前来说，影像史的公众性质会更加凸显。随着摄影技术的普及，越来越多的普通人拿起摄像设备，以个体的视角发声，记录下自身生活的经验。因此，影像史学就成为大众参与并建构历史的学科，影像话语权被推至民间的普通人，"个人"的思想观念、精神世界才得以进入专业研究者的视野。这一类影像反映的是人们自身和日常生活，带有一种反观现实的时代精神。在这种情况下，民间的或者说个人的立场就表现出一种丰富的多元性，曾经长期处于社会"边缘"的人们，一下子成为影像里的"中心"，让这些"主体"自由说话，从而使影像具有深刻的社会人文关怀。

"非遗"影像对于历史与社会的记录，不是让其作为"标本"保存下来，而是在现实的社会生活中保持其发展的活力，在此基础上对影像史料进行整体性的诠释和理解。此外，影像还应该坚持对人的描写。人是最具活力的主体，个体的人的故事、情感和经历具有重要的史料价值。如何将大众头脑中的记忆与知识外化，是影像记录的难题所在。影像对于客观真实的反映，更能关注到人在现代化中的生存处境，在面对外来文化的冲击时，人们在影像记录的实践中，使视角"向下看""向内看"，形成应对时代变迁的心理逻辑机制。

---

① 林硕：《论影像史学引发的史料学革新》，《学术探索》2016 年第 12 期。

民国时期马克思主义史学汉译文献的复杂性*

李　勇**

摘　要： 民国时期中国马克思主义学者翻译了大量的马克思主义史学文献，然而种种原因导致汉译中存在一定混乱，使得马克思主义史学汉译文献具有复杂性，具体有西方学者名和文献名翻译混乱、汉译者真实姓名难以确认和汉译文献版本系统复杂，因此研究中国马克思主义史学史而阅读这些文献时不得不特别审慎。

关键词： 马克思主义史学　译文文献　民国时期

民国时期中国马克思主义学者，为中国马克思主义史学建设，为中国新民主主义革命的胜利，均做出不可磨灭的贡献。他们翻译了欧美、日本的大量马克思主义史学文献，然而种种原因导致翻译中存在一定乱象，使得马克思主义史学译文文献具有复杂性，故而有必要从文献学或者朴学角度加以说明。

一　西方学者名和文献名翻译混乱

民国时期的翻译工作，还没有像今天这样形成学界共同遵守的规范，有一种乱象表现为中国学者翻译同一个西方学者的姓名，所用汉字五花八门，马克思主义史学文献的翻译也不例外。以下就过眼所及举例说明。

Friedrich Von Engels（1820—1895），今天统译为"恩格斯"。他是德

＊　本文系国家社会科学基金重大项目"二战后全球马克思主义史学理论文献的整理和研究"（22Z&ZD250）阶段性成果。

＊＊　李勇，淮北师范大学历史文化旅游学院暨史学理论与史学研究中心。

国思想家、哲学家、革命家，马克思主义创始人之一，卡尔·马克思的挚友，为创立马克思主义提供了大量的经济支持。在马克思逝世后，恩格斯整理了马克思未竟的《资本论》等著作，并且领导国际工人运动。除同马克思合撰著作外，还著有《劳动在从猿到人的转变中的作用》（*Anteil der Arbeit an der Menschwerdung des Affen*，原为《自然辩证法》之一部，后单行发表）、《自然辩证法》（*Dialectics of Nature*）、《家庭、私有制和国家的起源》（*Der Ursprung der Familie, des Privateigenthums und des Staats*）、《德国农民战争》（*Der Deutsche Bauerkrieg*）等。在民国时期，一般译 Friedrich Von Engels 为恩格斯，像上海南强书局 1929 年出版的彭嘉生译的《费尔巴哈论》，上海生活书店 1938 年出版的钱亦石译的《德国农民战争》，解放社 1948 年出版的曹葆华、于光远译的《从猿到人》，都把作者译成"恩格斯"。可是，陆一远译《马克斯主义的人种由来说》，上海春潮书局 1928 年出版，正文里把作者译成"恩格斯"，封面却是"恩克斯"。黄思越译《社会主义发展史纲》，泰东图书局 1928 年版，把 Engels 译成"因倪斯"。朱镜我译《社会主义底发展》，上海创造社出版部 1928 年出版，其中"译者序"把 Engels 译成"昂格斯"。李膺扬翻译《家族私有财产及国家之起源》，上海新生命书局 1929 年出版，陶希圣写了篇序，又把 Engels 译为"恩格尔"。

Max Beer（1864—?），出生于波兰的德国马克思主义学者，著有《社会主义与社会斗争通史》（*Allgemeine Geschite des Sozialismus und der Sozialen Kampfe*，1919）、《英国社会主义史》（*History of British Socialism*，1920）、《马克思的生平与学说》（*Karl Marx. Sein Leben und Seine Lehre*，1921）等。这位学者姓名的翻译更是五花八门。李季作《〈马克思传及其学说〉自序》，发表在《新青年》1924 年第 3 期上，把 Max Beer 写成 M.Beer，译为"柏尔"。胡汉民译成"俺·伯亚"，且把原名错写成 N. Bear，详见 1927 年上海民智书局出版的胡汉民译《社会主义与社会斗争通史》为《社会主义史》之"译者序"。胡汉民译文依据的是日本学者西雅雄的日文本，西雅雄则是以 1922 年第四版为底本，参考 Henry Stenning 英译本，译为日文《社会主义史》，白扬社 1925 年出版，书中标明作者是 M. Beer。后来，叶启芳译《社会主义与社会斗争通史》为《社会斗争通史》，神州国光社 1930 年出版，其中第三卷"译者序"把 Max Beer 译成"马克司·柏尔"，第四卷"译者小序"则译成"马克司·柏耳"。胡汉民给叶译《社会斗争通史》写序，又把 Max Beer 简译成"贝尔"，详见《三民主义月刊》1933 年第 1 卷第 3 期上胡汉民的《三民主义的历史观——序叶译贝尔 Max Beer 所著社会斗争通史》。胡庆育译《独裁制研究》，上海太平洋书店 1930 年出版，其"译者序"把 Max Beer 译成马克斯·卑尔。《新闻资料》1946 年第 118 期发表《人权保障与国际安全》，其中把 Max Beer 译成"马克斯·皮尔"。汤澄波译《英国社会主义史》为汉文，1936 年由商务印书馆出版，其中"译者序"就把 Max Beer 简译为"比亚"。还有，易桢译 Max Beer 的《马克思传及其学说》，社会科学研究会 1930 年出版，就直接书写原名。可见，关于 Max Beer 的翻译，不仅不同译者用字不一，同一个译者也有不同译法，甚至还出现拼写错误。

诸如此类者，不胜枚举。问题在于像 Friedrich Von Engels 这样的学者，因影响大、名声大，无论其名字翻译多么杂乱，一般读者都能分辨清楚；可是像 Max Beer 这些学者影响力小得多，知名度也小得多，若翻译其姓名混乱则一般读者未必搞得清楚。因此，读民国时期译著，特别是在做学术史研究碰到这类问题时须多加用心。

类似的问题，在西方文献名翻译中同样存在。马克思的 *Critique of Political Economy*，乐群书店 1930 年出版刘曼的译本译为《经济学批判》；神州国光社 1931 年出版郭沫若译本是《政治经济学批判》，1949 年之后的翻译都采用这个译法。还有，恩格斯的 *Socialisme Utopique et Socialisme Scientifique*，上海创造社出版部 1928 年出版朱镜我译本是《社会主义底发展》，他注明原书为 *Die Entwicklung des Socialismus*，实际就是恩格斯的 *Socialisme Utopique et Socialisme Scientifique*。泰东图书局 1928 年出版黄思越译本为《社会主义发展史纲》，情况类似朱镜我之译本。上海沪滨书局 1929 年 10 月出版林超真译本为《空想社会主义与科学社会主义》。1938 年中国出版社出版吴黎平译本为《社会主义从空想到科学的发展》，1949 年以后这一译法被固定下来。

波治特（Julian Borchardt，1868—1932，也译为博尔夏特、博洽德），德国左翼社会民主主义者，第一次世界大战期间，主持国际主义杂志《世界之光》，著有《历史唯物论》（*Der Historische Materialismus*）、《自远古直至当代德国经济史》（*Deutsche Wirtschaftsgeschichte von der Urzeit bis zur Gegenwart*），编有《通俗资本论》（*The People's Marx: Abridged Popular; Edition of the Three Volumes of Capital*）、《经济学入门之基本概念》（*Die Grundbegriffe Der Wirtschaftlehre*）等。其中，*Der historische materialismus* 一书，汉文译名就不一样。汪馥泉依据水谷长三郎日文译本《史的唯物论略解》译出，改题《史的唯物论概说》，神州国光社 1930 年出版。言行出版社 1939 年出版汪馥泉译的《史的唯物论新读本》，实为此书之异名本，不过删去"译后附记"。1949 年社会科学研究社出版铎梅译的《史的唯物论入门》，内容变化同《史的唯物论新读本》。

马克思主义文献名翻译，诸如此类者不在少数，像马克思主义经典作家的著作，读者尤其是研究者要识别出来还不算太难，可是一般性学者的著作，读者包括研究者要想弄明白，那还真要大费一番周章。

二 汉译者真实姓名难以确认

民国时期不少译者或者出版机构出于各种考虑，使用化名翻译马克思主义文献，有的后来经当事人或者研究者指认出来，有的则一直是个谜。还有一种情况，本来使用真实姓名翻译的，其他出版机构为重印或者翻印，把译者姓名另署他人，被署名的人有可能真有其人，而有的则完全是臆造。这些情况，唐弢《晦庵书话》多有收录[①]。以下就过眼所及举例说明。

郭沫若译过马克思的《政治经济学批判》，翻版者就曾把译者"郭沫若"改为"李季"，是为"郭冠李戴"。李季乃湖南平江人，先后就读于北京大

---

① 详见唐弢《晦庵书话》，三联书店，1980。

学、德国法兰克福大学、苏联东方大学，曾任教上海大学、武汉中央军事政治学校。他是中国共产党内的翻译家，仅在 20 世纪二三十年代，就译有克卡朴《社会主义史》、马克思《价值价格及利润》、博洽德《通俗资本论》等。所以，翻版的书店无论是出于盈利还是回避查禁的目的，把《政治经济学批判》的译者由"郭沫若"改为"李季"，一般说来不太会引起读者的怀疑。可是，事实上，作为涉事人，李季和郭沫若都注意到了。李明山在《民国档案》2002 年第 2 期上，发表《30 年代因"郭沫若"而起的一次署名权纠纷》一文，揭示了国民党文化围剿的真相，以及 20 世纪 30 年代反文化围剿的革命斗争情况，同时说明了"名家盛名，亦不可假冒"。其揭露的事实是，郭沫若译《政治经济学批判》，1931 年由神州国光社出版，遭到国民党政府的查禁，可是北平、上海书店里出现 1932 年出版的李季翻译的《政治经济学批判》；李季得知后给王礼锡写信，表明那不是自己的译著。李明山此文，为考述《政治经济学批判》汉译之"郭冠李戴"，提供了非常有价值的线索。李明山文中提到的李季给王礼锡的信，发表在《读书杂志》1932 年第 2 卷第 5 期上，题为《被剥削的文字劳动者》，落款日期是 1932 年 7 月 1 日。信中说，北京友人问他市场上有署名李季译的马克思《政治经济学批判》是否出自其手笔；他怀疑该书应该是神州国光社的郭沫若译本，就嘱咐友人调查，调查表明，"果然是郭冠李戴"；于是他给时任神州国光社总编、《读书杂志》主编的王礼锡写了信，明确表示："不愿掠人之美，更不愿强盗们将郭君劳动的结果妄收入我的账中，借饱私囊。你接此信后，除嘱北平分店依法办理外，请即赐登《读书杂志》，当作我的一个郑重的声明。"[①] 所谓"郭冠李戴"之事，事实大体是这样的。有一个版本，自标是上海政治经济研究会发行的《经济学批判》，译者署名即为李季，且版权页明示 1931 年 6 月 2 日初版[②]，1932 年 3 月 10 日三版，从译文来看，与郭沫若译《政治经济学批判》无异。按照李明山的说法，李季声明发表后，郭沫若也没有回应，这场因郭沫若而

---

① 李季：《被剥削的文字劳动者》，《读书杂志》第 2 卷第 5 期，1932 年。
② 郭沫若译《政治经济学批判》神州国光社本，是 1931 年 12 月初版，这里注明是 1931 年 6 月 2 日初版，使原本"郭冠李戴"变得更加扑朔迷离了。

起的署名纠纷自然也是不了了之。这个说法被《湘籍近现代文化名人（翻译家卷）》一书接受①。从目前所见材料看，李季的信发表后不久的一段时间里，郭沫若确实没有回应，但是在1947年却不止一次说及此事。1947年第2期《今文学丛刊》，郭沫若发表《我是中国人》，作为其《跨着东海》的第二章，文中说："我也翻译了马克斯的《政治经济学批判》和《德意志意识形态》，两部书都经由王礼锡的接受，由神州国光社出版。前一书，出版时把我写的一篇序言丢掉了……但这书曾经遭过禁止，坊间后来把封面改换发行，译者是作为'李季'。这种本子我相信留在世间的一定不很少。"②1947年3月群益出版社《沫若文集》之四《政治经济学批判》，收了1947年2月20日郭沫若写的"序"，又一次提到此事："十年后回国，看见坊间有好些印本是标名'李季译'。"③他从日本回国，那是1937年，距他出走日本恰好十年。接下来的话是这样说的："这当然是李季先生所不知道，而且会认为不甚名誉的事，因为我的译文太生涩，那对于李季岂不是一个玷辱吗？"④郭沫若说自己的译文生涩，那自然是谦虚的说法；按照其直率的性格，若看到李季的那封信，则一定会提到的，可事实上没有语及，因而可以推论在他为群益出版社版写序时，他尚未见到《读书杂志》上李季给王礼锡的信。郭沫若在序言中流露出对这种现象的理解："这事，我对于书店，也不想责难，说不定连神州国光社的负责人也是不知道的。这样的事情在一九三〇年前后的出版界很多，好些翻版书都张冠李戴地把译者或著者的姓名换掉。"⑤他替出翻版者这样做解释道："'郭沫若'这三个字有一个时期实在等于SOS，听说十几年前，有些无辜的青年因为藏了我的小说而遭了难的……在这种情形之下，我很能了解，这部书的译者之所以由'郭沫若'改换为'李季'的翻版家的用心。"⑥最后，他还是重申："为了负责起见，当然要把我的名字改过来，

---

① 详见张旭《湘籍近现代文化名人（翻译家卷）》，湖南师范大学出版社，2011，第104—105页。
② 郭沫若：《我是中国人》，《今文学丛刊》第2期，1947年。
③ 〔德〕卡尔·马克思：《政治经济学批判》，郭沫若译，群益出版社，1947，"序"，第1页。
④ 〔德〕卡尔·马克思：《政治经济学批判》，郭沫若译，"序"，第1页。
⑤ 〔德〕卡尔·马克思：《政治经济学批判》，郭沫若译，"序"，第1—2页。
⑥ 〔德〕卡尔·马克思：《政治经济学批判》，郭沫若译，"序"，第2页。

假如坊间还有标名'李季译'而与本书内容完全一致的译本流传，我可以代替李季先生声明：李先生是不能够负责的。"①至于有哪些出版社翻版的马克思《政治经济学批判》郭沫若译本标为"李季译"，改郭译者名的书名为《政治经济学批判》还是《经济学批判》或者还有其他名字，出版社的修改究竟出于怎样的目的，这些问题尚需等到文献足够时再行进一步的讨论。

那个时期，还有一些汉译本的译者被换得一时无法澄清。例如，延安文明书局1937年9月出版《毛泽东自传》，译者署名为张宗汉。这个张宗汉是谁？丁晓平著《解谜〈毛泽东自传〉》，由中国青年出版社2008年出版。他在署名张宗汉《毛泽东自传》的《译后记——毛泽东到底是个怎样的人》中发现破绽。第一个疑点是，"译后记"提到1937年9月25日的平型关大捷，可是落款却是9月14日，译者怎么会记下11天以后发生的事情呢？第二个疑点是，凭当时延安的印刷条件和水平，也很难在几天之内完成印刷任务。第三个疑点是，《亚细亚月刊》（*Asia*）英文是10月才发表完毕，怎么9月延安就有全部译文呢？关于第三点，他想到可能延安留有副稿，但是这个事实已不可考，因此沿着这个方向还是没有解决问题。丁晓平发现汉口抗敌出版社1937年9月出版李杜译《毛泽东自传》，出版机构跟文摘社有渊源关系，推论这个本子就出自文摘社出版黎明书局发行的本子。他还发现延安书局1937年10月出版张洛甫译《毛泽东自传》。他想到的问题是：张洛甫与张宗汉是否为一人？张洛甫是不是张闻天？他考察的结果是，现存资料没有证据表明张闻天翻译过《毛泽东自传》，张闻天也没用过张洛甫这个笔名。其余问题还是没有解决。联想民国时期革命类书籍发行为保障安全，改变出版地点和时间是常有之事，他推想所谓张宗汉、李杜、张洛甫译《毛泽东自传》或是汪衡译本的翻印或转译。

可见，马克思主义译文文献译者的真实身份问题太复杂了，要想把他们都弄清楚是一份多么困难的工作！

---

① 〔德〕卡尔·马克思：《政治经济学批判》，郭沫若译，"序"，第2—3页。

三 汉译文献版本系统复杂

民国时期马克思主义史学汉译文献版本复杂。同一部外文文献有不同译者的汉译本，同一译者的汉译本有初本和修订本，还有他人依据原汉译本的改写本，情况特别复杂。

这里以埃德加·斯诺（Edgar Snow, 1905—1972）《毛泽东自传》（*The Autobiography of Mao Tse-tung, as Told to Edgar Snow*）为例加以说明。

埃德加·斯诺为美国新闻记者、作家，中国抗战时期欧美多家报社驻华记者，著有《西行漫记》（*Red Star over China*，又名《红星照耀中国》）、《人民在我们一边》（*People on Our Side*）、《为亚洲而战》（*The Battle for Asia*）、《大河彼岸：今天红色中国》（*The Other Side of the River: Red China Today*）等。

1936年6月，斯诺访问陕甘宁边区，10月中旬起采访毛泽东，11月回北平，把在陕甘宁采访的资料陆续发表。其中采访毛泽东个人的文字曾发表在《亚细亚月刊》1937年第7、8、9、10期上，名为《毛泽东自传》（*The Autobiography of Mao Tse-tung, as Told to Edgar Snow*），也是《红星照耀中国》之第四篇（"Genesis of a Communist"），可译为《一个共产党员的由来》或者《一个共产党员的成长》《一个共产党员的来历》。据丁晓平的研究，"目前发现和保存完好的《毛泽东自传》版本已经有五十多种，这还不全部包括这些版本的再版本、翻译本和盗版本。而有些图书因年代久远，出版时间、地点、译者已经无法查实"①。

其中一个很突出的问题是四章本和六章本之分。斯诺发表在《亚细亚月刊》上的《毛泽东自传》，汪衡译之为汉文，先是发表在1937年的《文摘战时旬刊》上，再由黎明书局出版单行本，为"文摘小丛书"之一，是为四章本。四章本的还有：张宗汉译本，延安文明书局1937年9月出版；李杜译

———————

① 丁晓平：《解谜〈毛泽东自传〉》，中国青年出版社，2008，第84页。

本，抗敌出版社 1937 年 9 月出版①；张洛甫译本，延安书局 1937 年 10 月出版②。丁晓平认为这些都是汪衡译本的翻印本或转译本，尽管它们注明出版时间在上海黎明书局汪衡译本出版之前。还有，翰青、黄峰合译《毛泽东自传》，1937 年光明书局出版③；欧阳明德译《毛泽东自传》，1937 年救亡图书社出版④。丁洛译《毛泽东自传》⑤，韩白浪译《毛泽东自传》⑥，也都是四章本。

埃德加·斯诺《毛泽东自传》还有六章本。其《西行漫记》1937 年在英国由格兰茨公司（Victor Gollancz Ltd.）出版。其中第四章"一个共产党员的来历"，方霖译为《毛泽东自传》，重庆梅林书店 1946 年出版，是为六章本。根据该书"代序"，这个译本的原文是斯诺根据毛泽东的口述写成，经吴黎平译成中文，再经毛泽东修正。受蒋介石、毛泽东"重庆会晤"影响，许多人都想知道毛泽东的经历但又不能实现，译者这才把《毛泽东自传》译成

① 据陈宝芬《〈毛泽东自传〉——出版史上的奇迹》(《图书馆工作与研究》2001 年第 5 期)，此书封三内容与黎明书局本同，但是标题差异较大，这四章标题是：第一章"少年时代"、第二章"动乱中的中年时代"、第三章"共产党的展开"、第四章"从围剿到长征"。附录也不同，包括《贺子珍小传》《毛泽东论抗日及联合阵线》《毛泽东论抗战必胜》《毛泽东等呈蒋介石一致对日抗战电文》。

② 据 2002 年 10 月 18 日中国新闻网，福建省南平市光泽县兰福森于 1969 年在自家屋顶发现了一本《毛泽东自传》，一直保存到现在，经奚景鹏鉴定，是张洛甫译的《毛泽东自传》，延安书局 1937 年出版。书中内容主要为：第一章"少年时代"、第二章"动乱中的中年时代"、第三章"共党的展开"、第四章"从围剿到长征"。附录：《毛泽东夫人贺子珍少传》《毛泽东论抗日及联合战线》《毛泽东论抗战必胜》《毛泽东等呈蒋委员长一致对日抗战电文》。

③ 据程宸编著《毛泽东自传珍稀书影图录》(国家图书馆出版社，2009)，此本为四章，目次为："前记"、第一章"少年时代"、第二章"修学时代"、第三章"红军怎样产生"、第四章"从围剿到长征"。附录有：《毛泽东论中国抗日民族统一战线》《毛泽东论抗日联合战线》《毛泽东论抗战必胜》《毛泽东等呈蒋委员长一致对日抗战电文》。

④ 据奚景鹏《"毛泽东自述"首次发表时间质疑》(中共中央党史研究室、中央档案馆编《党史研究资料》2003 年第 1 辑，中共党史出版社，2003)，此本为 58 页本，长江题写书名，正文四部分："一颗红星的幼年""在动乱中成长起来""揭开红史的一页""英勇忠诚和超人的忍耐力"。附录《毛泽东论中日战争》《毛泽东夫人何志华（贺子珍）女士小传》。

⑤ 史诺著，1946 年上海三友图书公司出版，有 R.L. 华尔旭、韦尔等人的"前记"，正文分为："少年时代""求学时代""红军是怎样产生的""从围剿到长征"，附录《毛泽东印象记》。

⑥ 施诺录《毛泽东自传》，韩白浪译，四章本，时代史料保存社 1938 年 1 月版。目次为：第一章"我的童年"、第二章"求学时代"、第三章"斗争道上"、第四章"长征前后"。附录《毛泽东夫人贺子珍女士》、"译后记"。

汉文。"代序"落款是"一九四六年一月，协商会议揭幕后一日，于陪都"。本译本除"代序"外，正文六章为"少年时代""长沙时代""革命的前奏""国民革命时代""新政权运动""红军之成长"。简述毛泽东幼年生活、接受革命思想走上革命道路，概述他从参加中共一大到红军在西北建立根据地的历程。六章本还有毕正译本，新建出版社1946年出版。译者毕正，生平不详。经比对可知，此译本与方霖译本文字同，只是少了"代序"而已。两者问世孰先孰后抑或同时，还有待考证。另有天明译《毛泽东自传》，上海文孚出版社1949年出版，也是六章本。译者天明，情况亦不明。不过此译本删去各章标题，文字与方霖译本、毕正译本多有出入。

除了四章本、六章本之间有文字和图像较大差异之外，最初的译本还被其他相关文献收入，但经过改写，例如1947年7月胶东新华书店印行《中国共产党年表》，作为附录的《毛泽东自传———一颗红星的长成》，是依据汪衡译本删改而成，而附有《毛泽东自传———一颗红星的长成》的《中国共产党年表》则各地翻印颇多，使原本复杂的《毛泽东自传》版本系统变得更为混乱。

经由斯诺《毛泽东自传》汉译本复杂性，可以窥见中国马克思主义史学译文文献版本复杂性之一斑。

总之，民国时期马克思主义史学汉译文献中存在复杂性，具体有西方学者名和文献名翻译混乱、汉译者真实姓名难以确认和汉译文献版本系统复杂，因此研究中国马克思主义史学史而阅读这些文献时不能不特别审慎。

潮流转向与个人选择

——《德意志意识形态》郭沫若译本克士译本"文献学"问题蠡测

李肖含 *

摘 要：郭沫若译本与克士译本是 20 世纪三四十年代出版的《德意志意识形态》的两个重要中文译本，但一直以来并未引起人们的重视。两译本在结构编排与具体内容等方面有不少的差异。这些差异实际上是《德意志意识形态》"文献学"问题在中国的反映。两译本的诞生及流传，除了与当时的社会局势和思潮的变化有关，还与译者自身的经历和选择有着紧密的关联。这也显示出这一时期《德意志意识形态》在中国传播的复杂面相。

关键词：《德意志意识形态》 郭沫若 克士 中国社会史论战

由马克思和恩格斯合著的《德意志意识形态》第一次比较系统地阐述了历史唯物主义的基本原理，是马克思主义的经典文献。但由于它在马克思与恩格斯生前并没有出版，手稿在创作和保存的不同阶段又经历了多次删改、誊写以及散佚，自马克思、恩格斯去世以来，各国的研究者对手稿的内容有着不同的理解。先后出版的各种版本的《德意志意识形态》在文本内容与编排顺序等方面有着明显的差异，并由此形成了《德意志意识形态》的所谓"文献学"问题。①

---

* 李肖含，中国社会科学院大学历史学院。

① 国际学术界对《德意志意识形态》手稿及其编辑问题的争论自恩格斯去世后就已经开始。而自 20 世纪二三十年代梁赞诺夫版与阿多拉茨基版《德意志意识形态》出版后，学术界对这一问题更为关注。1965 年，日本著名的马克思主义研究者广松涉发表了《〈德意志意识形态〉编辑上的问题》的论文，提出了《德意志意识形态》的所谓"文献学"问题，受到学术界的广泛关注。本文沿用了这一说法。20 世纪 60 年代以后，学术界又陆续出现了《德意志意识形态》的若干其他版本，但本文主要讨论的是 20 世纪三四十年代的情况，故不赘。

近年来，对不同版本的《德意志意识形态》进行文献学研究已经成为一个世界性的学术热点，国内的学者也对此进行了研究。但从目前的研究成果来看，主要仍集中于对国外自梁赞诺夫（D.Rjazanov）以来出版的各个不同版本的文献进行对比，不仅对国内中文译本的"文献学"问题较少措意，对这些不同版本的《德意志意识形态》在国内的传播情况也较少关注。①《德意志意识形态》的"文献学"问题，似乎是一个与中国关系不大的学术问题。

而事实上，中国是世界上较早翻译《德意志意识形态》的国家之一。《德意志意识形态》的"文献学"问题，很早就在国内的译本中有所反映。早在1924年，巴克就将《德意志意识形态》翻译为中文，取名为《德意志观念论体系》，由上海珠林书店出版。② 而1926年梁赞诺夫整理的《德意志意识形态》问世后不久，郭沫若便在日本着手翻译，并最终在上海出版。在阿多拉茨基（V.Adoratskii）版《德意志意识形态》出版后，国内也出现了以其英文译本为底本的中文译本，即周建人翻译的《德意志观念体系》（《德意志意识形态》克士译本）。《德意志意识形态》的所谓"文献学"问题，实际上与中国有着紧密的关联。但是，出于种种原因，目前学术界对这两个译本已经较少关注，对其"文献学"问题的研究更是寥寥无几，这不能不说是一种遗憾。③

限于篇幅，本文不可能对郭沫若译本与克士译本的文本做出全面的比

---

① 国内学者对《德意志意识形态》"文献学"问题的讨论主要集中于对手稿以及国外自梁赞诺夫版以来的各版本的文献研究，其中代表性的成果可以参见魏小萍《〈德意志意识形态〉的文献学问题讨论》，《哲学动态》2006年第2期；韩立新《〈德意志意识形态〉的文献学研究和日本学界对广松版的评价》，《中国社会科学》2006年第2期；聂锦芳：《文本的命运——〈德意志意识形态〉手稿保存、刊布与版本源流考（上）（下）》，《河北学刊》2007年第4—5期。

② 张梧：《马克思恩格斯〈德意志意识形态〉研究读本》，中央编译出版社，2017，第68页。

③ 邱少明对郭沫若译本与克士译本进行了一些研究，参见邱少明《文本与主义——民国马克思主义经典著作翻译史（1912—1949）》，南京大学出版社，2014，第160—184页；《郭沫若摘译〈德意志意识形态〉述论》，《郭沫若学刊》2013年第1期。王旭东对《德意志意识形态》郭沫若译本与克士译本进行了一些考释和解析，并以影印的方式保存了两译本的文献原貌，参见王旭东《〈德意志意识形态〉郭沫若译本考》《〈德意志意识形态〉克士译本考》，辽宁人民出版社，2019。另外，盛福刚也对《德意志意识形态》郭沫若译本进行了一些研究，参见盛福刚《〈德意志意识形态〉的中日首译本探析》，《马克思主义哲学研究》2016年第2期。

对，但仍希望通过对两译本部分内容的对读，提示更多的研究者注意到《德意志意识形态》中译本的"文献学"问题。而对《德意志意识形态》早期中译本尤其是郭沫若和克士两译本诞生过程的考察，也让我们看到《德意志意识形态》在 20 世纪三四十年代的中国传播的不同面相。

一 《德意志意识形态》手稿及其早期中译本 ①

《德意志意识形态》是马克思与恩格斯在 1845 年至 1847 年共同写作完成的。1847 年 4 月 8 日，马克思在发表在《德意志布鲁塞尔人报》上的一则声明中称呼这部作品的手稿为"《德意志意识形态》（对以费尔巴哈、布·鲍威尔和施蒂纳为代表的现代德国哲学和以各式各样的预言家为代表的德国社会主义的批判）"。②

马克思生前对《德意志意识形态》非常看重。他指出："我们决定共同阐明我们的见解与德国哲学的意识形态的见解的对立，实际上是把我们从前的哲学信仰清算一下。这个心愿是以批判黑格尔以后的哲学的形式来实现的。"③ 但由于未能公开出版，就只能将手稿"留给老鼠的牙齿去批判了"。④ 可以说，《德意志意识形态》是马克思主义创立后，马克思与恩格斯对自己哲学信仰的唯一一次正面的系统表述。因此，它也成为认识马克思主义哲学的最重要的经典文本之一。

这部作品的手稿在恩格斯去世后，先后在伯恩斯坦、德国社会民主党档案馆以及荷兰阿姆斯特丹的国际社会史研究所等处保管，其间部分散佚甚至被损毁。而保存完好的手稿，由于经过了多次标注、删改与誊写，人们对其

---

① 关于"早期"的具体时间断限，学界有不同的理解。本文所讨论的《德意志意识形态》的早期中译本，其时间下限设定在 20 世纪 40 年代。

② 《梁赞诺夫版〈德意志意识形态·费尔巴哈〉》，夏凡编译，南京大学出版社，2008，第 3—4 页。

③ 《马克思恩格斯文集》第 2 卷，人民出版社，2009，第 593 页。

④ 《马克思恩格斯文集》第 2 卷，第 593 页。

内容及编排方式也有不同的理解。①

1926 年，苏联马克思恩格斯研究院院长梁赞诺夫将《德意志意识形态》"费尔巴哈"章的德文手稿收入《马克思恩格斯文库》第一卷出版，这是《德意志意识形态》存世手稿的第一次公开出版。由于手稿内容复杂，判读难度大，梁赞诺夫在编辑出版时将手稿中的所有文字如实排印，手稿中修改和删除的文字也被排印在正文中。对文本的排列也大体上尊重了手稿原来的模样，只是对其中部分修改过于复杂的手稿进行了一些调整。②

其后，阿多拉茨基继梁赞诺夫主持马克思恩格斯研究院。他将《德意志意识形态》的两卷手稿一起整理出版。与梁赞诺夫的如实直录不同，阿多拉茨基认为，手稿是以未完成稿的形式保存下来的，在对其进行编辑时，草稿中记录的多数边注能起到标示的作用。因此，他将手稿构思及推敲的指示"积极地"运用于文本的编辑，并试图以此来澄清著者的叙述方法的各个词句之间的辩证关系。他不但将手稿中修改、删除的文字收入卷末的"文本异文"，更无视手稿中原有的页码，将手稿进行了重新编排。这一做法虽引来巨大的争议，但这一版本的《德意志意识形态》出版后，仍被翻译成多种语言文字出版并产生了广泛的世界影响。

而此时的中国，刚刚经历了大革命的失败。思想界正处于一种彷徨而活跃的时期，各派思想的交锋与论战此起彼伏，唯物史观是各方论战的一个焦点话题。早在此前，"问题与主义"之争以及"科玄论战"已经使马克思主义及唯物史观获得了相当程度的传播，这一时期的唯物辩证法论战与中国社会史论战，更使唯物史观获得了空前的关注。③《德意志意识形态》作为马

---

① 关于这一问题，前文已有介绍，另可参见〔日〕广松涉《〈德意志意识形态〉在文献学上的诸问题——寄语新 MEGA（试行）版》，〔日〕广松涉编注《文献学语境中的〈德意志意识形态〉》，彭曦翻译，张一兵审定，南京大学出版社，2005，第 334—357 页；聂锦芳《文本的命运——〈德意志意识形态〉手稿保存、刊布与版本源流考（上）（下）》，《河北学刊》2007 年第 4—5 期。

② 参见《梁赞诺夫版〈德意志意识形态·费尔巴哈〉》，第 21 页。

③ 关于这几次论战，学术界已经有较多的研究，一些概述性的成果可参见方松华等《中国马克思主义学术史纲》，学林出版社，2011，第 40—49 页；瞿林东等《唯物史观与中国历史学》，上海人民出版社，2013，第 73—95 页；等等。

克思主义唯物史观的经典文献，也得到了广泛传播。国内对《德意志意识形态》的翻译与介绍，自 1924 年以来已经有巴克的《德意志观念论体系》、程始仁（高语罕笔名）的《唯物的见解和唯心的见解之对立》、杨东莼与宁敦伍的《观念论的见解与唯物论见解之对立》以及荃麟的《社会意识形态概说》等数种，[①] 这些翻译与介绍大多是对《德意志意识形态》部分段落的简单摘译，与当时国际学术界对《德意志意识形态》手稿的整理进程也是大体相对应的。对《德意志意识形态》更为完整的翻译，是从郭沫若开始的。

郭沫若早年留学日本，很早就已经开始接触马克思主义。1928 年 2 月，郭沫若再次东渡日本避难。[②] 旅日期间，郭沫若先后翻译了《政治经济学批判》《神圣家族》等马克思主义著作。一般认为，郭沫若也是在这一时期根据梁赞诺夫编辑出版的《马克思恩格斯文库》版《德意志意识形态》，将其第一章"费尔巴哈"翻译成了中文。[③] 1931 年，郭沫若将完成后的译稿转交王礼锡，希望由其主持的上海神州国光社出版。但是，由于当时错综复杂的政治环境，译稿一直拖延到 1938 年 11 月才由上海言行出版社公开出版发行。

在此后长达二十二年（1938 年 11 月至 1960 年 11 月）的时间里，郭沫若的译本始终是中文《德意志意识形态》的主导性和权威性版本。[④] 它的出版对马克思主义在中国的传播以及马克思主义史学的建立，产生了重要的影响。进入 20 世纪 40 年代，章克标（笔名岂凡）首先以"名著精髓"的形式，对《德意志意识形态》进行了推介。[⑤] 其后，吴恩裕又以阿多拉茨基版《德

---

① 参见北京图书馆马列著作研究室编《马克思恩格斯著作中译文综录》，书目文献出版社，1983，第 65—66 页；张梧《马克思恩格斯〈德意志意识形态〉研究读本》，第 68 页。

② 林甘泉、蔡震主编《郭沫若年谱长编（1892—1978 年）》第 1 卷，中国社会科学出版社，2017，第 423 页。

③ 学术界一般认为，郭沫若开始翻译《德意志意识形态》是在 1927 年。1938 年 11 月，上海言行出版社首次出版此译稿。1947 年 3 月，上海群益出版社再次出版了此书。郭沫若本人在 1947 年 2 月为这一版所作的序言中也说，"这部书是二十年前的旧译了"。参见〔德〕马克思、恩格斯《德意志意识形态》，郭沫若译，群益出版社，1947，第 1 页。近年来，亦有学者提出郭沫若在 1931 年翻译了《德意志意识形态》，并且在翻译时参考了日人栉田民藏与森户辰男的日文版本，参见盛福刚《〈德意志意识形态〉的中日首译本探析》，《马克思主义哲学研究》2016 年第 2 期。

④ 邱少明：《文本与主义——民国马克思主义经典著作翻译史（1912—1949）》，第 193 页。

⑤ 岂凡：《德意志意识形态》，《哲学》第 1 卷第 2 期，1940 年，第 179—187 页。

意志意识形态》的英译本为底本，对其进行了"简略评价"，并指出该书对马克思思想的最终成熟，具有重要的桥梁过渡作用。①

1941 年 7 月，上海珠林书店出版了《德意志观念体系》一书，这是《德意志意识形态》郭沫若译本出版之后的另一个中文译本。译者克士，即周建人。克士译本的底本是由英国的劳夫（W.Lough）和麦琪尔（C.P.Magil）翻译，巴斯加尔（R.Pascal）校订，1938 年在伦敦出版的英译本。而此英译本的底本则是 1932 年出版的阿多拉茨基版《德意志意识形态》。② 值得一提的是，周建人当时已经发现了这一版的《德意志意识形态》与郭沫若译本在文字编排和内容上的差异，并梳理了《德意志意识形态》的出版简史。

周建人指出，此书"原稿不能出版，曾拿回来，并受耗子的咀嚼的批评。又经过许多年代，找寻出来，凌乱、散逸是不可免的事情。不同的编辑者各照自己的意见编辑或补充，结果遂成了不同的版本"③。由于种种因素，克士译本似乎并未受到应有的重视，但作为在国内出版的第一个以阿多拉茨基版《德意志意识形态》英译本为底本的中文单行译本，其重要性是不言而喻的。

二 郭沫若译本克士译本异同举隅

郭沫若译本与克士译本都是《德意志意识形态》的摘译本。由于翻译底本不同，两译本在内容方面也有着明显的不同。郭沫若译本之完成是在日本，其内容明显受到了苏联乃至日本方面的影响。而克士译本事实上经历了至少三次文字转换。其内容不仅反映了阿多拉茨基对《德意志意识形态》手稿的认识，更掺入了英语世界对《德意志意识形态》的理解和认识。对两译本的文字内容进行对读，无疑有着特别的意义。

除了序言、弁言与导言，郭沫若译本首录《费尔巴哈论纲》以及马克思所著《德意志观念体系》序文之初稿。接下来的正文，则被分为如下几个部分：

---

① 吴恩裕：《德意志的意识形态》，《新经济》第 3 卷第 3 期，1940 年，第 19—21 页。
② 〔德〕马克思：《德意志观念体系》，克士译，珠林书店，1941，第 4 页。
③ 〔德〕马克思：《德意志观念体系》，克士译，第 4 页。

费尔巴哈——唯物论与唯心论的见解之对立

A. 观念体系一般　特别是德意志的

1. 观念体系一般　特别是德意志的哲学

国家之起源与国家对于有产者的社会之关系

B. 唯物观中之经济，社会，个人及其历史

C. 国家与法律对于财产之关系

1. 分工与财产诸形态 ①

这份目录颇为跳跃，似乎也不完整。这也正反映出《德意志意识形态》的手稿是一份"未完成"的稿件，加之马克思与恩格斯的批注和删改，对其进行解读确实有相当的难度。梁赞诺夫尽量"如实直书"的编辑方针固然保存了手稿的原始状态，但也造成了行文跳跃、缺失与文本晦涩。

而克士译本，除了正文前的介绍与序言外，还把《费尔巴哈论纲原稿》作为附录放在了全书的末尾。其正文部分的目录如下：

——费尔巴哈·唯物史观和唯心观的对立

A. 观念体系一般，特别是德意志观念体系

1. 历史

2. 关于意识形态的产生

[B. 观念体系的真实基础]

1. 交通和生产力

2. 国家和法律对于财产的关系

[3. 自然的和文明的生产工具及财产形式]

C. 康敏主义——交通形式的产生 ②

---

① 《德意志意识形态》原稿文本层次复杂，译者用不同的标点符号标示文本层次，引用译本时进行了保留。〔德〕马克思、恩格斯：《德意志意识形态》，郭沫若译，"目录"，第1—2页。

② 〔德〕马克思：《德意志观念体系》，克士译，"目录"，第1—2页。

可以看出，这种内容编排方式更有条理，看起来也比较完整。但这个优点，也恰恰是它的缺点。正如日本著名马克思主义研究者广松涉所指出的，阿多拉茨基将手稿中不同部分的文字拆开来，组成新的段落，其做法到了肆无忌惮的地步。而其整理后的版本，简直就是一个"赝品"。①

尽管两译本各部分的标题以及正文的排列组合有着明显的差别，但正如周建人在克士译本的"介绍"中所说："不同的编辑者各照自己的意见编辑或补充，结果遂成了不同的版本。但不同的前后的排列等等，意思大致还是相同的。"② 这一情况可以从两译本的正文部分看出。在正文部分的开端，两版的译文分别如下：

郭沫若译本：

> 像［我们］德意志的观念论者们所［断言］报道，德意志在最近几年经过了一次无比的变革［为历史上所未前闻］。黑格尔［学派］系统之解体过程，以徐屈劳斯（Straus）发轫的，发展成为一个世界的发酵，一切【过往之权威】都被卷到那旋涡中去了。在这普遍的混沌中强有力的诸多王国形成了出来，而俄顷之间又归于消灭，诸多豪杰乘机出现，而又为更勇敢的更强有力的竞争者被投回到无形无影之中。那是一种革命，法兰西大革命对此实同儿戏，是一次世界战争，在其前（所有亚力山得后继者）爹亚多克（Diadohe）辈之战争显示得藐乎其小。原理与原理相角逐，思想上之勇士们以未前闻的急性互相排斥，在一八四二年至一八四五年的数年间比（最近的）其它三百年间在德意志国内还要扫荡得干净。
>
> 凡此都是在纯粹的思惟中所应有的事。③

克士译本：

① 〔日〕广松涉编注《文献学语境中的〈德意志意识形态〉》，第9页。
② 〔德〕马克思：《德意志观念体系》，克士译，第4页。
③ 〔德〕马克思、恩格斯：《德意志意识形态》，郭沫若译，第43页。

我们听到德意志的观念学者们说，德意志在最近的几年中，已经起了一场无比的革命。从斯脱劳斯（Strauss）开始，黑格尔哲学的分解发展成了普遍的纷乱，［过去的各种权力］都被卷了进去。有力量的王国从这混沌中建设起来，但即刻又遭灭亡，英雄们随时崛起，又被更勇敢更强硬的敌手打倒而消灭。这种革命，法兰西的革命和它相比，成为儿戏；这种世界斗争，地亚陀契（Diadochi）（一）的斗争和它相比，显得毫无意义了。各种原理互相驱逐，精神上的英雄，以空前的速度互相打倒。并且，在一八四二到一八四五这三年中，过去的时代之被扫荡，比之于平常的三世纪还要多些呢。

这一切，被认为曾经发生于纯思想的领域之中。

注一：亚历山大帝的继承者们。[①]

可以看出，郭沫若译本与克士译本在这一部分的文本虽有差异，但这种差异实际上更多是由于不同语言转换时句式变化以及术语的选择不同所造成的，文本的大意基本相同。至于段落中删改、填充以及注释的处理，虽有不同，但并不会造成大的误解。然而，由于两译本的底本不同，加之郭沫若、周建人又对底本中的删改和注释处做了不同的处理，两译本接下来的文本中开始有了更为明显的差异。如《德意志意识形态》正文开端部分的末段，两译本的翻译分别如下：

郭沫若译本：

为要把这番哲学上的吹嘘，其［喧嚣的］号召就在驰名的德意志市民心中也唤起了一种好意的国民感情的，［正确地评价］为要把这整个青年黑格尔派运动，其琐屑的现实性之狭小与局部的［兼国民的］褊窄［与朦胧］，直观地认明，那有在德意志以外的一个立脚点上来观察一次

---

① 〔德〕马克思：《德意志观念体系》，克士译，第1页。

的必要。（注）

（注）此节在清缮稿（原稿之第二种）中其文如下：［为要把这番哲学上的卖名喧传，这就在驰名的德意志市民心中也唤起了一种好意的国民感情的，正确地评价，为要直观地表明这整个青年黑格尔派运动之狭小与局部的褊窄，即是在这些豪杰们之实际的工作与对于此等工作所怀抱的幻想之间的悲喜剧的对照，那是有把这全部的排场从在德意志以外的立脚点上来观光一次之必要。］

［所以我们在对于这番运动中之各个的代表者们作个别的批判之前，先写一篇一般的注意［论德意志的哲学与全般的观念体系］。［这些注意是要表明我们批判之立场，在了解和奠定后文的各个批判上（是）必要的范围之内。我们把这些注意直接针对着费尔巴哈，因为他至少是前进了一个步，他的事情我们可以认真地涉及的唯一的一个］那会把他们全体所共通的观念论的诸前提愈见详切地照明。］①

克士译本：

如果我们要把这种甚至对于最忠实的德意志公民的心中也要促醒民族骄傲之热情的哲学欺骗加以真实的评价，如果我们要把整个青年黑格尔运动的琐细性，乡村的偏狭性，和这等英雄们对于他们的成就和实际的成就之幻想中间悲喜的矛盾，明白指示出来，我们必须站在德意志的各个前线以外的立场上来考察它的全景。②

两译本关于此节内容的翻译有较大的差异，但主要文字是大致对应的。所不同的是，郭沫若译本中保留了原稿中的注释及其他文字，而克士译本中则没有这些文字。至于这两种处理方式，究竟哪一种更接近马克思与恩格斯的本意，则是见仁见智了。

另如郭沫若译本第48—49页中有如下的文字：

---

① 〔德〕马克思、恩格斯：《德意志意识形态》，郭沫若译，第44—45页。
② 〔德〕马克思：《德意志观念体系》，克士译，第2—3页。

这些哲学家们没有一个人想到去追问德意志的哲学与德意志的实际之关联，他们的批评与他们自己的物质的环境之关联。（原稿至此中辍）

"观念体系一般、特别是德意志的哲学"

A.

［我们只知道一种唯一的科学，便是历史之科学。历史可以从两方面观察，可以分自然史与人类史。然而两方面并非划然分离；只要人类是还存在，自然史与人类史是相为条件的。自然史，即所谓自然科学，在此与我们无关；我们对于人类史却是要深入的，因为差不多全般的观念体系不是历史之曲解，便是完全抛弃了历史不顾。观念体系本身只是历史之一侧面。］

我们所用以发轫的诸前提，并不是任意的，并不是独断，那是实际诸前提，人只能在想像中才能抽象化的。那是实际的个人，实际的个人之行动，与其物质的生活条件，这条件不管是前定的或是由他自己的行动所造成的。这些前提不消说是可以由纯粹的实验的方法来确定。①

而克士译本的对应部分则为：

这班哲家们中，竟没有一个想去研究德意志哲学和德意志现实的关连，他们的批判和他们的物质环境的关连。

* * * *

我们出发的各种前题不是擅定的前题，不是独断，却是实际的前题，只有在想像里才能够把它抽象化，这等前题是实际的个人，他们的行动，和他们生活的物质条件，包括已经存在的及由他们的行动产生出来的都在内。因此，这等前题是可以用纯粹的经验方法证明的。②

很明显，郭沫若译本对《德意志意识形态》的原稿"如实直录"，反映出了更多的文本信息，而克士译本则直接删去了原稿中的一些缺乏逻辑连贯性的

① 〔德〕马克思、恩格斯：《德意志意识形态》，郭沫若译，第48—49页。

② 〔德〕马克思：《德意志观念体系》，克士译，第6—7页。

注文。两译本也因对原稿文字理解不同，对译文的篇章结构进行了不同的处理。当然，这种不同也是《德意志意识形态》梁赞诺夫版与阿多拉茨基版文献差异的延伸。

再如郭沫若译本中"观念体系一般，特别是德意志的哲学"一节中的一段话，郭沫若的翻译为：

> 凡是思辨停止了的地方，在实际的生活上，那实际的，积极的科学，人类之实践上的营为，实践上的发展过程之叙述，便于以开始……我们在这儿从我们在反对观念体系上所惯用的一些抽象中举出二三例来，就历史的事例来加以说明。①

克士译本对应的翻译则是：

> 在现实生活里，理论完结的地方，真实的，积极的科学就开始：即开始人们的实际行动，发展的实际过程的叙实……我们要在这里选取若干这等抽象物，用以反对观念学者们，并且用历史的例子来说明他们。②

这两段话看起来好像只是句式和术语的不同，事实上却反映出两书译者以及底本的编者对《德意志意识形态》手稿的不同认识。因为接下来，克士译本举出所谓历史方面的例子，并另加上标题"历史"，而郭沫若译本则在加了一串省略号后就转而论述其他的主题。③ 而事实上，此处也正是《德意志意识形态》手稿第16页的转折处。由于马克思和恩格斯先后在这页手稿上标注了不同的页码，加之手稿正文旁边的批注比较驳杂，难以辨别，④ 所以，从

---

① 〔德〕马克思、恩格斯：《德意志意识形态》，郭沫若译，第55页。
② 〔德〕马克思：《德意志观念体系》，克士译，第18—19页。
③ 参见〔德〕马克思《德意志观念体系》，克士译，第19页；〔德〕马克思、恩格斯《德意志意识形态》，郭沫若译，第56页。
④ 《德意志意识形态》的手稿目前仍存放在荷兰阿姆斯特丹国际社会史研究所，笔者自然无缘得见。但国内已出版的相关著作中恰好收录了部分手稿的照片，并附有中文说明。参见〔日〕广松涉编注《文献学语境中的〈德意志意识形态〉》，第32页后的附页。

梁赞诺夫和阿多拉茨基开始，便对文本的走向有不同的认识，郭沫若和周建人在翻译时就更难免出现这样明显的不同了。

郭沫若译本与克士译本的文本差别当然不止于以上所列的几处，但造成两译本文本差别的原因大体不外乎以上所说的几种。本文对两译本的对读，以指出这种差异为主，至于其他的异同之处，这里就不再一一列举了。事实上，由于《德意志意识形态》手稿的不完整性及未完成性，无论是梁赞诺夫、阿多拉茨基，还是郭沫若、周建人，他们对手稿内容及编排顺序的不同理解都具有一定的合理性。我们也不能简单地据此对两译本的优劣做出评价。

但郭沫若译本和克士译本的文本差异至少提示我们，早在20世纪三四十年代，关心和学习马克思主义的中国学者已经开始注意到《德意志意识形态》的所谓"文献学"问题。联系到当时的时代背景，这一点在《德意志意识形态》在中国的传播史上，毋宁说比它的所谓"文献学"问题本身还要重要。那么，为什么在20世纪三四十年代的中国，会先后出现这样两个不同版本的《德意志意识形态》的中译本？它们又对《德意志意识形态》在中国的早期传播产生了哪些影响？

三　潮流转向或个人选择？

前文已述及，《德意志意识形态》最早的中文译本是1924年由上海珠林书店出版的巴克译《德意志观念论体系》。① 这几乎与梁赞诺夫第一次发表俄文版《德意志意识形态》的"费尔巴哈"章同步。而由梁赞诺夫负责的《马克思恩格斯文库》版《德意志意识形态》的出版，还要等到两年以后。② 由此也可以看出，20世纪20年代前后《德意志意识形态》在中国传播的迅速和及时。郭沫若翻译《德意志意识形态》始于1927年前后，这也几乎与《马克思恩格斯文库》版《德意志意识形态》的出版同步。

---

① 张梧：《马克思恩格斯〈德意志意识形态〉研究读本》，第68页。
② 1924年，梁赞诺夫发表了俄文版的"费尔巴哈"章。1926年，他又以德文原版形式出版了"费尔巴哈"章。参见张梧《马克思恩格斯〈德意志意识形态〉研究读本》，第50页。

　　此后，经历了大革命失败和全民族抗战爆发等一系列重大事件，中国的社会局势发生了巨大的变化。马克思主义和《德意志意识形态》在国内的传播也已经与此前的高潮时期不可同日而语。而与此相伴的，还有国内知识界学习和接受马克思主义及其唯物史观的重心的转换。

　　自1895年甲午战争失败以后，中国人就开始对明治维新之后的日本刮目相看，推崇备至。[①] 先进的中国人希望通过向日本学习而实现国家的富强。留学日本，也成为当时的一种热潮。此时的日本，也正在大量地吸收欧美传来的新知识。马克思主义及其唯物史观自然也是其中的重要内容。日本许多著名的学者如幸德秋水、安部矶雄、河上肇、永田广志等都在积极地翻译和传播马克思主义及唯物史观。[②] 受此影响，大量的留日中国学生也开始走上宣传马克思主义与唯物史观的道路。他们当中既有朱执信、廖仲恺、宋教仁、马君武、胡汉民、戴季陶等中国同盟会的会员，也有后来成为中国共产党的创立者和早期骨干的陈独秀、李大钊、李达、高语罕、李汉俊、杨匏安等。[③]

　　与此同时，由于十月革命的胜利，"以俄为师"也开始成为先进的中国人的共识。1920年，经共产国际同意，维经斯基等人来华，并在李大钊、陈独秀等人的支持下大力宣传马克思主义。[④] 苏联开始成为中国学习和接受马克思主义及唯物史观的重要基地，大量的马克思主义著作通过苏联传入中国。[⑤] 这一时期，苏联还先后成立了东方劳动者共产主义大学、中国劳动者孙逸仙大学以及列宁学院等大学，先后到此留学的有刘少奇、任弼时、邓小平、博古、张闻天，以及蒋经国、谷正纲、谷正鼎、郑介民等中国共产党和中国国民党的骨干成员。[⑥]

[①] 方红：《马克思主义在中国的早期翻译与传播》，上海三联书店，2016，第76页。

[②] 胡为雄：《马克思主义哲学在中国传播与发展的百年历史》，百花洲文艺出版社，2015，第64—72页。

[③] 胡为雄：《马克思主义哲学在中国传播与发展的百年历史》，第74—75页。

[④] 胡为雄：《马克思主义哲学在中国传播与发展的百年历史》，第86—87页。

[⑤] 胡为雄：《马克思主义哲学在中国传播与发展的百年历史》，第105—110页。

[⑥] 胡为雄：《马克思主义哲学在中国传播与发展的百年历史》，第92—94页。

《德意志意识形态》在中国的早期传播，也是在日本和苏联的直接影响下进行的。然而，1927年大革命失败以后，国内形势急转直下，国内知识界也开始了一场关于"中国向何处去"的中国社会史论战。论战中的各方虽然立场与观点各不相同，但都认为自己掌握了唯物史观，指责对方不懂或违背马克思主义。因此，翻译马克思主义唯物史观的经典作品，就成了现实的需要。这也正是郭沫若翻译《德意志意识形态》的一个重要背景。

20世纪30年代后期的中国，正处于抵抗日本帝国主义侵略的关键时期。中国社会史论战在国内已趋于沉寂，但此前参与论战的各方仍在对论战中的得失进行总结与反思。众人反复提及的一点就是，在论战中对唯物史观理解的单一化与教条化倾向。如王礼锡就指出，论战中的各方，"虽然谁都以唯物自居，而时常陷于唯心的魔窟；谁都以辩证自居，而时常会拘于机械的公式"[①]。吕振羽也认为，在社会史大论战中，"有的在玩弄马克思列宁主义词句，也有不少人陷于搬弄原理的公式主义，很少把握到中国历史的具体性"[②]。侯外庐亦指出："这场论战有一个最大的缺点，就是对于马克思主义的基本理论没有很好消化，融会贯通，往往是以公式对公式，以教条对教条。"[③]

这样的情况，无疑与国内学者对马克思主义及其唯物史观的认识水平有关。他们对苏联以及日本学者关于马克思主义经典的解释的过分依赖，产生了一些消极的影响。因此，寻求不同于现有版本的新的马克思主义经典作品的解释也成为当时学术界的一种需要。于是，国内学者纷纷将他们的眼光投向苏联和日本以外的其他地区。

英国工党理论家、政治学者拉斯基（Harold J.Laski, 1893—1950）成为这一时期备受瞩目的著名人物。拉斯基早年任教于哈佛大学，主要讲授欧洲史、政治思想史及国家主权问题，后进入伦敦政治经济学院任教。20世纪二三十年代，在英国求学的钱昌照、徐志摩、罗隆基、王造时、杭立武、程

---

① 王士志、卫元理编《王礼锡文集》，新华出版社，1989，第23页。
② 江明、桂遵义编《吕振羽史论选集》，上海人民出版社，1981，第257页。
③ 侯外庐：《韧的追求》，生活·读书·新知三联书店，1985，第224页。

沧波、储安平、龚祥瑞、邹文海、吴恩裕等都接受过拉斯基的指导。① 而这批学生在回到中国以后也大多成为政治和学术界的知名人物，对当时中国的思想界有着举足轻重的影响。

受当时英美垄断资本主义发展和法西斯主义兴起等的影响，拉斯基本人颇为强调马克思主义的合理因素。1927年，他出版了《共产主义论》一书。与当时其他同类著作不同，该书主要从学理上对共产主义做了比较系统的叙述和批评，一经出版便在欧美各国广受欢迎。而得益于拉斯基众多中国学生的大力宣传，此书也成为中国知识界的时髦读物。徐志摩就在当时著名的《新月》杂志上撰文指出，拉斯基教授为现代政治学学者中最卓绝的一人，而其《共产主义论》取的是完全学者的态度，为剖析共产学说最精深亦最可诵的一部书。②

在大革命失败后，马克思主义在中国传播陷入困顿的背景下，来自英美地区的拉斯基及其相关马克思主义著作，无疑令当时的中国知识界耳目一新。同时，也打破了他们对日本和苏联的路径依赖，对马克思主义及唯物史观的学习与接受出现了更加"多元化"的趋势。如前文所述，吴恩裕在1940年第3卷第3期的《新经济》上以《德意志意识形态》的英译本为底本，对该书在马克思思想历程中的重要意义进行了阐发。而吴恩裕本人也正是拉斯基的得意门生之一。

此时的周建人，正身处抗战"孤岛"中的上海。早在抗日战争前夕，他便与自己的大哥鲁迅一起从北平南下上海。而他的二哥周作人却一直与其日本籍妻子羽太信子及羽太信子的日本亲属生活在北平八道湾的住宅。1939年以后，周作人公开附逆。③ 而此时的周建人则坚守气节，坚决拒绝为汉奸写文章，在上海"孤岛"时期的爱国人士中传为美谈。④

---

① 孙宏云：《拉斯基与中国：关于拉斯基和他的中国学生的初步研究》，《中山大学学报》（社会科学版）2000年第5期。

② 孙宏云：《民国知识界对拉斯基思想学说的评介》，《中山大学学报论丛》（社会科学版）2000年第3期。

③ 谢德铣：《周建人评传》，重庆出版社，1991，第136页。

④ 谢德铣：《周建人评传》，第139页。

　　日寇轰炸上海后，周建人所任职的商务印书馆将总部迁往长沙。他则留守上海，并与一些朋友一起秘密组织了"马列主义读书会"和"哲学座谈会"。他们还创办了《哲学杂志》，介绍黑格尔、列宁、梅林等人的著作，批判破坏抗战团结的倒退思想。① 拉斯基的《共产主义论》也是周建人在这一时期颇为关注的一本书。② 周建人的一位浙江同乡冯宾符曾约请他翻译一些进步书籍。于是，周建人花了不少时间把英国人朋司（E.Burns）介绍辩证唯物主义和历史唯物主义的《新哲学手册》翻译了出来，该书直到抗战胜利以后才由大用图书公司出版。③ 此书的第一部分即《德意志意识形态》的相关内容，周建人当时将其标题译为"马克思与恩格尔斯：德意志观念统系"，并同时注明："观念系统原文为 Ideologie，指一种思想统系或体系，亦译为意识形态。"④

　　周建人着手以阿多拉茨基版《德意志意识形态》的英文译本为底本翻译《德意志观念体系》也是在这一时期。他兼通日语和英语，若以便利程度而言，他似乎更应像郭沫若那样以苏联或日本出版的版本为底本进行翻译，但他却不惮于现实的压力，⑤ 以及二次转译可能带来的错误，坚持以英译本为底本进行翻译。虽然有吴恩裕对英译本的阐发在前，这在当时仍是一种巨大的突破。对于周建人个人来说，以《德意志意识形态》阿多拉茨基版的英译本为底本进行翻译，不仅是一时的学术风气使然，更是处于抗战艰难时世中他的个人意志的一种表达。

　　周建人在克士译本正文前面的"介绍"中提到，此书"主要是从英译本翻译的，恐有错误，只好待将来再行改正，或者别人有更好的译本会出来，

① 谢德铣：《周建人评传》，第139—141页。
② 谢德铣：《周建人评传》，第107页。
③ 谢德铣：《周建人评传》，第142页。另，周建人在1947年10月指出，此书"开手时还在抗战时期，因事耽搁下来，直到现在"。参见〔英〕E.朋司（E.Burns）选辑《新哲学手册》，周建人译，大用图书公司，1948，附录"译者短记"。
④ 参见〔英〕E.朋司选辑《新哲学手册》，周建人译，第1页。
⑤ 抗战期间，日本人对上海进步书刊的查禁极其严格，周氏的翻译活动也一度搁浅。参见谢德铣《周建人评传》，第142页。

即使只是抛砖引玉的工作，也不是完全没有意思的"①。可以看出，周建人对克士译本可能会出现的错误是早有预料的，但还是决定"抛砖引玉"，先翻译出来。译文的准确，显然并不是他翻译此书的首要目的。为当时国内的读者提供一个不同于既有版本的新译本才是他的真实用意。

克士译本显然出色地做到了这一点。虽然此前高语罕、杨东莼、宁敦伍等人也曾节译了《德意志意识形态》的部分段落，并产生了一定的影响。这一时期在国内出版的《德意志意识形态》主要还是郭沫若译本。而克士译本不仅为国内引进了全新的版本，更让读者了解到英语世界对《德意志意识形态》的认识。这对于习惯于从苏联和日本接受马克思主义及唯物史观的人们，有着尤为特别的意义。

除此之外，周建人还指出，当时国外出现了"第三种名叫'马克思历史唯物论'，是 Landshut 和 Mayer 两人编辑的，文字的排列又不同"②。这不仅显示出他宽广的学术视野，还表明对马克思主义及唯物史观的研究，在当时已经成为一种世界性的学术潮流。而也正是在这个意义上，克士译本愈加显示出其特别的学术史地位。

鉴于《德意志意识形态》手稿的复杂性，以及当时学术界的实际情况，克士译本与郭沫若译本的并行无疑对深化国内学者关于《德意志意识形态》文本的认识，进而更为全面、准确地理解唯物史观具有十分重要的意义。这一点，是我们在研究《德意志意识形态》以及马克思主义唯物史观在中国的早期传播情况时不应该忽略的。

结　语

《德意志意识形态》是马克思主义的经典著作。郭沫若译本与克士译本则是它在 20 世纪三四十年代出版的两个重要的中文译本。由于《德意志意识形态》是马克思与恩格斯共同创作的一部"未完成"的作品，加之其手稿

---

① 〔德〕马克思：《德意志观念体系》，克士译，第 5 页。
② 〔德〕马克思：《德意志观念体系》，克士译，第 4 页。

的流传与保存情况复杂，国际学术界一直对其有不同的认识，并由此产生了《德意志意识形态》的所谓"文献学"问题。梁赞诺夫和阿多拉茨基两人基于对马克思和恩格斯手稿的不同理解，分别编辑出版了各自版本的《德意志意识形态》。这也是《德意志意识形态》研究史上较早和影响力较大的两个版本。

这两个版本对中国20世纪三四十年代的唯物史观的传播也产生了重要的影响。这种影响最直接地体现在《德意志意识形态》的郭沫若译本和克士译本上。这两个中译本在文本排列、句式及术语翻译等方面的诸多不同，实际上就是《德意志意识形态》梁赞诺夫版与阿多拉茨基版文献差异在中国的延伸。这是以往研究《德意志意识形态》所谓"文献学"问题的学者们较少关注的。

对《德意志意识形态》郭沫若译本和克士译本文本异同的考察不只有文献学上的意义。两译本的出版还与中国20世纪三四十年代的政治局势以及知识界学习和接受马克思主义重心的转移有着紧密的关联，这对我们认识这一时期马克思主义在中国的传播与发展有重要的帮助。郭沫若1927年前后开始以梁赞诺夫版《德意志意识形态》为底本进行翻译，其目的正是传播唯物史观，助力国内的社会史论战。而在抗日战争中，周建人选择将阿多拉茨基版《德意志意识形态》的英译本翻译为中文，则不仅是顺应了中国社会史论战后，论战各方关于论战中对马克思主义及唯物史观理解的单一化、教条化进行总结与反思的潮流，也是身处抗战艰难时世中的中国知识界将眼光投向欧美，寻求新的马克思主义理论资源的风气影响下的必然结果。同时，这也与他个人在抗战中的经历和意愿密切相关。克士译本的出现，不仅为当时的国内学者提供了《德意志意识形态》的一个新的版本，有助于纠正当时学者对马克思主义及唯物史观的教条化认识，更使我们看到了这一时期马克思主义在中国传播的"多元"面相。这对我们全面认识《德意志意识形态》和唯物史观在中国的传播与发展具有重要的意义。

《史通》文献学小史*

——基于对陆心源《影宋抄〈史通〉跋》疏证的考察

夏芷晴　王嘉川**

摘　要：陆心源对《史通》宋本版式的著录，对于弥补《史通》宋本缺失的遗憾有特殊意义。他对《史通》传世诸本的流传问题进行了源流有序的梳理，虽然存在诸多问题，但毕竟是学界的开先之举，为后人做出了基础性的工作，也为后人所继承和发展。他再次证明了浦起龙校勘《史通》以宋本为底本的事实，并明确提出浦本并未完全依据宋本，而且其用为底本的影宋抄本为文字残缺之本，为学界认识浦书校勘情况、认识影宋抄本的学术价值和流传情况，增添了重要资料。他对浦本文字不及影宋本之善的分析论证，都不出卢文弨《史通校正》之外，而其误指浦本篇名和观点失当之处也都明显与《史通校正》有非常密切的渊源关系，可知他的论析并非完全依凭自己的阅读与研究，而是更多地参考、借鉴了卢文弨的研究成果。整体考察其跋文所揭示的信息，此跋正构成中国古代《史通》文献学的骨干与中枢，故而此跋不仅是考察其个人《史通》学成就与不足的直接抓手，也是梳理和考察《史通》文献学史的重要基础。而疏证此跋，则适可构成一部"《史通》文献学小史"。

关键词：《史通》　陆心源　影宋抄本　浦起龙　卢文弨

　　《史通》是唐代史学家刘知幾（661—721）撰写的中国第一部史学理论著作，《影宋抄〈史通〉跋》是晚清学者陆心源（1834—1894）为其家藏影宋抄本《史通》所作读后跋语[①]。陆跋共351字，大旨有二，先是介绍该抄

---

　*　本文系国家社科基金一般项目"清代《史通》校勘学研究"（14BZS001）阶段性成果。

**　夏芷晴，山东大学儒学高等研究院；王嘉川，扬州大学社会发展学院。

①　陆心源：《仪顾堂题跋》卷五《影宋抄〈史通〉跋》，《清人书目题跋丛刊》（二），中华书局，1990年影印本，第66页；《仪顾堂书目题跋汇编》，冯惠民整理，中华书局，2009，第84—85页。

本反映的《史通》宋本情况，然后论述《史通》明清诸本情况。这两个方面
又可各自细分为二：前一个方面中，首先著录该本卷首目录、行款等版刻形
式，接着以比较的方式阐发其文本价值；后一个方面中，首先论述清代浦起
龙（1679—1762）之前的《史通》各本情况，接着专门考论清代官私学者公
认最好的《史通》注本——浦起龙《史通通释》的有关情况。其最主要的贡
献有三：一是继卢文弨（1717—1795）之后，进一步提供了《史通》宋代版
本的信息；二是首次对《史通》传世诸本的流传问题进行了源流有序的梳理；
三是再次说明了浦起龙校勘《史通》以宋本为底本的事实，而明确提出浦本
并未完全依据宋本的观点，则是其新贡献。可以说，宋代以来《史通》诸本
的文献学知识大都在这篇跋文中得到了初步整理。而全面整体地逐层逐句考
察疏证这篇跋文，释其未尽，补其遗漏，正其讹误，则适可构成一部简明扼
要的"《史通》文献学小史"。故笔者草撰此文，以就正于学界同仁。

一　影宋抄本《史通》所反映的该书宋本卷目行格等文献学信息

　　《史通》二十卷，

　　【疏证】这是陆心源对其家藏影宋抄本《史通》全书卷数的著录。所谓
影宋抄本，"它不是随便抄写，字体行款悉听己便，而是用薄纸蒙在宋本之
上，一点一划照样描着抄下来，连框阑也照样描画，有时连前人的藏书印记
也描摹出来"①，如此"逐字逐笔的细心描写"，目的就是"务求与底本无丝毫
之异"②，"照式摹写，不差分毫"③。因此在版本上说，影宋抄本实际就等同于
宋本，从书中文字内容到外在的行款版式，都与作为其底本的宋版书保持一
致。由此可知，陆心源见到的这部影宋抄本《史通》，肯定来自宋代产生的
众多版本《史通》中的一种。

---

① 黄永年:《古籍版本学》，江苏教育出版社，2009，第 203 页。对于影宋抄本是否为蒙纸在原
　书上影摹，学术界有不同观点，见陆音《"影宋抄本"辨析》，《江苏图书馆学报》1998 年第
　5 期。
② 王欣夫:《王欣夫说文献学》，上海古籍出版社，2000，第 169 页。
③ 程千帆、徐有富:《校雠广义（版本编）》，齐鲁书社，1998，第 411 页。

　　《史通》全书二十卷，因作者刘知幾在卷首自序中即已明言"凡为廿卷"[1]，故而自唐中宗景龙四年（710）二月成书以来从未发生异议。从大的逻辑框架上说，《史通》分为三级结构。先是将全书分为内、外两篇，作为第一级结构，可称之为"篇"。然后将内、外两篇各自分为十卷，但卷次顺序是全书统一排序，外篇没有单独重新排序，因而外篇第一卷就写为第十一卷。这是第二级结构，可称之为"卷"。之后是每卷按不同的史学论题分为数量不等的专题文章，如内篇卷一仅有一篇专题文章《六家》，但卷二则有《二体》《载言》《本纪》《世家》《列传》五篇专题文章，这些文章分别按照所属内外两篇来各自统一排序，如内篇卷一的《六家第一》，卷二的《二体第二》《列传第六》；外篇卷一一的《史官建置第一》，卷二〇的《暗惑第十二》《忤时第十三》等，其中内篇十卷宋代以来共传世三十六篇专题文章，外篇十卷共十三篇专题文章（通称内篇中另有三篇亡佚[2]）。这是第三级结构，可称之为"题"。

　　陆心源虽然仅仅提到其家藏影宋抄本全书卷数，而没有提到四十九篇专题文章是否如数保存，但他个人是熟悉《史通》一书的，其家藏另外两部《史通》也都是二十卷[3]，他还见过浦起龙《史通通释》，也是四十九篇专题文章篇目齐全的二十卷足本，因此如果他这部影宋抄本篇目有所残缺，他一定

---

[1] 刘知幾：《史通原序》，浦起龙通释《史通通释》卷首，上海古籍出版社，2009。下引《史通》皆此本。

[2] 据北宋官修《新唐书》卷一三二《刘子玄传》所称"著《史通》内外四十九篇"，可知通称的三个亡篇《体统》《纰缪》《弛张》在此前即已亡佚。而据宋末元初王应麟《玉海》卷四九《艺文门·论史·唐史通、析微》称，唐末柳璨著《史通析微》，随篇评论《史通》之失，凡四十九篇，则唐末时《史通》篇目与今传本正合，可知该三篇在唐末时即已亡佚。但王应麟文中还提到佚失《体统》《纰缪》《弛张》《文质》《褒贬》五篇的情况。另外南宋章如愚《群书考索》卷一五《正史门·史通类》还列举有失传之《纰缪》篇名，傅振伦据此认为该篇"在南宋时尚存"（《〈史通〉版本源流考》，《图书馆》1962年第2期）。近来张固也、徐伟连认为《史通》没有亡佚之篇，原本即四十九篇，并称"历来（对'亡篇'说）信从者众而置疑者寡，但双方都没有提出确凿的证据和严密的论述"［《〈史通〉"亡篇"说献疑》，《廊坊师范学院学报》2017年第2期（社会科学版）］。但实际上，张、徐二先生在论证自己观点时，也没有提出确凿的证据和严密的论述，他们所持最有力的证据是"唐末柳璨所见本已然如此"，但柳璨随篇评论《史通》之失、完成《史通析微》已是在唐昭宗光化三年（900），能否以此证明190年前成书的《史通》原本即是四十九篇，笔者持怀疑态度。

[3] 陆心源：《皕宋楼藏书志》卷三八"史部史评类"，第3册，浙江古籍出版社，2016，第647—648页。

会关注到的，是则其所藏影宋抄本应是四十九篇专题文章全部保存的足本。至于该书中每篇专题文章的文字又是否完好、有无残缺乃至错讹，则已属文本内容校勘的问题，不是笔者这里所说的全书是否足卷全本的问题。就笔者研究清代《史通》校勘学成就所见，现今《史通》所有传世诸本中，以陆心源所藏这部影宋抄本所反映的宋刻本为最早，但从文本的角度说，无一没有文字错讹，区别仅在多少而已。

首行上题"史通"，下题"刘氏"，中题"内篇""外篇"等字。

【疏证】陆心源没有说明这是影宋抄本的卷首目录首行还是正文首行，但从其他学者的叙述可知，这是在谈卷首目录的首行。

乾隆四十二年（1777），卢文弨校勘黄叔琳《史通训故补》而成《史通校正》。他在其书题名"史通"的注释中说："得华亭朱氏影抄宋本，其体例较为古雅，今具著之，以俟尚旧者。而字句之异同疑误，亦悉辨焉。"接着又在紧随其后的《史通》自序即"史通序录"题名下特意注云："以下皆宋本式。"[①] 可知卢文弨是严格按照其所见华亭朱氏影宋抄本样式来排版的。

核卢文弨《史通校正》，在"史通序录"之后是《史通》卷首目录，即一般所说的全书目录，而其内容实即内篇十卷目录，其首行上题"史通秩上"，下题"刘氏"，中题"内篇"。这与陆心源所言，除了多出"秩上"二字，完全相同，可知陆心源所述也应是指卷首目录而言。而陆心源之前的瞿镛（1794—1846），即在其著作中直接依据卢文弨所记，称"宋本不题名，于序后即接题'史通秩上　内篇　刘氏'一行"[②]，这当然是对卢文弨保存

---

① 卢文弨：《群书拾补·史通校正》，《续修四库全书》第 1149 册，上海古籍出版社，2002 年影印本，第 343 页。刘知幾所作《史通》自序，卢文弨所见影宋抄本和明代各本、清代黄叔琳本均题为"史通序录"，浦起龙《史通通释》改题"史通原序"。

② 瞿镛编纂《铁琴铜剑楼藏书目录》卷一二《史评类·史通二十卷（校宋本）》，瞿果行标点，瞿凤起覆校，上海古籍出版社，2000，第 321 页。瞿镛孙启甲（字良士）辑有《铁琴铜剑楼藏书题跋集录》，据其卷二《史通二十卷（校宋本）》，该本《史通》即浦起龙《史通通释》，"其中正字大书，并不言宋本，而一一符合，殆即卢抱经所见华亭朱氏影钞本也，浦特攘掠以自示精核耳"。至于二者所说"校宋本"，校记题跋皆云以卢文弨《史通校正》所录华亭朱氏影宋抄本文字信息"重校一过"，因此并非直接校以"宋本"，他们祖孙二人以及校记作者应该都没有见过华亭朱氏影宋抄本。瞿良士辑《铁琴铜剑楼藏书题跋集录》，上海古籍出版社，2005，第 116 页。

《史通》宋本版式功绩的肯定。

在《史通校正》中，从"史通秩上"之后第二行开始的连续十行，是卢文弨所录朱氏影宋抄本内篇十卷及其所属各单篇文章的详细名称，之后是卢文弨自己对这一宋本卷首目录所作按语。再往下，就是《史通校正》校勘内篇十卷的正文，其中第十卷结尾处有卢文弨自注"已上内篇止"，表明内篇校勘到此结束。然后另起一行刻写"史通秩下　外篇　刘氏"，这与上述首行"秩上"云云对应，之下是外篇各卷详细目录和文字校勘的内容。但卢文弨在"史通秩下"注云："（影抄）宋本缺目录，今依前例补之。"所谓"前例"，即卷首目录首行的"秩上"云云。据笔者所见国家图书馆藏明蜀藩司刻本和陆深刻本，此项都写为"史通上卷"。是则，宋本所谓"秩上""秩下"的称呼，乃是宋代刊刻者将《史通》分成上卷、下卷两个部分的代称，用来分别对应其本来的内篇、外篇。实则《史通》作者刘知幾自己设定的全书结构层次，仅是篇、卷、题三级形式，所以书中有刘知幾自己对内篇、外篇、各卷和一些专题文章名称的称呼，但绝没有以"秩上""秩下"或"上卷""下卷"来指代内篇、外篇的情况，就连这两对词语也未曾在书中出现过一次。

从卢文弨对"史通秩下"所作注释"宋本缺目录，今依前例补之"可知，他所见华亭朱氏影宋抄本不但卷首目录中仅有内篇（秩上）目录，没有外篇（秩下）目录，而且在书中的外篇正文之前，亦无外篇目录。也正因此，卢文弨才在自己的《史通校正》中，按照内篇目录即卷首目录的版式，自行为其外篇校勘内容补足了外篇目录。这种全书仅有内篇目录而无外篇目录的形式，与明代嘉靖十四年（1535）陆深刻本、万历三十年（1602）张鼎思刻本相同[①]，而张鼎思刻本即源自陆深刻本，陆深则是以明代前期蜀藩司刻本为底本，该底本又来源于宋代蜀刻本（诸本情况详见下文）。是则，华亭朱氏影宋抄本和"陆—鼎"一系，从目录上说，都属于宋本中仅有内篇目录

---

① 详见国家图书馆所藏陆深刻本、四部丛刊所收张鼎思刻本《史通》。笔者所见国家图书馆所藏明蜀藩司刻本《史通》，原为著名史学家洪业收藏的仅存内篇之本，卷首目录内容亦仅是内篇十卷目录，其原本外篇正文前有无外篇目录不详，但陆深据该本而重新刊刻本是没有的。

而无外篇目录的系统。也正因此，万历三十二年郭孔延依据张鼎思刻本而完成《史通评释》的过程中，才特地在卷首内篇目录后为外篇补加目录，并做出说明[①]，之后即全书内篇、外篇正文，外篇正文前也不再出现外篇目录的内容。这与华亭朱氏影宋抄本、陆深刻本、张鼎思刻本都在实际内容为内篇目录的卷首目录之后即内篇正文的形式不同，显然是郭本自行改变作为其底本的张鼎思本版式的结果。至于后来卢文弨《史通校正》为外篇补足目录的做法，当然也是其自行改变华亭朱氏影宋抄本版式的结果。

梳理《史通》版本源流可知，在陆深之后、张鼎思之前的万历五年（1577），张之象据友人秦柱所藏"宋刻本"而校刻了一部新本《史通》，其卷首有集中在一起的完整的内外篇目录[②]，这与比他稍晚的郭孔延《史通评释》相同，可惜张之象没有像郭孔延那样，对这一目录形式做出说明。张之象本虽以宋本为底本，但已经是新的校刻之本，它既可以遵守和保持宋本的版式，也可以自行改变，这与没有外篇目录的华亭朱氏影宋抄本仍然完全是宋本样式的情况，明显不同。根据南宋章如愚和宋末元初王应麟所著录，《史通》在宋代曾经出现多种刻本[③]，但他们提到的仅是篇目多寡的不同情况，不涉及目录情况。如果张之象刻本目录与郭孔延《史通评释》一样，是其本人自行改变原来宋本版式的结果，则张之象所见宋本也可能属于仅有内篇目录而无外篇目录的系统，在目录问题上没有什么特殊性。但如果张之象刻本卷首有完整内外篇目录的形式乃保持其底本的宋本样式，则其所见宋本在目录形式上就已构成区别于华亭朱氏影宋抄本和"陆—鼎"一系宋代蜀刻本的另一系统，这就为研讨《史通》多种宋刻本的不同特征，增添了一个新资料。

---

① 郭孔延：《史通评释》，《续修四库全书》第 447 册，第 10 页。

② 见张之象刻《明本史通》卷首张之象《史通序》和《史通目录》，第 1 册，国家图书馆出版社，2019 年影印本，第 8、17—22 页。

③ 傅振伦认为宋末元初王应麟"所见宋刊《史通》，有数种不同版本"（按其文中所述，至少有两种版本），并认为南宋章如愚所见《史通》"可能是"王应麟所见两种宋刻本以外的另一种宋代刻本，见其《刘知幾年谱》，中华书局，1963，第 121—122 页；《〈史通〉版本源流考》，《图书馆》1962 年第 2 期。

　　那么，郭孔延《史通评释》卷首有完整的内外篇全书目录的形式，与张之象本是否有关呢？郭孔延在编纂其书过程中，完成初稿后，得到父辈友人李维桢赠送的张之象本《史通》，据以补订其书残缺篇目的内容而形成修订再刻本，但他没有提到张之象本的目录问题，仅是自己在卷首的内篇目录之后补加了外篇目录，并做了详细说明："延按：外篇十卷旧目不列，今为补之。"这自然是一种严谨严肃、客观严格的学术态度。而他在编纂该书过程中，也确实始终保持着严谨端正的态度，这在书内的多条按语中可以明显感受得到，就是对李维桢的赠书之谊，他也一再表示感谢之情，而对当时学者"窃人议论而不显人姓名"的做法，他更是明确提出严正批评①。因此笔者以为，补加外篇目录乃是其个人之举，与张之象本无关。他应该是在见到张之象本之前，就已经在初稿中补加完毕，于是在后来见到张之象本时，虽然发现该本卷首有完整的内外篇全书目录，但既属英雄所见略同，自己是暗合于前人，而非"窃人议论"，也就未再提起此事。

　　在郭孔延《史通评释》修订本刊行66年之后，顾炎武在清康熙九年（1670）刊行《日知录》初刻本，此后他又不断增补其书，据他自己说，该书编写中最根本的原则仅有一条，即"或古人先我而有者，则遂削之"②，不载入书中。但就是这仅有的一条原则，因为它揭示了学术研究的生命力在于创新这一本质属性，于是遵从者不断，如乾嘉时期钱大昕撰写《廿二史考异》，发现"间与前人暗合者，削而去之"③；现代学者杨明照研读《史通》，以浦起龙《史通通释》"（征事数典）有未尽者"，遂"条举所知，用补其阙"，后发现"陈伯弢（陈汉章）先生已先我为之，乃刊除（与其）重复（暗合者），别写清本"发表④。他们三人的做法自然更为严谨科学，但我们也不能因此而苛求在他们之前的郭孔延必须有这样的认识。在明代抄袭成风的

① 郭孔延：《史通评释》卷一九《汉书五行志错误》"按《太史公书》自《春秋》已前"一段"评曰"，《续修四库全书》第447册，第228页。内中论述错综复杂，详见王嘉川《清前〈史通〉学研究》，社会科学文献出版社，2013，第278页注释②。

② 陈垣校注《日知录校注》卷首《日知录目次》"序"，安徽大学出版社，2007。

③ 钱大昕：《廿二史考异》卷首"序"，上海古籍出版社，2014。

④ 杨明照：《史通通释补》"序"，浦起龙通释《史通通释》附录，第660页。

情况下，郭孔延能够旗帜鲜明地反对"窃人议论而不显人姓名"的做法，已经是相当严谨了[①]。

每卷有目，连属篇目。

【疏证】陆心源没有说明这是指其所藏影抄本卷首目录而言，还是指正文中每卷的篇目介绍情况。考虑到他在后面文字中曾说此本与卢文弨所见华亭朱氏影宋抄本"同出一源"，而卢文弨详细记述了其所见本的卷首目录和正文中每卷的篇目介绍情况，则陆心源此处仅用八个字笼统概述，或许是为了与卢文弨不重复记载，亦未可知。

据卢文弨《史通校正》所描述，华亭朱氏影宋抄本开卷为全书自序《史通序录》；之后为卷首目录，内容实即内篇目录，先是独立起行，顶格书写"《史通》秩上　内篇　刘氏"，然后每卷一行，顶格题写内篇十卷及各卷的篇目名称，书写格式是"第一（六家第一）"，"第一"即"卷第一"之意，大字单行书写，之下以双行小字的夹注形式写出该卷所包括的各篇篇名，因为第一卷只有《六家》一篇文章，故其形式为"第一（六家第一）"，其中"六家第一"四字因能够容纳于一行之内，故以小字单行形式出现，但第二卷内容从"二体第二"到"列传第六"共有五篇文章，篇名共二十字，不能容纳于一行之内，故以小字双行形式出现，每个篇名之间则隔开一字（格）的距离。这就是卷首目录上所反映出来的陆心源所说"每卷有目，连属篇目"的情况。

不过，卢文弨《史通校正》在第六卷"言语第二十"及以下，"二十"写为"廿"，"三十"写为"卅"。对此，卢文弨在对卷一《六家》文字"凡为二十六卷"校勘时，改"二十六"为"廿六"，然后在"廿"字下以注释形式说明了理由："宋本凡'二十'俱作'廿'，三十、四十放此。"由此可知，其所见影宋本对"二十""三十""四十"有自己的习惯性特殊写法。这是陆心源所没有提到的，而且也是明代以来各种刻本中少有的现象。至于外篇目录，卢文弨所见影宋抄本无之，于是他在自己的《史通校正》中，依照

---

① 关于明代抄袭学风与学人的主动反抗，参见王嘉川《明代抄袭之风与胡应麟对治学规范的讲求》，《史学月刊》2009 年第 11 期。

内篇目录的形式，在外篇校勘内容之首补足了外篇目录。陆心源藏本与卢文弨所见同出一源，也没有外篇目录；既无特殊性，他也就未再单独言之。

对正文中每卷的篇目介绍，卢文弨《史通校正》也体现了"每卷有目，连属篇目"的情况。他对第一卷及篇名分两行著录，第一行顶格写为"《史通》卷第一　内篇　刘氏"，这是卷名项，具体包括卷数、所属内外篇和作者共三项内容，第二行低四格记述该卷篇目名称，属于篇名项，因仅有一篇专题文章，故写为"六家第一"四字；下面就另行书写对该篇的校勘内容。对第二卷，先顶格书写卷名项"《史通》卷第二　内篇　刘氏"一行，然后另起一行，低一格分两行书写"二体第二　载言第三　本纪第四"和"世家第五　列传第六"，这是该卷目录项，包括所有专题文章的篇名（具体行数因各卷所含文章篇数多少而不等），然后卢文弨自己加一注释，说是"此三行皆宋本式，下可类推，不悉著"；之后是各篇文字校勘内容，先是低四格书写篇名"二体第二"，下面另行书写对该篇的校勘内容，待全部完毕后，再另换行书写对下一篇"载言第三"的校勘内容，形式与"二体第二"同，以下都依此类推。陆心源所见既与其同出一源，则也应与上述内容相同①。

不过据此也可知，卢文弨所见影宋本第一卷在卷名项下缺少低一格书写的该卷目录项（"六家第一"），而直接进入了低四格书写的篇名项（"六家第一"），这既可能是刻书者一时疏忽，遗漏了刻写该行；也可能与该卷只有一篇文章有关，因为如果再写该卷目录项的话，就会出现连续两行书写"六家第一"四字的情况，虽然低一格的目录项和低四格的篇名项的书写方式不同，但连续两行仅仅书写"六家第一"四字的情况，无论是从观览效果还是俭省实用的角度说，毕竟都不算妥当，而两害相权取其轻的结果，也只有在

---

① 张固也、徐伟连认为：陆心源所说"每卷有目，连属篇目"的情况，"并非指书前的内篇目录，而是每卷第一行书名之后，第二行接连标明该卷包含的篇名，而不标篇次"[《〈史通〉"亡篇"说献疑》，《廊坊师范学院学报》（社会科学版）2017年第2期]。但实际上，陆心源并没有说这是指书前的内篇目录（卷首目录），还是指正文中每卷的篇目介绍情况，笔者认为应是包含二者而言的。即使是专指正文中每卷的篇目介绍情况，既然陆心源所见与卢文弨所见"同出一源"，那也应该与卢文弨所见相同，不但标明了"六家"等篇名，而且标明了"六家第一"和"二体第二　载言第三"等该篇次第的"篇次"的，并非张、徐二先生所说的"不标篇次"。

此删掉低一格目录项的写法，才是较为稳妥的。

明人照写宋本，

【疏证】陆心源《皕宋楼藏书志》卷三八《史部史评类》又将此本写为"影写宋刊本"。"照写宋本""影写宋本"都是指影宋抄本。版本学家黄永年指出：影宋抄本是一种特殊的抄本形式，它要与所抄之书保持完全一致，故而"影抄当然比普通抄写费时费精力，前人所以不惜工本为之者，是因为其时宋本元本已经稀罕珍贵，而彼时还不会摄影、影印，也不会晒蓝，不会复印，看到人家有部可爱的宋元本自己也想有，或者自己有了宋元本还想多留个副本，就只有采取这种影抄的办法。最早影抄宋本的公认是明末汲古阁毛氏，人们专称之为'毛抄'。其时正是宋元本已经十分稀罕、售价昂贵之时"①。王欣夫也指出："明钞本中突出的是毛晋汲古阁的影宋钞本……确是一种精心细致的作品。……在今天既有照相影印的发明，自然没有人再作影钞了，但这种影宋钞本，在艺术上仍有较高的价值。"②严佐之总结说：明代抄本有两个特点，其中之一就是影抄，"影抄本主要是指影宋、影元抄本。影抄时先把白纸覆盖在宋元版书页上，轻轻双钩描填，一笔不苟，务求与原刻无毫厘之差。明影抄本以毛晋汲古阁最著名。……但影写也难免会偶有手误，最容易致讹的是双行夹注，行密字小，若底本字迹稍有模糊，一纸之隔，极易造成鲁鱼之憾"③。总之，影宋抄本虽出自宋代以后之人所抄，但"从形制到内容，几乎绵延了宋本的一线之传"，都是宋版原样，"力求保持原本面目，可谓在当时的客观条件下所能够做到的最有质量的仿真复制"，于是，"当所依据的宋本一旦杳无踪迹可寻，它们俨然替代宋本成了第一手研究资料，难能可贵"④，这也就是清人往往直接将影宋抄本称为宋本，或直接用影

① 黄永年：《古籍版本学》，第 203 页。
② 王欣夫：《王欣夫说文献学》，第 169 页。
③ 严佐之：《古籍版本学概论》，华东师范大学出版社，2008，第 98 页。
④ 陈先行：《论古籍版本的仿真——〈上海图书馆藏善本仿真粹编〉前言》，"书目文献"微信公众号，2023 年 5 月 22 日。文中对影宋抄本出现的原因、价值及存在的未能"完整准确地反映原本面貌"的不足，都有严谨客观的分析。此文为扬州大学图书馆赵宣教授告知，深情雅意，志此为谢！

宋抄本代指宋本的原因。卢文弨《史通校正》就多次将所见影宋抄本《史通》简称为"宋本"，这在前面所引其文字中已有其例。

晚于毛晋（1599—1659）的明清学者如钱曾（1629—1701）、徐乾学（1631—1694）、黄丕烈（1763—1825）等也曾影抄宋本书，清末民国初年亦一度出现影抄宋本、元本、明本之事，"再以后影抄的事情就几乎绝迹了，这自然是由于摄影、晒蓝、复印等手段普及，没有人再愿意在影抄上耗费精力"①。那么，陆心源所说的这部"明人照写宋本"而成的《史通》，又是明代何人影抄的呢？

看来陆心源本人并不清楚，所以他只含糊地使用了"明人"一词。卢文弨见到了华亭朱氏影宋抄本，但他也未明说朱氏为谁。张振珮《史通笺注·前言》和国家图书馆出版社《明本史通·出版说明》都说是"朱邦宪"，张先生之子张新民更为详细地指出，清代何焯与卢文弨所提到的华亭朱氏影宋抄本以及陆心源所见到的这部影宋本，都是"朱邦宪影宋抄本"，认为"朱氏即藏书家朱邦宪，与秦柱、张之象为同时好友，书当影抄于万历年间，从秦氏所藏宋刻出"②。朱邦宪即生活于嘉靖、隆庆时期的朱察卿（1524—1572），字邦宪，号象冈，人称黄浦先生，上海人，王世贞《弇州四部稿》卷八四有《朱邦宪传》。此人早于毛晋75年，去世26年后毛晋才出生，因此说他曾有过影抄宋本之事，就与原来学界公认的"最早影抄宋本"出自汲古阁毛氏的观点龃龉难合。不过最新研究表明，毛氏之前的正德、嘉靖间苏州等地藏书家已经藏有影宋抄本③。这至少说明当时已有影抄宋本之事，则该影宋抄本《史通》出自朱察卿或其家所抄，还是有可能的。但张新民先生又说"书当影抄于万历年间"，如果真是这样，则该抄本只能出自朱察卿家所抄，而不可能出自朱察卿本人，因为他已经在万历元年（1573）的前一年去

① 黄永年：《古籍版本学》，第203—205页。
② 张新民：《〈史通〉版本源流考》，《中华典籍与学术文化》，广西师范大学出版社，1998，第78页。
③ 陈先行：《论古籍版本的仿真——〈上海图书馆藏善本仿真粹编〉前言》，"书目文献"微信公众号，2023年5月22日。陈先生此文即定稿于当月，《上海图书馆藏善本仿真粹编》亦将陆续出版。

世。由此，张先生所谓"朱邦宪影宋抄本"的说法就不是严谨之论。

蒙文通认为，卢文弨所说华亭朱氏是指"朱文游"①。从有关资料看来，"朱文游"确是收藏《史通》影宋抄本的藏书家之一，这可以得到卢文弨同乡后学陈鱣（1753—1817）的佐证，陈鱣曾说自己"从同郡卢弓父（卢文弨）学士假得（《史通》）校本，盖从何义门（何焯）以朱文游家藏印宋写本细校，而弓父学士手临于北平黄氏（黄叔琳）刊本者，叹其尽善"②。朱文游名朱奂（或作"焕"），字文游，"歙产而侨吴"，生平无他爱好，"独好书"，先后藏至三万卷，且"必手自校勘，补罅订讹，皆成善本"，而其藏书中"宋刻及旧抄几什之二"③。卢文弨与朱奂友善，在文章中几次提到他，说他多蓄古书，"藏书甚精"，并多次从他手中借书校勘，还曾借得"影抄"宋本《白虎通》④。此外段玉裁《古文尚书撰异》卷一上"尧典第一"之"平秩南伪"条，还说朱奂藏有明末叶林宗影宋抄本《经典释文》。这都可证朱家藏有影宋抄本之书，但这部影宋抄本《史通》是否为朱家亲自影抄，似不能据此判定。卢文弨出生于康熙五十六年（1717），此时距离明朝灭亡、清朝建立全国性统治政权已经七十余年，而且卢文弨提到朱奂时都与学术有关，说明他们之间往来较多大致发生于卢文弨学问养成之后，而其成学，似应在乾

---

① 《馆藏明蜀刻本〈史通〉初校记》，《蒙文通全集》第2册，巴蜀书社，2015，第510页。

② 陈鱣：《史通通释校记》，张振珮笺注《史通笺注》附录三，贵州人民出版社，1985，第788页（校记题名或为张先生拟加）；另赵吕甫校注《史通新校注》附录二所引文字同（重庆出版社，1990，第1147页，无校记题名）。据二者可知，此段陈鱣文字为晚清周星贻录存。其中，"朱文游家藏印宋写本"，陈鱣个人文集《简庄诗文钞补遗》卷二《史通二十卷（明刊校宋本）》作"朱文游家藏印本写本"，见《陈鱣集》，李林点校，浙江古籍出版社，2018，第235页；陆心源《皕宋楼藏书志》卷三八《史通二十卷（陈仲鱼校宋本）》所录"陈氏手跋"（第3册，第648页）、赵吕甫《史通新校注》附录二转引自陆心源的"陈氏手跋"（第1139页），文字与《陈鱣集》同。可知是周星贻将陈鱣"印本写本"四字改为"印宋写本"。另外《陈鱣集》篇题《史通二十卷（明刊校宋本）》之"明刊"二字有误，应为"清刊"，因为陈鱣所校乃浦起龙《史通通释》一书，其手跋文字（即张书附录三之《史通通释校记》）已经说得非常清楚。

③ 沈大成：《学福斋集》文集卷九《朱文游五十寿序》，《续修四库全书》第1428册，第104页。

④ 卢文弨：《抱经堂文集》卷七《题明史艺文志稿（癸巳）》，卷八《孟子注疏校本书后（丙申）》，卷一二《书吴葵里所藏宋本白虎通后（甲辰）》《题朱文游所藏白虎通小字本后（甲辰）》《题朱文游所藏元大德刻本白虎通后（甲辰）》，卷一四《剡源集跋（丙申）》，卷二五《吴江严豹人二酉斋记（戊申）》，《续修四库全书》第1432—1433册。

隆十七年（1752）遍读经史典籍之后的三十六岁左右，这样算来，朱奂就不可能是陆心源所说的"照写宋本"的那位明朝人。

每页十八行，每行十八字。

【疏证】这是陆心源对其家藏影宋抄本行格的记述。在陆心源之前，卢文弨因得见华亭朱氏影宋抄本，遂用以校勘黄叔琳《史通训故补》，保存了很多宋本文字信息，但他没有记载朱氏影宋抄本的行格情况。陆心源是否因为其所见本与卢文弨所见"同出一源"，于是鉴于卢文弨对此没有记载，而补记其行格情况，不便推论。但在卢文弨之前，浦起龙亦曾见到并使用一部影宋抄本来校勘明清刻本《史通》①，可惜他也没有提到该本行格情况。因此陆心源的这一记载，就为我们保存了宋本《史通》的一种行格形式，这是其他人都没有做到的。

从版本学史来看，浦起龙、卢文弨等人不重视行格的情况，应该与当时著录古书行格还不太盛行有关。毕竟校书之记行字，是从清初何煌（1668—1745）"校宋本《汉书》"才开始的，直到晚于卢文弨三十年以上的孙星衍（1753—1818）、黄丕烈诸人而"益备焉"②。因此孙、黄之前的浦起龙、卢文弨有所不及，而他们之后的陆心源则特别重视，都属于正常现象。但相对来说，浦起龙仅比何煌晚十余年，又不以校勘见长，则其未能接受何煌著录行格的做法，意识不到行格的重要性，是无可厚非的；可是卢文弨作为当时公认的校勘学大家，也是清代校勘学水平最高的四位学者之一③，其晚于何煌五十年，从时间上说应该对著录古书行格有所认知，而且他自己亦很强调"古书刊式不可更动"的刻书原则，明确提出："凡传旧书，一切行款俱

---

① 浦起龙在校勘《史通》时，对所用《史通》各种版本的称呼杂乱无章，相当随意，但他使用的"映抄古本"（有时简称"古本"），据笔者考证，即为影宋抄本（见《浦起龙校勘〈史通〉所用诸本考》，《史学史研究》2022年第2期）。他还曾明确使用过"宋本"一词，但因资料不多，不明其所指。

② 刘肇隅：《宋元本行格表序》，江标《宋元本行格表》卷首，《四库未收书辑刊》第9辑第9册，北京出版社，1997年影印本，第764页。

③ 张之洞《书目答问》附二《国朝著述诸家姓名略·校勘之学家》题名下注释说："诸家校刻（之书），并是善本，是正文字，皆可依据。戴（震）、卢（文弨）、丁（杰）、顾（广圻）为最。"范希曾编《书目答问补正》，上海古籍出版社，1983，第355页。

当仍其本来，不得意为纷更。"① 主张"凡传古人书，当一仍其旧，慎勿以私见改作"②。他还曾见到何煌所校《钓矶立谈》一书，认为该版本"较完善，因传录之"③。但他自己"校书专重本文，以朱书细字注于行间，而其余版式行格例不详记"④，未能对何煌开创的著录行格之法多加仿效，则在版式著录方面，究属遗憾。

刘知幾去世后，《史通》在其家里和唐代官方都有抄本行世，到南唐时已有刻本，宋代刻本渐多，北宋孙何、黄庭坚，特别是南宋高似孙、章如愚、王应麟等都曾评论或大量引用，而且还从南宋流传到北方的金朝，从而引起北方著名学者王若虚、元好问等人的重视⑤。这些宋本有的流传到明代，"但清中叶以后，悉湮没无闻"⑥。明代前期，蜀藩司据宋代蜀刻本刊行《史通》⑦，是为今传《史通》的最早版本。从蜀藩司本"初印本"和国家图书馆所藏蜀藩司本来看，其行格是半页十行、行二十字⑧。但它是否承袭了所据宋代蜀刻本行款形式，不得而知。

嘉靖十四年（1535），陆深为官四川，悯蜀藩司本错讹太多，遂以之为底本，参校其它抄本，而刊行新本。今国家图书馆藏该本《史通》一部，行

---

① 卢文弨：《群书拾补·文献通考经籍》"经籍考三"之"真西山复卦说一卷吴如愚准斋易说一卷冯椅厚斋易学"条校语，《续修四库全书》第 1149 册，第 335 页。

② 卢文弨：《钟山札记》卷一《蔡中郎集》，《续修四库全书》第 1149 册，第 653 页。

③ 卢文弨：《抱经堂文集》卷九《书钓矶立谈后（丁酉）》，《续修四库全书》第 1432 册，第 629 页。

④ 傅增湘：《藏园群书题记》卷一一《宋本谢宣城集跋·清宣城本》，上海古籍出版社，1989，第 558 页。

⑤ 王嘉川：《清前〈史通〉学研究》，第 40 页。

⑥ 赵吕甫：《史通新校注》"凡例"第一条。

⑦ 陆深的"成都门生"、云南按察司副使王阁在为陆深刻本《史通》作序时说：《史通》一书……我蜀藩司板册照新"，然"舛讹烦乱，龃龉惟艰，脱简缺文，坐令荒惑"，陆深"省阅是本，悯其乱亡"，为之重校刊行新本。而蜀藩司所据，蒙文通等人认为是宋代蜀刻本，傅振伦也认为属于宋刻本。见陆深本、张鼎思本《史通》卷首王阁《刊正史通序》，《馆藏明蜀刻本〈史通〉初校记》（《蒙文通全集》第 2 册），傅振伦《〈史通〉版本源流考》（《图书馆》1962 年第 2 期）。

⑧ 明蜀藩司本"初印本"的行格情况，见郭立暄《中国古籍原刻翻刻与初印后印研究（通论编 实例编）》，中西书局，2015，第 284—285 页；国家图书馆所藏蜀藩司本的行格情况，详见该书，善本书号为 18855。

格也是半页十行、行二十字。上海图书馆藏有该书同版一部①，另外南京图书馆、浙江大学图书馆和台湾地区亦收藏有陆深刻本，其行款都是半页十行、行二十字②。毋庸多言，由此行格也可见，陆本直接脱胎于蜀藩司本的迹象至为明显。

陆深新刻本问世后，因其改正了旧蜀本即蜀藩司本文字中很多残缺错简等讹误，《史通》始可读③，于是该本被多次印行，并出现很多翻刻本。据收藏有陆本"初印本"的缪荃孙说，陆本"初印、补印均各不同，盖时有修改"④。但初印、补印、后印等只涉及同一副书版印刷时间的先后问题，不涉及行款行格的刊版问题，不会改动该书原来书版。至于翻刻本，例如上海图书馆所藏"明刻本"《史通》为嘉靖间四川翻陆深刻本，"嘉靖十五年陆深蜀中刻本"和"顾广圻校跋嘉靖十五年陆深蜀中刻本"则为嘉靖间吴越地区翻陆深刻本，三者皆非陆深原刻本，但它们行款亦为半页十行、行二十字⑤，与陆深原本形式相同。这属于"形式之翻"⑥。

不过，翻刻本也有改变原刻本行款格式者，此即"文字之翻"的一种形式。所谓"文字之翻"，是指"某版本（乙本）的文字是从某个更早版本（甲本）继承下的，乙本就可被认为是甲本的翻刻本。至于行款是否保持一致，就不作要求了"。从目前学界谈到陆本翻刻本的情况来看，所关注的都是上述三种"形式之翻"。但与之不同，蒙文通等人在1942年所见之本则属于"文字之翻"，尚未引起学界的注意。

---

① 郭立暄：《中国古籍原刻翻刻与初印后印研究（通论编　实例编）》，第285页。
② 毛俊仪：《略谈陆深蜀刻〈史通〉本鉴定》，《四川图书馆学报》1985年第2期；曹鑫：《上海图书馆藏〈史通〉明刻本述略——以翻陆深刻本为中心》，《新世纪图书馆》2012年第9期。
③ 陆深：《俨山集》卷八六《题蜀本史通》，《景印文渊阁四库全书》第1268册，台北：商务印书馆，1983年影印本，第552页。陆深本、四部丛刊所收张鼎思刻本《史通》卷末亦收录此文，但题为《题蜀本史通后》。
④ 《艺风藏书续记》卷四《史学第五·校本史通二十卷》，张廷银、朱玉麒主编《缪荃孙全集·目录》，凤凰出版社，2013，第237—238页。
⑤ 曹鑫：《上海图书馆藏〈史通〉明刻本述略——以翻陆深刻本为中心》，《新世纪图书馆》2012年第9期。吴越翻刻本情况，亦可参见郭立暄《中国古籍原刻翻刻与初印后印研究（通论编　实例编）》，第286—288页。
⑥ 此处"形式之翻"与下文所言"文字之翻"，皆据郭立暄之解说，见其《中国古籍原刻翻刻与初印后印研究（通论编　实例编）》，第19页。

据蒙先生说，当年春间，四川省立图书馆先后入藏两部《史通》，他们很快进行了校勘，并在 3 月发表文章，指出其中之一就是陆深刻本，其行格是"每半页九行，行十八字"[①]。这与陆心源所见影宋抄本相同，而与陆深原刻本和上述三种"形式之翻"的翻刻本不同。蒙先生在其文中列举了一些该本文字情况，笔者将之与国图所藏陆本比较，二者一致，可证该本出于陆本。再核查行款亦为"每半页九行，行十八字"的张鼎思据陆本翻刻之本，文字情况不同，可证蒙先生所见不是张鼎思刻本。因此，蒙先生所见应该是对陆本改变行款的翻刻本。具体说来，就是将陆本半页十行、行二十字的行款，改成了半页九行、行十八字的刊版形式。这实际上是对陆本的重新开版刊刻，但其文字则继承了陆本。

那么，这一翻刻本是什么时间翻刻的呢？或许和上述几种翻刻本一样，是在嘉靖年间。据现今学者研究，"嘉靖时期出现了明初一百多年以来的第一个雕版印刷业的高峰"，其中翻刻是重要的刊刻方式，不仅有翻刻前代版本者，也有大量翻刻当代本即嘉靖本的。从版本鉴定的角度来说，"嘉靖（时期）翻刻嘉靖本是嘉靖翻刻本中最复杂的一类"，比嘉靖时期翻刻前代本更为复杂，"因为同时代的翻刻本与底本更加相似，也更容易混淆。甚至有时将底本和翻刻本放在一起，要区分何为底本、何为翻刻本，都非常困难"。如此一来，"就需要从实物版本的角度进行很细致的比对，才能区分原刻本和翻刻本"。也正因此，"在鉴定中需要充分考虑各种可能的情况，仔细做好版本的实物分析，找出版面的关键部分，并结合广泛的文献考证，利用各方面的知识，才有可能得出更准确的鉴定结果"[②]。蒙先生之所以将其所见翻刻本误判为陆深原本，应为时间仓促，没有与原本进行细致比对造成的。

万历五年（1577），张之象以无锡友人秦柱所藏而陆深所未见的"宋刻本"为底本，与秦柱等人一起，"参合众本，丹铅点勘"，重新校刻了一部新版《史通》。从张之象所作序言可知，"众本"中包括陆深刻本，但对其余

---

① 《馆藏明蜀刻本〈史通〉初校记》，《蒙文通全集》第 2 册，第 505 页。
② 李开升:《明嘉靖刻本研究》，中西书局，2019，第 143—146 页。

版本则语焉不详，它们到底都是什么来历，张之象没有说明①。不过可以肯定的是，他们校勘出来的《史通》已经不是原来秦家所藏的宋刻本了，它已经是多种版本的集合体。因此它的版刻形式是否原样保留了其底本的宋刻本形式，难以判断。就今传该书可见，其行格为半页十行、行十九字，既与陆深原刻本不同，比陆本每行少一字，也与陆心源所见影宋抄本不同，比其每半页多一行、每行多一字。

在蜀藩司刻本、陆深本及上述陆本翻刻本之后，万历三十年（1602），江西按察使张鼎思以江西左布政使吴献台所提供的陆深"守藩时刻也"为底本，校以三四种抄本，形成一种新的刻本，其行格为半页九行、行十八字②。这与陆深原刻本不同，而恰与蒙文通所见陆本翻刻本相同，不知是巧合，还是张鼎思所见陆深"守藩时刻也"并非真的陆深原本，而属于蒙先生所见之翻刻本，却被吴献台、张鼎思等人误判为陆深原刻本。但无论如何，他们既已用三四种抄本重新校勘了文字，改正了陆深"守藩时刻也"的一些错讹，因而部分文字也就与这部陆本不同，也与蒙先生所见之翻刻本不同。

上述各本《史通》，从正文的文本来说，都仅是对《史通》原书进行文字校勘。但之后的明代新出各种刻本，开始加入了对《史通》文字进行注释和评论的内容。从此，流行于世的《史通》逐渐成为评释本的天下，这无论是对《史通》自身的流传还是对读者阅读、研习《史通》，都有莫大的助益。但从版刻款式行格来说，也就可以更加自由地突破之前传世的《史通》原有形式了。

万历三十二年（1604），郭孔延在张鼎思刻本和李维桢提供的张之象刻本基础上，完成《史通评释》修订再刻本，其行格为半页十行、行二十二字。李维桢受到郭书启发，对《史通》进行了逐篇评论，此后形成二者合刊

① 张之象：《史通序》，张之象刻《明本史通》卷首，第1册，第3—11页。
② 见四部丛刊所收张鼎思刻本《史通》卷首张氏《续校史通序》及该书正文。从该序可知，张鼎思之所以称自己校勘《史通》的工作为"续校"，乃是以陆深的校勘工作为初校，他自己则是接续陆深，针对陆深"恨无别本参对"的遗憾，"出箧中本，更为校勘"，故其刻本自序径称"续校史通序"。不过这也从一个侧面表明，他并不知晓张之象等人在他之前但在陆深之后，曾经继续校刻《史通》之事。

的"李维桢评、附郭孔延评释"之《史通》①，其行格为半页九行、行二十字。

万历三十九年（1611），王惟俭以郭本《史通》为底本，校以张之象本，加上自己另撰的注释，形成《史通训故》，其行格为半页十行、行二十字，这与陆深原刻本相同。

清朝乾隆十二年（1747），黄叔琳将王惟俭《史通训故》的注释删繁补遗，重校文字，并做少量批语，撰成《史通训故补》行世，其行格为半页九行、行十九字。

乾隆十七年（1752），浦起龙刊成《史通通释》。该书在吸收、借鉴前人成果的基础上，对《史通》进行校勘、注释与评论，虽有轻改旧文之弊，但诠释较为明备，对各篇的每层（段）文意皆有疏通讲论，评论也可取者多，是学界公认的古代各版本中最为重要者，其行格为半页九行、行二十二字②。

以上就是今传《史通》明清各本刊刻及行格的主要情况③。从中可见，《史通》传世诸本中，只有蒙文通所见之陆本翻刻本和张鼎思刻本的行格形式，与陆心源所见影宋抄本相同。陆心源是清末四大藏书家之一，尤以收藏宋版书籍著称，其藏书室名为"皕宋楼"，就是对其收藏成就的直接写照。他又精于版本鉴别，在长期实践中形成一套比较系统的版本鉴别方法，"富收藏，精鉴别"就是后人对他的一致评价④。而据其《皕宋楼藏书志》卷三八《史部史评类》，他还藏有另外两部《史通》，一为陆深"嘉靖刊本"，一为陈鳣"校宋本"（即以华亭朱氏影宋抄本校勘的浦起龙《史通通释》本）。因此他将自己所见并收藏的这部影抄本《史通》定为影宋抄本，应该不会有

---

① 王嘉川：《李维桢〈史通评〉编纂考》，《首都师范大学学报》（社会科学版）2014年第5期。

② 此行格情况，据国家图书馆所藏三种浦起龙《史通通释》，善本书号分别为03305、17639、A02652，均系浦氏求放心斋乾隆十七年（1752）刊本。

③ 之后刊行的《史通》，从版本的角度说，均不出以上范围。乾隆三十七年（1772），纪昀完成《史通削繁》一书，今传其道光十三年（1833）刊本，行格为半页十行、行二十一字。但从《史通》文本来说，它只是据浦起龙《史通通释》而撰成的《史通》选本，不但对全书篇目有所删落，就是对所选录篇章的正文也时有删节，已经算不得《史通》版本，因而也无须再讨论其行格情况。

④ 《书仪顾堂题跋后》，《余嘉锡文史论集》，岳麓书社，1997，第587页。

误。而江标《宋元本行格表》记载的宋本书版式，不但有"每页十八行，每行十八字"的刊印格式，而且该书"附录"中还收有陆心源所藏的这部影宋抄本，这也肯定了陆心源对该书版本的判断。

张鼎思是用三四种抄本来校勘所见陆深"守藩时"刻本的，但其重校本的文字不如二十五年前张之象所见到的宋刻本，可知张鼎思应该没有见到当时社会上流传的所有宋刻本。他没有提到所用三四种抄本的行格等具体情况，不能排除其中有行格为半页九行、行十八字者，因此他主动选择这种刊版形式，既可能是与陆心源所见影宋抄本反映的这种行格形式的宋刻本巧合，也可能是他遵从某种抄本的这种格式。另外，如果他所见到并以之为底本的陆深"守藩时"刻本真的是陆深原本，则其新校刻之本不但在文字的总体质量上已经胜于陆本（张鼎思序言对此亦有说明），而且它还是对陆本的重新开版刊刻，其行格已然不同于陆本半页十行、行二十字的形式。但是如果他所见陆深"守藩时"刻本并非陆深原本，而是后来蒙文通所见到的陆本翻刻本，然后沿袭其半页九行、行十八字的行格形式，予以重校翻刻，也不是没有可能。

蒙文通将所见陆本翻刻本误判为陆深原本，他将该本款式与卢文弨所述朱氏影宋抄本情况进行比较，认为"陆刻即宋刻"，并说"原于宋本，无改旧贯"。实则他用"陆刻""陆本"等词语所指代之该书，皆是指别人对陆本的翻刻本，而不是陆深原本，因此他所说的"陆刻即宋刻""当即依宋本刻式""原于宋本，无改旧贯"等版刻形式，就都不是陆深原本情况。他还根据该本所缺文字，推论"宋蜀本"《史通》行格，指出"宋蜀本"每行尚有不足十八字者，这是因为"或每行字有大小，故稍有出入，行或十七字、十八字不等"；鉴于这种情况，陆深就将自己新校刻的《史通》定为每行十八字[1]。其实这也不是陆深本人之事，而是翻刻陆本之人将其行格定为每行十八字。但据陆心源所见影宋抄本可知，翻刻陆本之人所采用的行格，恰是该影宋抄本所反映的那种宋本样式。只是不知这是无心巧合，还是翻刻之人

---

[1] 《馆藏明蜀刻本〈史通〉初校记》，《蒙文通全集》第2册，第505、510—511页。

有意遵从该宋本样式。

蒙先生在文中指出，另有一种宋刻本的行格是半页十行、行十九字①。这与张之象校刻本相同。是则张之象在以宋刻本为底本而校勘文字的同时，并未改变该本行格，只是张之象自己未曾提及这一点。

由上述情况看来，《史通》宋刻本至少有两种，一种是陆心源所见影宋抄本等反映的行格为每半页九行、行十八字的刻本，另一种是每半页十行、行十九字的刻本。蒙先生认为前一种属于"宋蜀本"，果真如此，则陆心源所见影宋抄本当属于宋代蜀刻本系统，至少是该系统中的一种。

不过这两种情况也很难说是代表了宋代《史通》的全部版本，举凡宋代产生的抄刻之本都是宋本，而《史通》在宋代也确曾出现多种刻本，但它们既非同一版本，而且即使出自同源，后来抄刻之中也可能发生各种各样的变动而形成不同的文本，就是同一版本的先后不同的翻刻翻抄也会造成文本不同，"此固未可概以为宋刻，而遂一例视之，不复知辨别"②。是则，陆心源在跋语中特意著录其所见影宋抄本行格版式的做法，既属于非常严谨之举，也为后世保存了《史通》宋版的一些信息，有其特殊贡献。但还不能因此就称其所录是宋本《史通》的唯一版式，这也是需要我们注意的。

目后有总结云："右定凡三十六篇，并前序及志第七篇共二十八篇。"

【疏证】这里的"目"，当然是指陆心源所见影宋抄本《史通》卷首全书目录，但准确地说，其内容乃是内篇十卷目录。首先，陆心源所见此本是二十卷的足卷全本《史通》，但当时传本《史通》都是内篇十卷三十六篇专题文章、外篇十卷十三篇专题文章，所谓"右定凡三十六篇"，是专指内篇十卷而言的。其次，卢文弨说他所见影宋抄本卷首目录仅是内篇目录而没有外篇目录，陆心源说自己所见和卢文弨所见同出一源，则其卷首目录情况也应该与卢文弨所见相同，仅有内篇目录而没有外篇目录，因而其卷首全书目录也就等于是内篇十卷的目录。

其实，不仅影宋抄本没有外篇目录，明人所见传世本《史通》应该

---

① 《馆藏明蜀刻本〈史通〉初校记》，《蒙文通全集》第2册，第511页。

② 叶德辉：《书林清话》卷六《宋刻书字句不尽同古本》，中华书局，1957，第157页。

都没有外篇目录。明蜀藩司刻本、陆深刻本、张鼎思刻本卷首目录仅为内篇十卷目录，无外篇目录。陆深参以友人家藏抄本，将蜀藩司本重校刊行，如果他所见抄本有外篇目录，陆深应该不会连一句相关说明都没有，所以其所见抄本应没有外篇目录。同理，张鼎思校勘陆本所用的三四种抄本，也都应该没有外篇目录。今传《史通》最早有外篇目录的是万历五年（1577）刊行的张之象校本，但该本目录应是张之象等人自行编定的。卢文弨所见华亭朱氏影宋抄本、明蜀藩司本、陆深本、张鼎思本，以及曾参校张之象本的郭孔延本、王惟俭本、黄叔琳本、浦起龙本，在内篇第十卷目录上都刻写了早已亡佚的《体统》《纰缪》《弛张》三篇的篇名，区别仅在于卢文弨所见影宋抄本、明蜀藩司本、陆深本、张鼎思本没有在三篇篇名下注明"亡"或"缺"字样，而后来的郭本、王本、黄本、浦本都予以注明。但张之象本根本就没有刻写这三篇篇名，从各方面情况来看，这不应该是其所据的"宋刻本"没有，而是张之象等人自己直接将其删掉的结果，然后又紧接着补加了外篇目录。之后郭孔延也自己补加了外篇目录，并以自注的形式说明；但郭孔延没说自己补加外篇目录是模仿张之象本的做法，这应该是因为他是在其书初本完成后的修订过程中才看到张之象本的，那时他已经完成了补加外篇目录的工作。而自从张之象本、郭本补加外篇目录后，与它们二者都有关联的王本、黄本、浦本，也就都有了全书内外篇的目录。

对陆心源所见影宋抄本内篇十卷目录后的"总结"之语，明蜀藩司本在第十卷目录"《杂述三十四》《辨职三十五》《体统三十六》《纰缪三十七》《弛张三十八》"之后即已注明；接着陆深本、张鼎思本都连同该卷目录，一字不差地予以沿袭；卢文弨说"宋本"即他所见影宋抄本亦是如此，则与其同出一源的陆心源藏本自然也是这样。但此处明显存在自相矛盾，因为上述五本的目录写的是"《杂述三十四》……《弛张三十八》"，说明内篇至少有三十八篇，而紧接着的"总结"却说"右定凡三十六篇"。检看陆深本、张鼎思本正文和卢文弨的有关说明（陆心源所见应与之相同），可知目录上出现的"《体统三十六》《纰缪三十七》《弛张三十八》"三篇是原有但已经失传的篇目，在正文中并未出现名称，而目录上没有出现名称的《自叙》则在正文中紧随《辨职三十五》之后，成为《自叙三十六》，亦即"凡三十六篇"这一篇目总数乃上述四本内篇的实有篇数（蜀藩司本亦应如此），从这个角度说，"右定凡三十六篇"的说法没有错误。但这句话毕竟紧随目录之后，而目录中又明明写的是内篇至少有三十八篇，因而不做任何解释疏通就如此行文，实在有些唐突。陆心源发现了这一矛盾现象，于是在跋语中特别摘录了此一"总结"之语。

不过，蜀藩司本、陆深本、张鼎思本以及卢文弨，都说的是"并前序及志第七篇共三十八篇"，陆心源跋语中"共二十八篇"的"二"字显然是"三"字的笔误，这不知是出自陆心源本人一时疏忽，还是该书刊行时因刻工笔误而留下的遗憾，其实从前边的"三十六篇"一语，也可推知另加"前序"和"志第七篇"之后的篇目总数只能是"三十八篇"，而不会是数量反而减少的"二十八篇"。但实际上，"并前序及志第七篇共三十八篇"也只是个混乱错讹的说法：既然已经是《弛张三十八》，无论包含最后一篇《自叙》与否，内篇正式篇目都已经有三十八篇，还用"并前序及志第七篇"才是"共三十八篇"吗？

关于《史通》内篇篇目的混乱说法，自宋末元初的王应麟已经开始。其《玉海》卷四九《艺文·论史·唐史通、析微》辑录七条有关《史通》的文字，其中第三条既说内篇"自《六家》至《自叙》三十六篇，及前叙及志中共四十二篇，自《辨（惑）〔职〕》以下缺《体统》《纰缪》《弛张》《文质》《褒贬》五篇"，又说"内篇：《六家》至《弛张第三十八》；外篇：《史官建置》至《忤时第十三》"。所谓"自《六家》至《自叙》三十六篇，及前叙及志中共四十二篇"者，"自《六家》至《自叙》三十六篇"的内篇总篇数与今传本同，"前叙"即全书卷首的刘知幾自序，再加上所缺佚的《体统》《纰缪》《弛张》《文质》《褒贬》五篇，"共四十二篇"。但是，其一，"志中"二字为何意，不可晓，难道是"佚失"二字形近之讹，代指佚失的五篇？如果是这样，则"共四十二篇"之说成立。但这仅是猜测，不能确论。其二，今传《史通》内篇中，《辨职》为第三十五篇，《自叙》为

第三十六篇，与王应麟文中"至《自叙》三十六篇"的总篇数相合，但王应麟从未说"《自叙第三十六》"，故而其意从未表明《自叙》的篇次位置是固定的第三十六篇。如果真的像他所说，自《辨职第三十五》以下缺五篇，则内篇应有四十一篇，其中《自叙》为第四十一篇即最后一篇，后因前面缺佚五篇而被人向前递补为第三十六篇，但其位置属性未变，仍居最后。可是王应麟又说"内篇：《六家》至《弛张第三十八》"，没有上面提到的《文质》《褒贬》两篇，也没有提到《自叙》，因此就算包括他此语中没有提到的《自叙》，连带"前叙"，总数也不过四十篇，并非四十二篇（无《文质》《褒贬》）。其三，《文质》《褒贬》两篇只有王应麟一人提到，其他人讲到缺篇都只是说缺《体统》《纰缪》《弛张》三篇，王应麟自己也曾在第五条文字中提到"内篇十卷三十六篇，又有《体统》《纰缪》《弛张》三篇缺"，因此我们可以抛开这两篇不提。但即便如此，笼统地说"内篇：《六家》至《弛张第三十八》"也是不对的，因为"自《六家》至《自叙》三十六篇"，再加上《辨职》以下所缺《体统》《纰缪》《弛张》三篇，则应是三十九篇，写为"内篇：《六家》至《自叙第三十九》"才是。"以上几个方面，实在是混乱不堪。王应麟当然是一位严肃而成就很高的学者，他从《史通》中引录了很多文字，可惜不仅没有把《史通》全书篇目——开列出来，而且还给后人留下了一笔自相矛盾的篇目糊涂账，真让人难以相信此事竟会出在他的身上。"①

陆心源、卢文弨所见影宋抄本以及明蜀藩司本、陆深本、张鼎思本在内篇十卷目录后"总结"中所提到"前序"，也是指刘知幾自序，但"志第七篇"具体是指什么，不可确知，它与王应麟所说"志中"一语有何关系，也无从知晓②。《史通》流传过程中经历的劫难，为后世留下了一笔关于其具体篇目的糊涂账。清初何焯在校勘张之象本时，在原书目录上将《自叙第

---

① 王嘉川：《清前〈史通〉学研究》，第 124 页。
② 张固也、徐伟连对之有猜测，但已自言"怀疑"，见其《〈史通〉"亡篇"说献疑》，《廊坊师范学院学报》（社会科学版）2017 年第 2 期。

三十六》改成《体统三十六》①，接着又补写《纰缪三十七》《弛张三十八》，然后以小字注云："末三篇俱亡，或云《体统》篇即《自叙》也。"②这表明何焯已经关注并开始研究篇目混乱的问题，但是他的解决之道并不正确，因为一个非常明显的事实是，《自叙》就是作者刘知幾对自己为何撰写《史通》的自述，内容一看便知，但是《体统》则应该与内篇其他单篇文章一样，是专篇讲论史学理论专题的文章，二者性质完全不同，不该混为一篇。

在何焯之后，浦起龙和卢文弨也对此提出疑虑。浦起龙认为，《体统》《纰缪》《弛张》三篇"固有其文，而莫定其原次耳"，称"旧本"将三篇篇名写于"内篇目录之末"即《自叙》之后不妥，因为"《自叙》后不应更有余篇"③。此论得到现代学者金毓黻、程千帆赞同，金先生也说"所亡三篇皆在《自叙》之后，颇为不伦"④，程先生则在引述浦文之后，认为"其说是也"⑤。其实这些说法虽有一定道理，却并不全面。从古人著书通例来看，《自叙》一般都是最后一篇，之后确实不应再有其他篇章。但浦起龙之说只是建立在某些"旧本"《史通》内篇目录中《自叙》为最后一篇，其它三亡篇的篇名置于"内篇目录之末"即《自叙三十六》之后的基础上的。而核查之后可知，他所说的"旧本"是指郭孔延《史通评释》、王惟俭《史通训故》、黄叔琳《史通训故补》三书。可是在郭、王、黄三本之前的明蜀藩司本、陆深本、张鼎思本，以及卢文弨所见影宋抄本中，目录上都是"《杂述三十四》《辨职三十五》《体统三十六》《纰缪三十七》《弛张三十八》"，并无《自叙》；

---

① 张之象本目录、正文的每篇篇名中都有"第"字，如"序例第十""题目第十一"。何焯将其所校张之象本目录上内、外篇的第十篇文章以下的篇名中"第"字全部点去即删除之意，但未有任何说明，不知根据何在，然正文中篇名"第"字未删。在明代刻本中，早于张之象本的蜀藩司本、陆深本，以及晚于张之象本而出于陆本的张鼎思本，卷首目录（仅有内篇目录）第十篇文章以下的篇名都写为"题目十一"云云，没有"第"字，但正文中篇名都有"第"字。张之象本目录上内、外篇的第十篇以下的篇名中"第"字，不知是否沿袭其底本"宋刻本"，张之象等人没有任何说明。

② 张之象刻《明本史通》卷首目录何焯批语，第 1 册，第 20 页。

③ 浦起龙通释《史通通释》卷一〇《自叙》"按"，第 278 页。

④ 金毓黻：《中国史学史》，商务印书馆，1957，第 221 页。"自叙"，书中误作"自序"。

⑤ 程千帆：《史通笺记》，中华书局，1980，第 188 页。

明蜀藩司本、陆深本、张鼎思本都是在正文中（卷一〇）《辨职三十五》之后，才出现《自叙三十六》一篇的，其他三亡篇篇名则并未在正文中出现，因而也就无法判断三亡篇在正文中的真正位置，但它们在目录上的位置是清楚的；卢文弨《史通校正》根据所见影宋抄本正文，将卷首目录的这部分写法改作"《杂述第卅四》《辨职第卅五》《自叙第卅六》"。可见，并非所有浦起龙之前的旧本《史通》都将三亡篇篇名写于"内篇目录之末"即《自叙》之后，特别是，按照时间顺序来说，不这样做的反而是更早的万历三十二年以前的版本，这样做的则是较晚的万历三十二年及以后的版本。浦起龙的说法，显然仅仅是根据后来者而做出的片面之论。实际上，虽然他所依据的郭孔延本、王惟俭本、黄叔琳本在事实上将《自叙》置于内篇目录最后一篇，但包括这三个版本在内，从未有人说过三亡篇在《自叙三十六》之后。郭孔延、王惟俭、黄叔琳，还有浦起龙，他们之所以在内篇目录上将三亡篇篇名置于《自叙三十六》之后，原因乃是程千帆所说："以其书（指三篇）既亡，后人因移其题于内篇之尾，而为现存之三十六篇重编次第耳。"[①] 明晰了这一点，也就知道所谓三篇皆在《自叙》之后的说法，完全是个片面的误说。

　　卢文弨在校勘《史通》之前，没有看到浦起龙的《史通通释》，因而无从对浦氏疑虑发表意见。他自己则在引录上述"总结"之语后，非常简洁地提出疑问："此语殊不可晓，恐有误也。"[②] 但他就此打住，并未展开论述。其余明蜀藩司本、陆深本、张鼎思本、卢文弨所见影宋抄本以及陆心源，尤其是陆心源，注意到这一"总结"的矛盾特殊性，特意把它摘录到自己的跋语中，但都对此混乱之说一字不予讨论。这也让我们殊不可晓：难道在自己重新校刊的书中，在自己写作的读后跋语中，可以直接沿袭那些不费吹灰之力就能够看得出来的前人混乱讹误之说，而不予以任何疏通说明吗？那么在读者一方来说，这到底是前人之误，重新校刊之人、写作读后跋语之人只是疑以传疑性质地以讹传讹，还是重新校刊之人、写作读后跋

---

① 程千帆：《史通笺记》，第 188 页。
② 卢文弨：《群书拾补·史通校正》，《续修四库全书》第 1149 册，第 343 页。

语之人思维混乱呢？ ①

但是如果我们换一个思路，则或许可以解开其中的纷乱，而其关键就在"自叙三十六"几个字上。浦起龙说《自叙》之后不该再有篇章，说对了一半，何焯直接将《自叙》改成《体统》则肯定不对，他们的问题都在于被《自叙三十六》这一今传本的篇章顺序蒙住了头脑。

我们不能忘了，王应麟明确说的是在《辨职第三十五》之后佚失了《体统》《纰缪》《弛张》三篇，就算他也说过佚失了五篇的情况，而查其文字可知，是指"《体统》《纰缪》《弛张》《文质》《褒贬》五篇"，显然，无论是佚失三篇还是五篇，都是《辨职第三十五》以下有缺佚，这个具体位置是确定的，而且都是《弛张第三十八》，这个具体篇目顺序也是确定的，这就直接否定了浦起龙所说的《体统》《纰缪》《弛张》三篇"莫定其原次"的说法：不是其原来次序"莫定"，而是《体统第三十六》《纰缪第三十七》《弛张第三十八》，三篇前后次序晓然明白。而这正与后来的明蜀藩司本、陆深本、张鼎思本和卢文弨所见影宋抄本完全相同。

我们也不能忘了，王应麟在说到三亡篇时，从未说过还缺佚了最后一篇《自叙》，反而在强调《自叙》的存在，说传世本内篇"自《六家》至《自叙》三十六篇"，所以《自叙》是一直存在的（"五亡篇"说亦同）。只是它的本来顺序是第三十九（"五亡篇"说则为第四十一），内篇后五篇文章依次为《辨职第三十五》《体统第三十六》《纰缪第三十七》《弛张第三十八》《自叙第三十九》，但因为流传过程中佚失了《体统》《纰缪》《弛张》三篇，《自叙》才被后人向前递补为第三十六，成为传世本事实上的第三十六篇。从此《自叙》的具体篇章顺序不再是原来的第三十九，不过它的位置属性并没有改变，仍是全书内篇的最后一篇；这个事实没有改变，也不会改变，这是该篇性质使然，也就是浦起龙所说的《自叙》后不应再有其他篇章。

但是后来大家习惯于今传本的顺序，并依据这一顺序，想当然地认为

---

① 张之象、郭孔延、王惟俭、黄叔琳诸本无此"总结"之语，也未提及此事。这应该是他们感觉到"殊不可晓"之后，主动将此语删除的结果。因为既已删除，自然也就不必再外无端提起。

《自叙》的篇章顺序原本就是第三十六，于是感到疑惑：《自叙》之后怎么会还有《弛张第三十八》等其他三篇文章？实际上，王应麟只是讲《辨职第三十五》以下缺了哪些篇章，《自叙》没有佚失，因此也就没有提到它。至于王应麟所说"内篇：《六家》至《弛张第三十八》"的说法，从总括内篇所有篇目的角度讲，当然是错误的，因为《自叙》也属于内篇，虽然是其中最后一篇（第三十九篇），却仍是内篇之一，这是绝无疑问的。但是如果考虑到《自叙》内容的特殊性——与其他内篇文章都是专题专篇讨论史学理论某一方面的内容有着本质区别，则"内篇：《六家》至《弛张第三十八》"的说法，或许也可予以同情之理解。

那么，何焯将"《自叙三十六》"改成"《体统三十六》"，又是怎么回事呢？何焯说他之所以这样改动，理由是"或云《体统》篇即《自叙》"，只是他没有说明这一"或云"到底出自哪位或哪些具体人物。但从上文所述可以推知，这应该是囿于宋代王应麟文字中有过"自《六家》至《自叙》三十六篇"《弛张第三十八》，以及明蜀藩司本、陆深本、张鼎思本等目录上都是"《体统三十六》《纰缪三十七》《弛张三十八》"的说法。因为《弛张》既是第三十八篇，《体统》是第三十六篇，则在有些人看来，篇章次序相同的"《自叙》三十六"自然也就等同于"《体统》三十六"，于是便有了"《体统》篇即《自叙》"之说。但这仅是按照传世本的《自叙》为第三十六篇的篇章顺序和"《体统》三十六"的原有顺序，直接将二者混同牵合为一的结果，其实《自叙》的原本次序并非如此，而且从《史通》内篇各单篇文章的内容来说，这两篇也不可能是同一篇。

总之，卢文弨虽说"宋本目录作'《体统第卅六》《纰缪第卅七》《弛张第卅八》'，且总结"云云，但因该三篇佚失，他自己依据影宋抄本正文，在其《史通校正》中将目录改作《自叙第卅六》。这是采纳了多数人的意见，在他之前，张之象本、郭孔延《史通评释》、王惟俭《史通训故》、黄叔琳《史通训故补》、浦起龙《史通通释》都已如此设置。但明蜀藩司本卷十目录写为"《杂述三十四》《辨职三十五》《体统三十六》《纰缪三十七》《弛张三十八》"，然后是上述"总结"之语，俨然没有《自叙》一般，而正文中接续《辨职第三十五》之后的，则是《自叙第三十六》，一字未提缺佚的三篇，这应该是直接沿袭了它的底本形式。之后在它基础上形成的陆深本，在陆深本基础上形成的张鼎思本，也都是如此。张之象本虽然最早设置了内外篇全书目录，但是在第十卷《自叙第三十六》之后，直接另起一行开始了外篇的目录，也对此三篇一字未提，俨然没有一般，这符合《史通》传世本的客观事实，但不符合《史通》的原貌。郭孔延《史通评释》第一次在目录上的《自叙三十六》之后，接写《体统》《纰缪》《弛张》三篇篇名，并在各自篇名后以小字注云"亡"，这就既照顾了传世本的事实，也以自注的形式说明了三篇缺佚的事实，但对三篇在书中的具体篇目顺序已经不再讲求。此后王惟俭、黄叔琳、浦起龙各书皆如法炮制，仅各人自注文字是使用"亡"字还是"缺"字的不同。卢文弨因其所校《史通》为黄叔琳本，故而在自注中说自己改作《自叙第卅六》后，又续言"《体统》《纰缪》《弛张》下，黄本各注一'缺'字"，特意表明了其所校之本，这当然是严谨的做法。

二 比较视域下《史通》影宋抄本的文献学价值

以明陆文裕本、国朝浦起龙《通释》本互校，浦本多与影宋本合，陆本校正固多，而妄删误改者亦不少。

【疏证】"陆文裕"即陆深（1477—1544），字子渊，号俨山，明孝宗弘治十八年（1505）进士，卒后赠礼部右侍郎，谥文裕[1]。陆心源将家藏影宋本与陆深刻本、浦起龙《史通通释》对校，发现浦本文字多与其家藏影宋本一致。再联系其后面所说《通释》本虽不言所自，而与此本皆合，则当见影宋本矣"，可知陆心源这里所说的"多与影宋本合"，是说他认为浦起龙见过自己家藏的这部影宋抄本。至于其前后两处文字中一处用的是"多合"，一处用的是"皆合"，好像在强调"合"的程度上有所区别，但实际上不能如此拘泥僵化地理解，只可理解为二者意思相同，都是"多与影宋本合"的意

---

[1] 许赞：《通议大夫詹事府詹事兼翰林院学士赠礼部右侍郎谥文裕陆公深墓表》，焦竑辑《国朝献征录》卷一八《詹事府一》，《续修四库全书》第 525 册，第 742—743 页。

思，不能片面褊狭地按照"皆"字的字面义来理解。其实不仅陆心源，包括浦起龙在内的很多古人，他们发论往往有夸大失实、虚张声势之处，纪昀就曾说浦起龙"多作名士夸诈语"①，就连卢文弨等一向以谨严著称的乾嘉考据学者亦不免此病，如卢文弨曾说浦书"虽并不言宋本，凡其作正字大书者，皆宋本也"②，这就不免夸大其词，有些绝对化了，仅据笔者研究的结果就已表明，事实并非真的像"凡"和"皆"两个字的字面义那样丝毫不差。所以纪昀总结的"名士夸诈"之论，是有其普遍意义的，这需要我们正确看待。

陆心源说陆深本"校正固多，而妄删误改者亦不少"，其中"校正固多"符合陆深校本的实际情况，但将陆本文字错讹的原因直接归咎于陆深主动地"妄删误改"，则并不完全符合实情。

陆深最初是在友人家中见到抄本《史通》的，但"讹误"太多，"当时苦于难读"。之后见到蜀藩司刻本，"颇亦恨蜀本之未尽善也"，于是他以该刻本为底本，以所见抄本参校，"补残刊缪，凡若干言，乃又订其错简，还其缺文，于是《史通》始可读"③，不但"文既足征"④，而且个别错简的篇目也"文无烦缀矣"⑤。因此，陆心源说他"校正固多"是符合实际情况的。但其所据底本实在质量太差，陆深说它残、谬、错简、缺文等讹误情况无一不有，陆深门生王阁称它"舛讹烦乱，龃龉惟艰，脱简缺文，坐令荒惑"，属于"乱亡"之本⑥，而陆深用以参校的抄本，其错误之多，也让人苦于难读。因而陆深自己就非常遗憾地说，他所新校之本"校勘粗毕，讹舛尚多，惜无别本可参对也，方俟君子。昔人以思误书为一适，斯言殆未可废也"⑦。可见其新校本存在很多错误，主要是沿袭底本和参校本的原有舛讹造成的，更多

① 《纪晓岚文集》卷一一《书浦氏史通通释后》第二则，河北教育出版社，1991，第250页。
② 卢文弨：《群书拾补·史通校正》后跋之二，《续修四库全书》第1149册，第362页。
③ 陆深：《俨山集》卷八六《题蜀本史通》，《景印文渊阁四库全书》第1268册，第551—552页。
④ 王阁：《刊正史通序》，陆深刻本、四部丛刊所收张鼎思刻本《史通》卷首。
⑤ 陆深：《俨山集》卷八六《题史通后》，《景印文渊阁四库全书》第1268册，第552页。
⑥ 王阁：《刊正史通序》，陆深刻本、四部丛刊所收张鼎思刻本《史通》卷首。
⑦ 这段文字见四部丛刊所收张鼎思校刻本《史通》卷末所附陆深《题蜀本史通后》，但不见于文渊阁四库全书本《俨山集》卷八六《题蜀本史通》《题史通后》诸文。

的是"惜无别本可参对"的结果，不得不疑以传疑、讹以传讹。这是客观现实造成的，不能都贸然归因于陆深个人的妄自删改。因此陆心源对他"妄删误改者亦不少"的评论，也就更近似于纪昀所谓"名士夸诈语"。

卢抱经所称影宋本，与此本同出一源，其善处，卢氏已尽录于《群书拾补》中。

【疏证】"卢抱经"即卢文弨，字绍弓，号矶渔，又号檠斋，晚更号弓父[①]，因颜其堂曰抱经，学者称抱经先生[②]。卢文弨曾说："得华亭朱氏影抄宋本，其体例较为古雅。"[③] 他在乾隆四十二年（1777）二月，以该本为主，对家藏黄叔琳《史通训故补》展开校勘，详细列出了影宋本与黄本文字不同之处。十余年后，他将批写在黄本之上的这些校勘文字，摘字编集在一起，收入汇录诸书校勘成果的《群书拾补》中。该书卷首目录在大字书写"史通"之后，以小字注"校正"二字[④]，可知其编录校记而成之作，正式名称为"史通校正"，而不是有些学者所用的"史通拾补"，后者应是化用《群书拾补》之总书名而形成的通俗说法。但作者既然已有正式命名，还是应该像《清史稿·艺文志二》（史部史评类）和傅振伦《刘知幾年谱》（第 123 页）那样，以"史通校正"称之。

陆心源通过实际比对卢文弨《史通校正》与自己所藏影宋本的文字情况，认为他所藏与卢文弨所见影宋本"同出一源"，其"善处"已被卢文弨尽录于《史通校正》中，这当然是经过目验之后的可信之论。但这一影宋本是否还有不善之处，陆心源并未言及，这只能等待重新见到这部影宋本并予

---

① 翁方纲：《复初斋文集》卷一四《皇清诰授朝议大夫前日讲起居注官翰林院侍读学士抱经先生卢公墓志铭》，《续修四库全书》第 1455 册，第 478 页。同卷尚有《祭卢学士文》。另，卢文弨字"绍弓"也多有写作"召弓"者，如阮元《两浙輶轩录》卷二三《卢文弨》和《清史稿》卷四八七《卢文弨传》等。

② 臧庸：《拜经堂文集》卷五《皇清故日讲官起居注前翰林院侍读学士卢先生行状（庚申仲冬）》，《续修四库全书》第 1491 册，第 601 页；翁方纲：《复初斋文集》卷一四《皇清诰授朝议大夫前日讲起居注官翰林院侍读学士抱经先生卢公墓志铭》，《续修四库全书》第 1455 册，第 478 页。

③ 卢文弨：《群书拾补·史通校正》卷首题名"史通"下注释，《续修四库全书》第 1149 册，第 343 页。

④ 卢文弨：《群书拾补》卷首目录，《续修四库全书》第 1149 册，第 218 页。

以核对之后才能知晓 ①。另外，卢文弨校勘《史通》，是以家藏黄本为底本，校以其所见华亭朱氏影宋抄本和冯舒、何焯、钱曾三家校本，并引用了陆深本、张之象本和郭孔延《史通评释》本，还曾三次引用没有明确交代是何版本的"一作"之本，但他仅是校勘黄本，并不是对《史通》所有传世之本的汇校，因而其《史通校正》是否全面完整地反映了影宋本与诸本文字的不同情况，也和上个问题一样，只能等待重新见到并核对这部影宋本之后才能知晓。

三 浦起龙之前《史通》诸本的文献学考察

是书明刊以陆本为最先，张之象又翻陆本，西江郭延之据张本重刊而加评，王（维）〔惟〕俭又据郭本而加注，国朝黄叔琳又据王本删订重刊。②

【疏证】这是梳理明朝以来到清朝黄叔琳《史通》各本的刊刻情况。因已无明代之前更早版本传世，故而从明朝开始叙述。因其后面对浦起龙《史通通释》进行比较详细的专门考论，故而笔者在此分成前后两节

---

① 陆心源所藏影宋抄本尚存人间。陆氏卒后，其藏书为日本静嘉堂文库收购。检索该文库官网可知，这部影抄本《史通》存放于文库"10 函 44 架"，《静嘉堂文库汉籍分类目录》"史部一五 史评类"亦著录《史通》二〇卷，唐刘知幾撰，写（影宋）"（静嘉堂文库 1930 年发行，第 411 页）。

② 第一句"是书明刊以陆本为最先"，冯惠民整理《仪顾堂书目题跋汇编》标点为"是书明刊，以陆本为最先"，张学谦认为内中的逗号为"标点错误"，理由是"此本为影宋抄，而非明刊本，不当加逗号，以免歧义"。此言有理，不加逗号绝不会产生歧义。但加上后，虽可能使阅读稍有不畅并容易产生歧义，然亦不能直接定为"标点错误"，因为第一，陆心源全文不长，其中提到他正在讲述的、张先生所说的"此本"时，都是用"影宋本"和"此本"这两个词语，从未使用"是书"一词，因此这里的"是书"很明显是代指《史通》一书，而不是特指正在讲述的这部影宋抄本。第二，"是书明刊，以陆本为最先"，此句如果前后完整理解，其意正是在谈明刊本中以陆本为最先的问题，而且下文连续三句都是在谈明代版本问题，因此不该把"是书明刊"理解为"此本为明刊"之意，而应理解为"是书的明刊本"之意，从而也就不会产生"此本为影宋抄，而非明刊本"之解说。故而笔者以为，张先生的这个说法未免吹毛求疵，是他自己理解褊狭。但是，在第二句"张之象又翻陆本"之后，《仪顾堂书目题跋汇编》标点设为句号，则肯定是错误的，因为此后的两句还是继续在谈明代版本的问题，故而该处应使用逗号，而不宜用句号，可惜张先生没有指出这一点。见其《〈仪顾堂书目题跋汇编〉整理平议》，《图书馆研究与工作》2014 年第 1 期。

论述。

在陆心源之前，卢文弨校勘《史通》时，曾提到"旧刻舛讹"，陆深、王惟俭都曾予以校正，又提到郭孔延、黄叔琳本，并说"何氏堂以朱氏影宋抄本校张之象本，知张本无大相乖舛者，在郭本之上"，但他"于张本、郭本皆未蓄"，故将校勘记写在自己所藏的黄叔琳本之上①。这是他明确提到的五个《史通》明清刻本，即陆深、张之象、郭孔延、王惟俭、黄叔琳诸本，但他并非梳理《史通》版本流传史，所以没有提及诸本之间的先后源流关系。

陆心源则不同，他梳理了诸本之间的源流承续，这是他的新贡献。不过，这里有两个问题。首先，陆心源这段论述提到的陆深、张之象等五本，正是卢文弨提及的五本，卢文弨没有说到的张鼎思本，陆心源也没有提到。但卢文弨仅是简单提及自己所见到和知道的几个版本，其他则不必提及，而陆心源既然是梳理《史通》版本流传史，就不该不提到流传过程中发挥了重要作用的张鼎思本。因而陆心源的这段梳理，不能不让人怀疑他仅是根据卢文弨所述，来梳理《史通》的版本流传之序。其次，卢文弨没有提到全部《史通》流传诸本，如果仅仅按其所提到的内容来梳理《史通》版本流传史，则势必会出现遗漏其他版本的失误。

仔细审核陆心源这段文字，可知其至少存在错认明代最早刻本从而错认今传最早版本、不明张之象本真相、遗漏重要版本张鼎思本、不明郭孔延所据底本，以及对郭孔延、王惟俭、黄叔琳诸人整理《史通》的工作内容称举不全等疏谬之处。这些情况，大多属于"见闻或偶有不及"②，但从中也可看出，陆心源对《史通》传世诸本之间源流承续关系的梳理，并未像有些学者所说的那样，"将各本之间的脉络清晰地展示在读者的面前"③。他们之所以会

① 卢文弨：《群书拾补·史通校正》，《续修四库全书》第1149册，第343、362页。
② 《书仪顾堂题跋后》，《余嘉锡文史论集》，第593页。
③ 吕亚非：《陆心源〈仪顾堂题跋〉的版本学贡献》，《枣庄学院学报》2019年第4期。不过在该文之前，李永明已经称陆心源将《史通》诸多版本之间的脉络关系剖析得"甚为清晰"，并将《史通》书名误为《汉书》，见其《陆心源古籍版本鉴定方法论略》，《兰州学刊》2008年第11期。

有这种不周之论，既是由于不了解《史通》传世诸本的版本源流，也是由于没有对陆心源这段论述展开任何分析和疏解，就在引证这段论述原文后，径直得出结论。殊不知，不考察前人论述是否站得住脚就直接判定为正确无误，不但在思维方式上既无问题意识，也无研究意识，而且在最终结果上很容易流于信口雌黄。

当然，笔者并不是要否定陆心源的工作，我们只是要实事求是地客观评价他的学术贡献。必须承认，努力并尽可能源流有序地梳理《史通》传世诸本的流传之序，不能不说是陆心源个人的新贡献，因为此前还从未有人重视并试图梳理这一问题。

所谓"是书明刊以陆本为最先"，此意最早发于明代郭孔延，其《史通评释序》指出：自《史通》问世，"不谓今千年后，首刻于陆太史（陆深）"①。但实则此乃错误之说。而在他和陆心源之后，近人孙毓修又称陆本为"明时第一刻"②，蒙文通也说"陆本于明刻为最先"③。这些说法，显然都是没有注意到陆深门生王阁在为陆本所撰序文中说的"《史通》一书……我蜀藩司板册照新"，后来陆深为之重校刊行新本一语。蜀藩司刻本《史通》，才是真正的明代第一刻。但因错误较多，此本在陆深新本问世后，很快被陆本代替，在社会上流行不广。这大概是陆本被误认为明代最早刻本的原因。

卢文弨曾说《史通》"旧刻舛讹"，后来经过陆深校正云云，如果把其中的"旧刻"二字理解为明代之前刻本，则他的这句话也可能被误解为"是书明刊以陆本为最先"之意，但这只是可能性的，是建立在或然性理解基础之上的。陆心源见到了卢文弨之说，不知他是否由此产生误解。不过明代郭孔延"不谓今千年后，首刻于陆太史"的说法，则明白无误地直接表达了陆心源"是书明刊以陆本为最先"之意。因此陆心源此言最早可追溯至郭孔延，但究竟是直接出自郭孔延，还是由误解卢文弨之言而引出，仅凭现有资料，

---

① 郭孔延：《史通评释》卷首《史通评释序》，《续修四库全书》第447册，第1页。
② 孙毓修：《史通札记·跋》，见四部丛刊所收张鼎思刻本《史通》所附《史通札记》卷末。
③ 《馆藏明蜀刻本〈史通〉初校记》，《蒙文通全集》第2册，第505页。

尚难断言。

蜀藩司本是翻刻宋本，但清代中期以后宋本无一流传于世，所以蜀藩司本就成为今传《史通》的最早版本。著名史学家洪业曾藏有一部只存前十卷内篇而无后十卷外篇的《史通》，据他审定，即蜀藩司刻本，这成为他"一生所最珍惜之惟一善本书"，因该书"实只半部"，故而洪先生又自号为"无善本书室半通主人"（"半通"即半部《史通》之意）。后来他通过门人王锺翰，将其捐献给中国国家图书馆（当时称"北京图书馆"），王先生特作专文记之 [①]。笔者所见蜀藩司本，即此书。另据资料显示，今台湾地区藏有一部足卷的明正德、嘉靖间（1506—1566）蜀中刊本《史通》，有版本学研究者认为即蜀藩司本 [②]。是则该本全书今日仍可得见。

所谓"张之象又翻陆本，西江郭延之据张本重刊"，因这两句前后顶接，故而其中的两个"张"字是指同一人，清楚了这一点，我们也就知道陆心源此处犯了三重错误：一是不明张之象本真相；二是不知道，从而遗漏了《史通》流传过程中的重要版本张鼎思本；三是不明郭孔延《史通评释》所据底本。

万历五年（1577），张之象等人继陆深之后，重新校刻了一部《史通》行世。张之象肯定陆深校刻新蜀本《史通》的贡献，但对陆本"讹舛尚多，惜无别本可校"，也痛感"惋怅"。之后他发现友人秦柱所藏"宋刻本"《史通》"字整句畅，大胜（陆深）蜀刻"，且为陆深所未睹者，于是二人"相与铨订，寻讨指归"，准备将其校订刊刻行世。考虑到"求古书残缺之余于千载散亡之后，岂不甚难？而不可不慎也"，张之象又与同郡诸贤"参合众本，丹铅点勘"。其校勘原则是以这部宋刻本"为正"，参校以陆深刻本，文字与陆本不同但"义通者，仍两存之"。为使工作不留遗憾，他们"反复折衷"，最终才达成"明润可读"的效果 [③]。后来郭孔延完成修订本《史通评释》、王

[①] 王锺翰：《记半通主人藏半部〈史通〉》，侯仁之、周一良主编《燕京学报》新 3 期，北京大学出版社，1997；后收入《清史余考》（辽宁大学出版社，2001）、《王锺翰清史论集》第 4 册（中华书局，2004）等。

[②] 郭立暄：《中国古籍原刻翻刻与初印后印研究（通论编 实例编）》，第 285 页。

[③] 张之象：《史通序》，张之象刻《明本史通》卷首，第 1 册，第 5—9 页。

惟俭撰写《史通训故》、浦起龙撰写《史通通释》、卢文弨校勘黄叔琳《史通训故补》，都曾利用该书。而就笔者考察明清时期《史通》校勘成就所知，在不考虑影宋抄本的情况下①，诚如有些学者所言，张之象本"为《史通》流传本之最佳者"②。但极为明显的是，张之象的这部校刻本，绝非陆心源所说的"张之象又翻陆本"，二者完全不同。卢文弨曾说，"何氏堂以朱氏影宋抄本校张之象本，知张本无大相乖舛者，在郭本之上"，认为张之象本文字"无大相乖舛"，并超过郭孔延《史通评释》本。而之所以如此，就是张之象自己所说的，其底本乃陆深所未见的"宋刻本"，文本质量是"字整句畅"，大胜陆深刻本，故其新校之本并不是"张之象又翻陆本"。真正"又翻陆本"的"张"本，乃是陆心源所不知道，从而遗漏了的张鼎思刻本，而陆心源所说的郭孔延"据张本重刊"的"张"，也是这部他没有提到的张鼎思刻本，不是他所提到的"张之象"本。

万历三十年（1602），张鼎思根据家藏抄本和购求所得二三抄本，以陆深"守藩时刻也"为底本，将其重校翻刻，这才是陆心源所说的"又翻陆本"的"张"本，但是陆心源并不知道，还误以为是张之象，于是不但不明张之象本真相，还遗漏了张鼎思本。其实两部张本完全不同，而且张鼎思在自序中也一字未提张之象本，应该是他不知道或者没有见到该本。从文本质量和文献价值上说，张鼎思本不及张之象本，所以张鼎思未能以张之象本参校，只能是无可奈何的遗憾。不过张鼎思本的文本质量是优于陆深刻本的，这在其自序中也有说明，因而在之后的《史通》流传诸本中还是发挥了重要作用，可以说，此后产生的《史通》诸本，无一与它没有关系。因此在梳理和叙述《史通》版本流传之序时，遗漏这一版本，就未免实在有些不该。它

① 笔者尚未见到影宋抄本，但陆心源所见所藏本尚存人间。

② 此为朱希祖语，见其《刘子玄年谱稿》卷首题名下之题记，北京图书馆编《北京图书馆藏珍本年谱丛刊》第9册，北京图书馆出版社，1999，第303页。在朱先生之前，晚清曾校勘《史通》的唐翰题已指出这一点，称张之象本"在明代校刊古本中为最"，并称《史通》原本之传于今世者，当推是刻矣，读者审之"（见傅增湘《藏园群书经眼录》卷六《史部四·史评类·史通二十卷》，中华书局，2009，第430—431页）。在朱先生之后，张振珮也认为张之象本"洵乃旧刻《史通》之善本"（《史通笺注》附录三所收张之象《史通序》后之"按"语，第765页）。

和张之象本，都是《史通》流传史中不该被遗忘者。

刊刻行世之后，张鼎思将自己新校本，寄呈并请益于恩师、贵州巡抚郭子章（江西泰和人）。郭子章家中本就藏有"《史通》蜀本、吴本"（应即陆本和上文所述吴越翻刻陆本），平日论学也对《史通》论述多有赞同，他在阅读中发现张鼎思本仍有一些文字讹误，苦于政务繁忙，又无书可以核校，遂将书转寄给次子郭孔延，命其以家藏诸本"细为校定"。郭孔延承命撰作，从而以张鼎思本为底本，形成《史通评释》①。可见，陆心源所说"张之象又翻陆本，西江郭延之据张本重刊"中的"张之象"和"张"，都是张鼎思，而不是张之象。在明代刊刻《史通》的问题上，有两个"张本"，一个是时间在前的万历五年张之象本，另一个是时间在后的万历三十年张鼎思本。但因为他们都姓"张"，径直用"张本"来指代二者就容易造成混淆，让人不知所以，故而一直有从他们名字中各取一字的"象本"和"鼎本"的不同称呼。陆心源在提到"张之象"后，紧接着直接用"张本"来指代张之象本，这在他个人文字中是可以的，但他一字未提张鼎思本，说明他仅仅知道张之象校刻《史通》之事，而不知悉张鼎思校刻《史通》之事。另外，郭孔延《史通评释》卷首题款为"唐刘子玄知幾撰著，明郭孔延延年评释，弟孔太太初校误、孔陵陵焉录刻"，可知郭孔延的表字是"延年"，而不是陆心源跋文中所写的"延之"。

那么，陆心源所说的郭孔延"重刊而加评"的"加评"，又是怎么回事呢？郭孔延在校勘文字之余，对《史通》中提到的人名、书名、史事、词语、典故及一些专有名词等，进行了大量注释，并对《史通》的观点"间以己意为之评论"，其中不计书于册颠及注释中的评论性条目外，共有"总评"一百二十二条、"细评"七十七条②，内容很是广泛。他坦承，虽然他的评论

---

① 郭孔延：《史通评释》卷首《史通评释序》，《续修四库全书》第447册，第1—2页；王嘉川：《清前〈史通〉学研究》，第283—289页。

② 王嘉川：《清前〈史通〉学研究》，第323页。这些"总评"和"细评"的条目数量，只是著者按照自己的理解划定的，郭孔延虽在《史通评释》卷首《评释凡例》第五条列出"评有总评、有细评"的分别，但其书中全是用"评曰"一词标示的，并无"总评"和"细评"的明确区分。

未必符合《史通》原意，但"祗承严命，终陆（深）、张（鼎思）二先生功耳"。由此可知，他父亲不只是让他校勘文字，更重要的是让他进行评释，以补陆深、张鼎思二人所没有做过的工作。郭孔延在《史通评释》初本完成后，"请正"于父辈学者李维桢，李维桢发现他没有见到张之象本，特意发来该本，郭孔延遂据以修订其书，最终形成《史通评释》修订再刻本①，于万历三十二年（1604）刊行，成为《史通》问世之后，第一部将校勘、注释与评论三个方面结合起来研究《史通》的著作，并对后世的《史通》研究产生了深远的影响。可见，陆心源说郭孔延"重刊而加评"，仅是说到了郭孔延对《史通》文字校勘和观点评议这两个方面的工作，并没有全部反映出郭孔延所做的实际工作，而他没有提到的郭孔延对《史通》的注释工作，又恰恰是郭孔延三方面工作中所占比重最大的部分。当然，陆心源的这一做法，也可能是有意而为，他或许是为了追求文字不重复使用的语言表达效果，于是对郭孔延使用"加评"，对王惟俭使用"加注"，对黄叔琳使用"删订"等不同字眼。如此，则我们在认识和讨论他对诸人工作称举不全的问题时，也需要给予了解之同情和同情之理解。

所谓"王（维）〔惟〕俭又据郭本而加注"，王惟俭于万历三十九年（1611）完成《史通训故》的撰作，其卷首自序说他因不满于郭书注释而重新注释《史通》，因此从问世迄今，学界都认为他是为注释《史通》而写作此书。但综合考察所见资料即可发现，实际情况并非如此。他主要是为了撰著一部明代纪传体史书而进行此书编撰的，目的是从《史通》中为自己撰写史书寻求理论借鉴，并非仅仅是注释《史通》，这决定了他始终坚持避繁从简以速成其书的写作原则。他在开始工作之前拟定了撰写凡例，工作内容包括对《史通》的注释和校勘（以郭本为底本，参校以张之象本），同时还有针对性地纠正了郭书中的一些错误。但对比研究可以发现，王、郭二书是各有优劣短长的，很难简单论定高下，清人褒王贬郭的做法是不足取的，而且清代以来注释《史通》的名著也多是效法了郭书详细注释的方式②。可见，王

---

① 郭孔延：《史通评释》，《续修四库全书》第447册，第1—2、7页。

② 王嘉川：《王惟俭〈史通训故〉编纂考》，《廊坊师范学院学报》（社会科学版）2014年第1期。

惟俭对《史通》的训故工作，也不能像陆心源这样，简单地概括为"据郭本而加注"。王惟俭虽是以郭本为底本，但还有不同于郭本的文字校勘的内容，而且陆心源所说的"加"字，也只有以"重新"之意来理解，才符合王惟俭的本意，因为他并非在郭书的基础上补加注释，而是自己另起炉灶，重新注释。

所谓"国朝黄叔琳又据王本删订重刊"，清代黄叔琳认为王惟俭注释"远胜郭书"，但既有繁而不当之处，也有缺漏简略之弊，于是他以王书为底本，撰著《史通训故补》，主要对王惟俭注释增补未备、删节繁芜、改正谬误，此外也有一些文字校勘的工作，并对《史通》的一些论述间做评论。黄叔琳在其书卷首《例言》中详细述说了他的这些工作，并有简要自我评价。但其自评不免过誉，需要谨慎对待，如《例言》第一条特别强调了他在文字校勘方面"弃短录长，颇费裁择"的功绩，然而检对全书可知，文字校勘并不很多，而且大部分校勘是承袭王书，并非出于黄叔琳自己的裁择①；而其一些"弃短录长，颇费裁择"、自以为是的判断又明显失误，以致被后学卢文弨一一摘出纠正；另外至少还有六十余处文字，包括王书在内的其他各本全都相同，黄叔琳无端更改，其中除极个别者外，绝大多数属于误改。由这些情况可知，黄叔琳对王书所做的工作，也很难用陆心源的"删订重刊"四字加以概括。陆心源或许真的是出于互文的需要，追求文字错开使用的语言表达效果，而书籍解题性的跋文又不能写得繁富而巨细无遗，于是故意对郭孔延、王惟俭和黄叔琳三书使用了不同的，在他看来是代表了三人各自工作特点的简短词语。但问题是，这种称举不全、只论一点不及其余的表述，也最容易造成分歧误解。奈何！

不过话说回来，陆心源虽然存在以讹传讹、错认明代最早刻本从而错认今传最早版本，不明张之象本真相，遗漏重要版本张鼎思本，不明郭孔延所据底本，对郭孔延、王惟俭、黄叔琳诸人工作称举不全等问题，但他努力并

---

① 张振珮没有见到王惟俭《史通训故》一书，于是其《史通笺注》把王惟俭的校勘贡献几乎全都记在了黄叔琳《史通训故补》名下。实则黄叔琳虽有少数校勘条目纠正了之前各本失误，但其工作主要是对王书注释进行删繁补正，大部分文字校勘是遵从了王惟俭的校勘意见。

尽其所能地对《史通》传世诸本的流传问题进行源流有序的梳理，毕竟是学界的开先之举，既为后人做出了基础性工作，也为后人所继承和发展。在他去世将近五十年时，蒙文通系统考察了《史通》的流传体系，认为"自陆深本后，张鼎思补之，而郭氏又校正之，此为一系。张之象别据宋本，亦照对以陆氏本，又别为一系。至王惟俭依郭本而校以张之象本，始合二流于一。是后黄氏、浦氏并出于王，虽各有校正，然要无大出入也"①。此叙述大体完备，既纠正了陆心源将"张鼎思"误为"张之象"的错误，也准确描述了张之象校刻《史通》的真相。美中不足的是，他说"至王惟俭依郭本而校以张之象本，始合二流于一"，则不免稍有失误，因为最早将陆深一系与张之象一系"合二流于一"的，是郭孔延的《史通评释》。郭孔延先以陆深一系的张鼎思本为底本，参校其他版本，撰成初本《史通评释》，之后又校以李维桢赠送的张之象本，形成修定本《史通评释》，因此《史通评释》已经将陆深一系与张之象一系"合二流于一"。七年之后，王惟俭才"依郭本而校以张之象本"，又一次将陆深与张之象二系"合二流于一"。不过，郭本、王本在校勘之际对文字选择有所不同，故而它们虽都是"合二流于一"，但两本的文字并不完全一致。

四 浦起龙校勘《史通》所用底本及其妄自删削问题

浦起龙《通释》本虽不言所自，而与此本皆合，则当见影宋本矣。

【疏证】此意最早发于卢文弨。乾隆四十二年（1777），卢文弨校勘黄叔琳《史通训故补》，最重要的版本依据是华亭朱氏影宋抄本。之后他见到浦起龙《史通通释》，经过比对发现，浦书"虽并不言宋本，凡其作正字大书者，皆宋本也"②，认为浦起龙在编纂其书时，见到并使用了影宋抄本，而且以影宋抄本为校勘底本。陆心源所藏影宋本既与卢文弨所见"同出一源"，

---

① 《馆藏明蜀刻本〈史通〉初校记》，《蒙文通全集》第2册，第514页。此文撰写并发表于1942年。

② 卢文弨：《群书拾补·史通校正》后跋之二，《续修四库全书》第1149册，第362页。

他在与浦书互校后，自然也就会发现"浦本多与影宋本合……《通释》本虽不言所自，而与此本皆合，则当见影宋本矣"的事实。

需要说明的是，浦起龙在《史通通释》中，从未明确提到影宋抄本的名称，但这并不是他没有见到该本的证明。浦起龙校勘《史通》，对所用诸本的版本称呼极少指出具体名称，以致有研究者说他所提到的各本称呼"到底指哪一个版本，今已不可指实"[①]。不过这个说法过于夸大其词了，逐条考察浦起龙一千四百余条文字校勘成果后可以发现，浦书所用诸本除少量不可确知外，绝大部分都可指实。从他七次提到的"映抄古本"（书中又简称"古本"）文字情况看，他所说的"映抄古本"即影宋抄本，晚清杨守敬、现代学者向承周就都认为他所见此本"即宋本"[②]，这自然是对卢文弨、陆心源所持浦起龙见到了影宋抄本之说的肯定。而比对诸本文字异同可知，不论是浦书以卢文弨所见影宋抄本文字列为正文，还是列为参校性的"一作"之异文，皆可证浦起龙确实见到了这一影宋抄本，并直接用来编纂《史通通释》。查检浦书，不取陆本、象本、鼎本、郭本、王本、黄本相同之文字，单独以影宋抄本文字为正者，至少有六七十处，这都是浦起龙见到这一版本的明证[③]。由此可知，卢文弨、陆心源先后提出的浦起龙见到并使用了影宋抄本，且以影宋抄本为校勘底本的说法，是可信的。

不过就卢文弨、陆心源二人来说，既然存在着生活时代上的先后之别，陆心源又见到并比对过卢文弨的校勘成果，那么有没有可能，陆心源并未将自己所藏影宋本与浦书比对，而是直接沿袭了卢文弨之说呢？从下文的情况看来，陆心源是研读过浦起龙《史通通释》的，因此他的这一发现，虽非创始性的，但也是得自于个人的阅读实践。从而他也就在卢文弨之后，再一次揭示了浦起龙校勘《史通》是以影宋抄本为校勘底本的事实。

---

① 刘海波:《清代〈史通〉学研究》，博士学位论文，武汉大学，2014，第 121 页。
② 杨守敬事，见张三夕辑录《〈史通〉三家评校钞》（续篇），王元化主编《学术集林》卷一二，上海远东出版社，1997，第 103—104 页；向承周事，见赵吕甫《史通新校注》，第 823 页注释 [2]。
③ 王嘉川、夏芷晴:《浦起龙校勘〈史通〉所用诸本考》，《史学史研究》2022 年第 2 期。

惟卷十七《诸晋史》篇"寄出《外戚传》"下，宋本有"案《外戚传》"四字，浦本亦夺，而注云"凡例语止此，此下疑有缺文"，似所见宋本亦不全。

【疏证】此处所言篇名"《诸晋史》篇"有误，正确的篇名是《杂说中》，"诸晋史"只是该篇中的一节内容。浦起龙《史通通释》卷一七《杂说中》"诸晋史"第五条说："皇家诸学士撰《晋书》，首发凡例，而云'班《汉》皇后除王、吕之外，不为作传，并编叙行事，寄出《外戚》篇'。所不载者，唯元后耳，安得辄引吕氏以为例乎？"其中在"寄出《外戚》篇"下，有浦起龙"按"语说："凡例语止此，此下疑有缺文。"检阅陆深、张之象、张鼎思、郭孔延、王惟俭、黄叔琳诸本，均与浦本文字相同，但卢文弨《史通校正》说，在"寄出《外戚》篇"下，"'案《外戚》篇'四字脱，宋有"①，意即华亭朱氏影宋抄本在此处有"案《外戚》篇"四字，与后面文字形成"案《外戚》篇所不载者，唯元后耳，安得辄引吕氏以为例乎"的完整句子。从此处文字内容来说，确实应该这样，如果没有"案《外戚》篇"四字，则上下文语句不完整，无法通解。浦起龙发现了这一问题，于是以补加"按"语的形式，说此处"疑有缺文"。浦起龙的理解当然是正确的，可是卢文弨和陆心源所见到的影宋抄本都有"案《外戚》篇"四字，浦起龙既然见到了一部与卢、陆二人所见"同出一源"的影宋抄本，则其所见本也应该有此四字，但他竟未能通过检核该本，发现此处所缺文字是什么，而只是怀疑此处"有缺文"。因此，陆心源认为浦起龙所见影宋抄本可能是一个在文字内容上有残缺之本，起码此处残缺了"案《外戚》篇"四字，不是文字完整无缺的足本全文。

从逻辑思维的角度说，陆心源的推论是有道理的，但也必须满足一个前提条件，那就是浦起龙的校勘工作非常认真，影宋抄本的文字优长之处，浦起龙不会遗漏任何一个。笔者愿意相信这一点，浦起龙既然已经发现了这里

---

① 卢文弨：《群书拾补·史通校正》，《续修四库全书》第1149册，第358页。在卢文弨之前，何焯校勘张之象本时，已在"篇"字下补加"按《外戚》篇"四字，但他没有说明依据何在，见张之象刻《明本史通》，第2册，第153页。

的缺误问题，必会谨慎对校所见诸本，这一点应该不用怀疑，没有确凿的证据，我们不能怀疑他工作的严谨性。倒是另一个问题值得深思：卢文弨在陆心源之前已经指出了影宋本有此四字的事实，那么，陆心源此语是完全出于他亲自比对浦书之后的个人发现，还是他先直接沿袭卢文弨的发现，然后又在其基础上进行深层思考的结果呢？或许都有可能。

浦起龙所见影宋抄本可能是一个文字有残缺之本，这除了"案《外戚》篇"四字可以证明外，还有其他例证。如浦书卷一八《杂说下》"复有怀嬴失节，目为贞女；刘安覆族，定以登仙。立言如是，岂顾丘明之有传，孟坚之有史哉"句，浦起龙在"立"字下注"一作'夫'"。查陆深、张之象本作"夫"，张鼎思、郭孔延、王惟俭、黄叔琳本作"立"。卢文弨说影宋抄本作"失"，浦起龙见过影宋抄本，但此处未提"失"字，原因应即是陆心源所说，他见到的影宋抄本并非文字完整的足本全文。在此句中，该字作"夫"字，语意可通，但语气不谐；作"立"字，语意顺畅，但"立言"乃中性词，为发论之意，不具有主观褒贬色彩；而此处明显是批评、否定之意，故"失言"最为妥当，此处应为"失"字，"夫"和"立"二字都是"失"字的形近之讹。卢文弨所见影宋抄本作"失"字，这是正确的，但浦起龙所见该本此处有残缺，故他未能据以出校。另外卷一九《五行志杂驳》"州满既死"句，有自注云："事具王劭《续书志》。"浦起龙说，"'续'疑当作'读'"。此疑是也，据《隋书》卷六九《王劭传》，王劭"采摘经史谬误，为《读书记》三十卷"，《读书记》就是此处所说的《读书志》。但陆深、张之象、张鼎思、郭孔延、王惟俭、黄叔琳诸本皆将"读"字误作"续"，唯卢文弨所见影宋抄本作"读"。浦起龙说"疑当作'读'"，而未能据所见影宋抄本做出肯定性的正确校勘，应即是其所见该本文字不全，此处有缺佚，无法据之，所以他仅能自己怀疑该字"当作'读'"。此二例为陆心源所未及，故在此述之，用以补申其说。但此二例中的文字情况早已被卢文弨揭出，即使陆心源再次指出，仍在卢文弨发现之后。另外需要强调的是，即使浦起龙所见之影宋抄本文字不全，也不能说他没有见到这一宋本，这也是毫无疑义的。

其云"一本作某者"，大抵指陆、张（即张之象）、郭、王诸本而言，间有从他本而以宋本为别一本者。

【疏证】赵吕甫《史通新校注》卷首"凡例"第二条指出："浦起龙董理《史通》，曾参校明、清诸刻，其用力虽颇勤劬，但在校勘方法上则存在着显著缺点：明著版本名称者只占极少数，绝大部分皆仅标示'一本作某''又一本作某''别本作某''俗本作某''古本作某'，措词含混不清，转令读者困惑。"此论确系事实。然笔者研究也表明：浦起龙校勘《史通》虽没有说过使用了哪些不同版本和以哪一版本为底本，但逐条考察其校勘成果后可以发现，他当时所能见到的陆深、张之象、张鼎思、郭孔延、王惟俭、黄叔琳诸本和影宋抄本等七个主要版本，他都已见到并用以校勘，其中又以影宋抄本为校勘底本，此外他还利用了一部或一些不知名版本；除少量校勘条目不可确知其具体所用版本外，绝大部分条目都可以指实①。陆心源说"大抵"包括陆深、张之象、郭孔延、王惟俭"诸本"，他只是举例来说明大概情形而已，并非全部实指，例如他在前面提到而此处未提的黄叔琳《史通训故补》，也应该包括在"诸本"二字的含义之内，而他前面和此处提到的"宋本"即影宋抄本，也是包括在内的，我们不能认为他只说到陆深、张之象、郭孔延、王惟俭四本。当然，出于上文所述原因，他提到的"张"本和"诸本"并不包含张鼎思本，这也是毋庸置疑的。

在这段话中，陆心源说到一个重要事实，即浦起龙《史通通释》并未完全以宋本为底本、为正文，有时是以其他版本文字为正文，而以宋本文字作为"一本作某"的参校者使用，即"间有从他本而以宋本为别一本者"。这是陆心源自己提出的一个独到观点，是他的新发现。此前卢文弨曾说，浦书"虽并不言宋本，凡其作正字大书者，皆宋本也"②。但诚如笔者上文所说，这话过于绝对了，浦书中"作正字大书"的《史通》文字，并未真的像"凡"和"皆"二字的字面义那样，丝毫不差地都是影宋本文字，陆心源的话才是符合事实的严谨严肃之论。而他的这句话，不但纠正了卢文弨发论不谨、夸

① 王嘉川、夏芷晴：《浦起龙校勘〈史通〉所用诸本考》，《史学史研究》2022年第2期。
② 卢文弨：《群书拾补·史通校正》后跋之二，《续修四库全书》第1149册，第362页。

张虚饰的弊病，而且也证明了他自己确实研读过浦起龙的《史通通释》。从而也就说明，他对浦书的评价虽然常常与卢文弨相同，但并不一定都是直接承袭卢文弨之说，这要视具体情况而论。

　　惜外篇卷十四《惑经》篇削"寻《春秋》所书实乖斯义"九字，卷三《五行志》篇、卷七《直言》篇、卷十八《杂说下》于"原注"皆有所删削，不及此本之善。

　　【疏证】这是指出浦书在大抵以影宋抄本为底本，汇校诸本文字的同时，也对《史通》作者刘知幾所写的一些原有正文和注释进行了妄自删削，这就背离了《史通》和刘知幾的本意。但是影宋本并未删削，故而陆心源说这些地方皆以影宋本为"善"。

　　浦起龙在乾隆四年（1739）任苏州府学教授后，得读王惟俭《史通训故》，但当时意不在此，很快舍去。乾隆十年辞职归家后，他开始动笔撰写《史通通释》。两年后完成初稿，次年又加修订并最终确定书名，此后付刻并继续修改，至乾隆十七年（1752）七十四岁时，全书刊成。之后仍"屡有修改，所以初印本和后印本有很多不同"，王煦华点校整理时，就在上海图书馆看到三个不同印本，最终选择初刊本的最后一个印本整理出版，因为总的来说，后印本的文字胜过初印本[①]。浦起龙自称，"半生精血，都耗此书"[②]，王先生也总结说："《读杜心解》是他前半生二十多年'苦心'的结晶，《史通通释》则是耗了后半生'精血'的成果。"[③]而《史通通释》的学术价值，也确实得到学界的大力肯定，清朝官方学者称其"小小疏漏，亦不能无，然大致引据详明，足称该洽"[④]，赞其"于《史通》注中为善本"[⑤]；卢文弨"叹其精核"，称"在前诸刻殆可废矣"[⑥]；缪荃孙则说，"《史通》究以《通释》为最

---

① 王煦华：《浦起龙的生平及其著述》，浦起龙通释《史通通释》附录，第771页；《史通通释》"（整理）前言"，浦起龙通释《史通通释》卷首。

② 浦起龙：《上云贵制军尹大人》第三书，《三山老人不是集》，《清代诗文集汇编》第246册，上海古籍出版社，2010年影印本，第110页。

③ 王煦华：《浦起龙的生平及其著述》，浦起龙通释《史通通释》附录，第757页。

④ 《四库全书总目》卷八八"史通通释"条，中华书局，1965，第751页。

⑤ 《四库全书简明目录》卷八"史通通释"条，华东师范大学出版社，2012，第332页。

⑥ 卢文弨：《群书拾补·史通校正》，《续修四库全书》第1149册，第362页。

善"①。当时社会亦普遍认可其书，凡购买《史通》者，"唯《史通通释》是问"，对陆深刻本等其他版本，则"无过而问焉者"②。陆心源自己虽在跋语中言及多种版本，但亦仅取浦本加以详细比对评述，这既说明他自己对浦书的重视程度超过其他各本，也一定程度地反映出浦书在当时社会的名望之高、影响之大。

但是，浦起龙校勘《史通》，大凡他个人感觉不妥之处，往往自行增删改削，而且还对此高调自炫自耀，美其名曰"匦是正之，不惮多事"③。为了表明自己态度严谨和学识高超，他既明确宣称，要将删削的内容重新以注释的形式写出，以示"不没旧本"，且"冀览之者辨之"；也明确反对将"刊去者"不注释出来的做法，说那样做是"且作聪明，改头面，得罪古人，莫此为甚。本所深恶，而岂蹈之？"④但实际上，毫无版本依据而妄改原文已是文献校勘的首要大忌，是文献校勘所不允许的，这与是否注明没有关系，而且他有时又自作聪明，悄无声息地擅自删节《史通》原文，自蹈其"本所深恶"的做法。因此，"轻改旧文""好改原文""妄改妄删"⑤，也就成为其书刊行以来，官私学者对他的一致批评。而查检《史通通释》全书，其妄改妄删者，又岂止《史通》本文？其书卷首"别本序三首"收录郭孔延、王惟俭、黄叔琳各自序言，其中浦起龙以己意删改原文六处、不必补而补加文字一处、改正原文误字一处⑥，但全都未予注明。可见，擅自妄改臆改前人文字，乃浦起龙一贯做法。但如此删改原文之后，收入书中的这三篇序言，还是郭孔延、王惟俭、黄叔琳自己所写的吗？经他删改原文之后的《史通》，还是

① 《艺风藏书续记》卷四《史学第五·校本史通二十卷》，张廷银、朱玉麒主编《缪荃孙全集·目录》，第238页。
② 《荛圃藏书题识》卷三《史通二十卷（嘉靖本）》，《黄丕烈藏书题跋集》，余鸣鸿、占旭东点校，上海古籍出版社，2013，第160页。
③ 浦起龙通释《史通通释》卷六《叙事》，第165页。
④ 蔡焯：《史通通释举例》，浦起龙通释《史通通释》卷首，第3页。
⑤ 纪昀：《史通削繁》卷首《史通削繁序》，《续修四库全书》第448册，第2页；《四库全书总目》卷八九"史通训故补"条，第757页；陈鳣：《史通通释校记》，张振珮笺注《史通笺注》附录三，第788页。此类批评尚多，不一一具引。
⑥ 另有误引误刻原文一处，见浦起龙通释《史通通释》卷首"别本序三首"之后，该书整理者王煦华所作校勘记。

刘知幾自己所写的吗？"且作聪明，改头面，得罪古人，莫此为甚"，浦起龙所高调宣称的自己最反对的做法，也恰是其所堕恶道，这真是无可其奈何了。

浦起龙惯于擅改原文已如上述，我们再来看陆心源提到的几个问题。所谓"外篇卷十四《惑经》篇削'寻《春秋》所书实乖斯义'九字"者，其中篇名《惑经》为《申左》之误，九字也非浦书原文。《史通·申左》原文是："(《春秋》)于内则为国隐恶，于外则承赴而书。求其本事，大半失实，已于《(疑)〔惑〕经》篇载之详矣。……语曰：'……《春秋》之义也，欲盖而彰，求名而亡，善人劝焉，淫人惧焉。'寻《春秋》所书，实乖此义，而《左传》所录，无愧斯言。此则《传》之与《经》，其犹一体，废一不可，相须而成。如谓不然，则何者称为劝戒者哉？"浦书直接删掉"《春秋》所书，实乖此义，而"九字，然后在夹注中解释说，"《春秋》所书实乖此义"八字，是"肆笔拂《经》，且自害志，削之乃无语病"[1]，遂自行删去八字。为使上下文字贯通一气，他又连带删去之后的"而"字，由此共删掉《史通》原本九字。可惜不但其做法错误，而且删节后也造成前后内容不相照应，因此陆心源说他不如影宋本保留原文为"善"。

不过陆心源并非最早发现浦起龙这一失误者，在他之前，卢文弨早已指出，并对浦起龙的做法进行直言批评："此二语诚乱道，其妄已具见上文，自不可掩。今遽削此（'《春秋》所书实乖斯义'）八字，与下文亦不合。"[2]现代学者彭仲铎赞同卢文弨之论，遂在校勘浦书时引之[3]。按，卢文弨所谓"此二语诚乱道，其妄已具见上文，自不可掩"，是指此句之前《疑古》《惑经》等篇中对孔子及《尚书》《春秋》的批判，也就是此处刘知幾所自言的"已于《惑经》篇载之详矣"。卢文弨所谓"今遽削此（'《春秋》所书实乖斯义'）八字，与下文亦不合"，一是指《史通》原文中"《春秋》所书，实乖此义"八字，与下文"《左传》所录，无愧斯言"之语，"桴鼓相应"，如果删去这

---

① 浦起龙通释《史通通释》卷一四《申左》，第393页。
② 卢文弨：《群书拾补·史通校正》，《续修四库全书》第1149册，第362页。
③ 彭仲铎：《史通增释》，浦起龙通释《史通通释》附录，第748页。

八字，则下文"《左传》"云云就显得内容突兀，与前文接续不上，正可谓"浦氏卫道之心虽切，考文之术亦疏矣"①；二是下文"此则《传》之与《经》，其犹一体，废一不可，相须而成"，是并论《春秋》《左传》二书，如果删去这八字，等于是前面一字未提《春秋》，而仅仅谈《左传》，则后面的并论二书之语就更显突兀，让人摸不着头脑。是则，浦起龙乃属不审文意而妄删。对自己以个人观点删除"《春秋》所书实乖此义"等文字，浦起龙在另一篇《疑古》按语中再次明确表达了自己的观点："怒其非圣无法！而严为摈者，谊人之辞也。"显然，是他自己要坚守儒家正统思想，因而就用"谊人"的方式，删改《史通》原文以卫道崇圣。毫无疑问，他自己写书当然可以"怒其非圣无法"而不提，但校勘古人之书，又岂可直接删除原文以为快？！

浦书之误既如上述，陆心源指出其不如影宋本之善，自然正确，但这是出于陆心源个人的发现，还是直接沿袭了卢文弨的观点呢？应该是后者。首先，从浦书原文来说，浦起龙自己写得非常清楚，他是直接删掉了"《春秋》所书实乖此义而"九字，不是陆心源所说的"寻《春秋》所书实乖斯义"九字。特别是其中的"此"字，陆深、张之象、张鼎思、郭孔延、王惟俭、黄叔琳、浦起龙诸本全都是"此"字，没有写作"斯"字者。但卢文弨在校勘浦书这句话时，他所引录的浦书文字正是陆心源所说的"寻《春秋》所书实乖斯义"九字。这个写法当然是错误的②，并非浦书原文（"《春秋》所书实乖此义而"）。如果陆心源自己审校浦书，只可能正确引用浦书原文"《春秋》所书实乖此义而"九字，而不该误引为卢文弨所录"寻《春秋》所书实乖斯义"九字，因为浦起龙的九字原文就清清楚楚地写在那里。所以笔者以为，

---

① 程千帆:《史通笺记》，第283页。按，杨守敬也曾论及浦起龙删掉此注之事，程先生称其所校"甚是"，实则二人之说有误，张振珮论之云:"程《笺记》就此九字引杨守敬曰:'寻上下文义，子玄并无拂经之意，当是"乖"字有误，或是"兼"字，盖兼劝戒之义。'程氏认为'甚是'。但如通观《惑经》及此篇上下文意，'乖'字似符（刘）知幾论旨。若是'兼'字，浦氏不必删除矣。杨校似亦出于臆解。"张先生所说，才是符合《史通》本意的，见其《史通笺注》，第532页注释六。杨说原文见张三夕《〈史通〉三家评校钞》（续篇），王元化主编《学术集林》卷一二，第122页；程说原文见本注释该页码。

② 卢文弨所列浦书原文虽然是"寻《春秋》所书实乖斯义"九字，但其校记所论则仅是"《春秋》所书实乖斯义"八字，无"寻"或"而"字，且其论旨并无失误之处。

陆心源的这一观点是直接沿袭了卢文弨，他将卢文弨所误引的浦书文字又一字不差地误引下来，就是明证。

其次，从卢文弨《史通校正》来说，陆心源将篇名《申左》误为《惑经》及其误引浦书原文的情况，也都更多是因为他直接承袭卢文弨的结果。《史通》传世诸本中，《惑经》多与《申左》列于第十四卷①，浦书即如此。卢文弨曾对浦书文字进行校勘，并将其中"间有管见欲商者"②，附于《史通校正》之后。其校勘记写作体例是分三项逐层叙写：第一项是大字顶格书写卷目；第二项是以双行小字注明具体篇目名称或篇内各小节名称；第三项是文字校勘内容，分前后两个部分，前面是以大字书写需要校勘的浦本《史通》原文，接着在后面以双行小字书写卢文弨的校勘内容。如第一条校勘，前两项写为"卷一（《尚书》家）"，意即本条内容是对浦书卷一《六家》篇中论述《尚书》一节的文字校勘。如果同一篇（节）内有多个校勘内容，则前后隔开一字（格）的距离，连续书写。如果同一篇原文是被作者刘知幾分成几个小节来叙述的，则从有校勘内容的第二小节开始（《史通校正》中对浦书并非每卷、每篇、每节都有校勘），每节文字校勘另起一行单独书写，起首以双行小字注明具体小节名称，之后是文字校勘内容③。与小节的情况相

---

① 张之象本目录和正文、王惟俭本目录、黄叔琳本目录都将《疑古》《惑经》列于第十三卷，第十四卷只有《申左》一篇；陆深本正文（无外篇目录）、张鼎思本正文（无外篇目录）、卢文弨所见华亭朱氏影宋本正文（无外篇目录）、郭孔延本目录和正文、王惟俭本正文、黄叔琳本正文、浦起龙本目录和正文都将《惑经》列于第十四卷，故该卷有《惑经》《申左》两篇文章。如果以正文所在卷次为准，则仅有张之象本将《惑经》与《疑古》同列于第十三卷。明蜀藩司本，笔者所见仅存内篇，卷首亦无外篇目录，《惑经》所处卷目不详。

② 卢文弨：《群书拾补·史通校正》，《续修四库全书》第1149册，第362页。

③ 这是《史通校正》在书写对浦书各小节校勘记时的一般写法，书中几乎全都如此。唯一例外就是最后的"卷十八《杂说下》"，其两条校勘内容分属该篇"诸史"和"别传"两节，但《史通校正》仅在题名"卷十八《杂说下》"之后连续写出，中间用隔开一字（格）的方式予以区别，而没有另起一行以双行小字注明"别传"的节名，单独书写第二条即对"别传"的校勘。这可能与这两条校勘题名"卷十八《杂说下》"直接标注全篇名称《杂说下》，而未题以"诸史"的节名有关。因为无论是"诸史"还是"别传"的内容，虽然分属于不同的小节，但都属于《杂说下》这一篇之内；既然题以全篇名称"卷十八《杂说下》"，则后面也就可以不必再分小节。至于卷名之后是用篇名如"卷十八《杂说下》""卷四《称谓》"，还是用节名如"卷一《尚书》家""卷三《五行志》""卷六《隐晦》"等，《史通校正》比较随意，并无固定写法。

同，如果同一卷有多个篇目，则从有校勘内容的第二篇开始，每篇另起一行单独书写，起首也是以双行小字注明具体篇目名称，之后是文字校勘内容。对浦书卷一四第一篇《惑经》，卢文弨有一处文字校勘，故其内容是：先大字顶格书写"卷十四"，然后是双行小字书写"惑经"，之后是校勘内容。结束后，因对同卷第二篇《申左》也有文字校勘，卢文弨遂另起一行单独书写，起首是以双行小字注明"申左"这一具体篇目名称，之后是文字校勘内容，先大字书写"寻《春秋》所书实乖斯义"九字，然后以双行小字书写校勘内容。如果仔细审读卢文弨这两条校勘文字，无论如何，是不会把《申左》的校勘误为对上一篇《惑经》的校勘内容的，因为对《申左》的校勘是以另起一行的形式单独书写的，其前一行对《惑经》的校勘内容仅占该行起首三个字的位置，后面尚有十八个字的位置全是空白，没有一字，所以这前后两行之间明显不是同一篇的校勘内容，即后面一行不是《惑经》的校勘内容。但是如果不仔细审读这两条文字，则把后面对《申左》的校勘误认为是对前面《惑经》的校勘内容，也是很容易的事情。不过这一失误更多是建立在参考、借鉴、承袭卢文弨《史通校正》校勘成果的基础上的，所以才能由卢文弨这里导致既将篇名混于上篇，又将卢文弨所误引的原文以讹传讹地再次误引，从而形成与卢文弨关系密切的这种特色明显的失误。任何人，包括陆心源，如果没有参考卢文弨《史通校正》，不由《史通校正》入手，而径直由自己审读浦书《申左》来校勘其文字，则既将篇名《申左》误为《惑经》，又将浦书白纸黑字、清清楚楚开列的九字原文弄错，不是没有可能，但如此巧合的连环出错，其概率又能有多大呢？

所谓"卷三《五行志》篇于'原注'有所删削"，《史通》卷三《书志》的"五行志"一节中，"子曰：盖有不知而作之者，我无是也"句，原有作者刘知幾自注（浦书称为"原注"）："包曰：时人有穿凿妄作篇籍者，故云然。"浦书直接删掉了这一自注，而且也没有注明，违背和抛弃了浦起龙自己定下的"其刊去者，仍注见之，不没旧本，冀览之者辨之也"的校勘原则。卢文弨说："注引'包曰'一段，宋本有之，系元注，（浦书）删之非是，当依黄本补。"①此论正确，陆心源也是这一看法。按，"子曰"一句出自《论语·述而》，"包曰"云云是引用包咸注释来解说孔子为何说这句话。在"子曰"后，《史通》还有两句"又曰"，分别引录《论语》中《子路》《为政》两篇的文字，但对这两处文字并无自注。大概浦起龙以为三条引文的形式应该统一，于是在《史通通释》中删掉了"子曰"句的刘知幾自注。不过也不能不说，浦起龙错了，此处自注不能删除。我们看原文："子曰：'盖有不知而作之者，我无是也。'（自注：'包曰：时人有穿凿妄作篇籍者，故云然。'）又曰：'君子于其所不知，盖阙如也。'又曰：'知之为知之，不知为不知，是知也。'呜呼！世之作者，其鉴之哉！谈何容易？驷不及舌，无为强著一言，受嗤千载也。"自注所引"包曰"云云，强调的是反对穿凿妄作之意，这与上下文的主旨"驷不及舌，无为强著一言，受嗤千载"正相呼应，因此刘知幾才特地引用为自注。此正如卢文弨所说，"系元注，删之非是"。卢文弨还有针对性地说，浦书应该据黄叔琳本《史通》补上这个自注。其实他这里所说的"黄本"，更多地应理解为其他版本之意，因为他是在校勘黄本《史通》时说这番话的，所以直接使用了"黄本"一词。后来小陆心源五岁的杨守敬（1839—1915），即在校勘时引录了卢文弨之语，并依据其他版本，重新补足了这条自注②。浦起龙误在只顾形式上的整齐划一，却忽略了考察《史通》原作者刘知幾所要阐述的本旨，则其有此失误，岂不宜也？！

那么，陆心源此论又是否来自卢文弨呢？是的，结论与上述《申左》九字者一样，而关键证据也仍然与之一样，是篇名的问题。陆心源所谓"卷三《五行志》篇于'原注'有所删削"，篇名又是错误的，"五行志"只是《史通》卷三《书志》中的一节，真正的篇名是《书志》。在陆心源这段文字中，与"《五行志》篇"并提的《惑经》篇"《直言》篇"《杂说下》"都是指篇名，则其"《五行志》篇"的写法也应是指篇名，而不该是指篇内的节名。

---

① 卢文弨：《群书拾补·史通校正》，《续修四库全书》第 1149 册，第 362 页。

② 杨守敬事，见张三夕《〈史通〉三家评校钞》，王元化主编《学术集林》卷一一，上海远东出版社，1997，第 54 页。杨守敬所校《史通》是纪昀《史通削繁》这一版本，但《史通削繁》乃直接删节浦起龙《史通通释》而成，因此杨守敬校勘《史通削繁》本，实际就等于是校勘删节本《史通通释》。

因此陆心源如果自己审读浦起龙《史通通释》的《书志》来校勘其文字，应该使用《书志》这一篇名。但因为他是直接沿袭了卢文弨《史通校正》的校勘成果，于是才出现了"卷三《五行志》篇"的错误说法。上文已述，《史通校正》对浦书的校勘记的书写体例是分三项，第一项是大字顶格书写卷目；第二项是以双行小字注明具体篇目名称或篇内各小节名称；第三项是文字校勘内容，分为前后两部分，前面是以大字书写需要校勘的浦书原文，接着在后面以双行小字书写卢文弨的校勘内容。卢文弨对浦书卷三《书志》唯一的文字校勘在"五行志"一节中，故而写为："卷三（五行志）盖有不知而作之者我无是也（注引'包曰'一段，宋本有之，系元注，删之非是，当依黄本补）。"其中两处括号文字在该书中皆以双行小字书写，前面的"（五行志）"是"盖有"一句原文所在节名，后面的"（注引……）"是卢文弨对大字书写的"盖有"一句原文的校勘。显然，如果不仔细考察卢文弨《史通校正》对浦书的校勘记的书写体例，则很容易就会把其中"卷三（五行志）"的写法误理解为"卷三《五行志》篇"。而陆心源所说"卷三《五行志》篇于'原注'有所删削，不及此本之善"云云，不但其观点仅是卢文弨之论的变换说法，而且其篇名之称也正是如此误书。

当然，读者可能会问，陆心源前面还说到"卷十七《诸晋史》篇'寄出《外戚传》'下，宋本有'案《外戚传》'四字，浦本亦夺"云云，其中所用篇名也是与此处"《五行志》篇"形式相同的"《诸晋史》篇"，而该篇真正篇名是《杂说中》，"诸晋史"只是其中一节内容，则是否可以说明，篇名与节名混用，或用节名代替篇名，是陆心源的一贯做法呢？如果是，就不存在陆心源因参考、承袭卢文弨而转致失误的问题，从而也就证明陆心源没有承袭卢文弨。笔者以为，陆心源在无意之间采取了与卢文弨写作校勘记体例完全相同的做法，单从理论上说，不是没有可能。但事实上是，陆心源在写作这篇跋文之前，已经看到并比对过卢文弨《史通校正》。而更为重要的是，陆心源所说"卷十七《诸晋史》篇……浦本亦夺"云云，也是卢文弨发现在前。对这个内容，卢文弨虽然不是在《史通校正》卷末所附录的专门对浦书的校勘记中写出的，而是在该书正文中对黄叔琳本《史通》卷一七进行校勘时写出的，但其书写体例仍会使疏忽者容易产生"卷十七《诸晋史》篇"的篇名说法。《史通》卷一六、一七、一八分别是《杂说》的上、中、下篇，《史通校正》对卷一六校勘记的书写格式是：第一行顶格书写卷目"史通第十六 外篇 刘氏"（原文三组文字间各空四格）；第二行低四格大字书写篇名"杂说上篇第七"，然后在下面以双行小字书写篇内各节名称；第三行低三格大字书写第一节名称"春秋二条"；继在第四行顶格书写对这一节的文字校勘内容（具体格式从略），以下各节依此类推。这本是对此三卷校勘记的统一书写体例。但为了简明，在书写卷一七、一八校勘记时，略去了第二行低四格大字书写篇名和双行小字书写篇内各节名称的内容，于是卷一七校勘记第一行文字为"史通卷第十七"，下面以双行小字注"次行如前例，不具录，后皆同"，第二行就成了以低三格大字书写的第一节名称"诸晋史七条"。可见，如果一时疏忽，就会很容易把此处第二行的"诸晋史"误为第一行"史通卷第十七"的具体篇名。陆心源所说"卷十七《诸晋史》篇'寄出《外戚传》'下，宋本有'案《外戚传》'四字，浦本亦夺"，其篇名误用当即来自卢文弨《史通校正》的这两行书写格式，而其意旨也不外卢文弨所校的具体内容：在"寄出《外戚篇》"后，紧接着本有"案《外戚篇》"四字，黄本"四字脱"，但影抄宋本有，应据之补足。卢文弨是校勘黄本《史通》，故他说"四字脱"是专指黄本。但浦书也脱此四字，因而陆心源说"浦本亦夺"。实际上，这两本之外的陆深、张之象、张鼎思、郭孔延、王惟俭诸本无一不脱此四字。卢文弨、陆心源提供了此四字的版本依据，从这一客观结果上说，这是他们的共同贡献。但陆心源多次错用篇名（下文还有例证），显然与卢文弨关系密切，其所指出的浦书错误也都在卢文弨已经明确指陈者之中，而这些都发生在他看到并比对过卢文弨之书以后，因此笔者以为，陆心源之论，应该是参考、借鉴和承袭了卢文弨，虽然他自己没有明确说出这一点。

所谓"卷七《直言》篇于'原注'有所删削"，此处篇名"直言"有两个失误：首先，浦书无论目录还是正文，篇名都是《直书》，无"直言"之称；其次，即使此处正确地写为《直书》的篇名，这句话的表述还是错误的，因为该篇根本就没有作者刘知幾所写自注。《史通》卷七共有五篇文章，核对其他版本可知，浦书仅对《探赜》中唯一的刘知幾自注予以删除，因此陆心源此处所说篇名"直言"应为《探赜》之误。

《探赜》中"（陈寿）安有背曹而向刘，疏魏而亲蜀也"句，刘知幾原有自注："陈寿《上书〈诸葛亮集〉》云：'陛下迈踪古圣，荡然无忌。故虽（《亮集》有）诽谤之言，咸肆其辞，而无所革也。'"浦书删掉此注，明云"旧有注，引陈寿《上诸葛集表》语，殊无取义，去之"。卢文弨批评说："（此为）元注，删之非是。（注中引陈寿）谓《诸葛集》有'诽谤之言'，此正明其非亲蜀也。"① 按，"诽谤"是感情色彩非常浓烈的词语，陈寿称《诸葛亮集》对曹魏和司马懿等有"诽谤之言"，正是站在魏晋的政治立场上发表这番言论的，如果他站在蜀汉的立场上，则只会使用"怒斥"、"抨击"或"责骂"等类似词语，而不会使用意义和价值观念正相反对的"诽谤"一词。所以，陈寿所用的"诽谤"一词，正表明他没有站在蜀汉的立场上，"正明其非亲蜀也"，而这与前面正文称陈寿没有"背曹而向刘，疏魏而亲蜀"，相合如符节。因而卢文弨之说是正确的，此注不能删。后来杨守敬在校勘时，亦引之以责浦起龙妄删之非②。彭仲铎在引证卢文弨之说时，虽然未引录其中明确表达观点的"删之非是"四字，但其他文字仍然可以表现卢文弨不赞同浦书意见③，可知彭仲铎也是赞同卢文弨之说的。陆心源在这个问题上赞同保留原注，无论是从文献校勘还是从语义表达的角度说，都是对卢文弨意见的支持。而考察其结论来源，直接脱胎于卢文弨的迹象也是异常明显，主要证据则还是篇名有误。

对《直书》的篇名，浦起龙《史通通释》的目录和正文全都写作"直书"，这和他之前的明蜀藩司本、陆深本、张之象本、张鼎思本、郭孔延本、王惟俭本、黄叔琳本皆在目录写为"直书"而在正文写为"直言"的情况，

---

① 卢文弨：《群书拾补·史通校正》，《续修四库全书》第1149册，第362页。
② 杨守敬事，见张三夕辑录《〈史通〉三家评校钞》（续篇），王元化主编《学术集林》卷一二，第102页。
③ 彭仲铎：《史通增释》，浦起龙通释《史通通释》附录，第730页。

明显不同。浦起龙还在正文题名下注释中简明扼要地指出："'直书'一作'直言'，误。"可见，如果陆心源对这篇文章篇名的引用是直接来自浦书，则绝不会写为"直言"，浦起龙已经直言其非，并已彻底抛弃其名称，陆心源引用浦书，不该明知故犯。卢文弨据华亭朱氏影宋抄本，在《史通校正》目录和正文中也都写作"直书"，可知该抄本也是仅有"直书"的篇名。陆心源所见影宋本既与卢文弨所见同源，则其所见该篇篇名自然也是"直书"。因此，即使陆心源误把所见影宋本的该篇篇名当作浦书的篇名，也只能是与浦书名称相同的"直书"，而不会有"直言"的说法。是则，种种情况表明，如果陆心源直接依据浦书或所见影宋抄本来校勘，不会将篇名写为"直言"。那么，他的"直言"二字，是一时笔误，还是另有其他来源呢？应该是后者，而来源就是卢文弨的《史通校正》。

卢文弨在《史通校正》目录和正文中没有使用过"直言"的篇名，浦书的目录和正文全都写作"直书"，陆心源本人在正常情况下也不会有"直言"的说法，其所谓"卷七《直言》篇于'原注'有所删削"之事乃发生在《探赜》篇而非"直言"中，那么这些篇名又是怎么牵扯混连到一起的呢？查阅《史通校正》卷末所附录的卢文弨对浦书的校勘记，一下子让我们豁然开朗。

对浦书卷七，《史通校正》共两条校勘，先是《直书》中的一句话，然后就是《探赜》中这个原注的问题，因各自内容不多，篇幅都不满行，遂在书中各占一行。按照《史通校正》书写对浦书的校勘记体例，第一行写的是"卷七（直言）……"，其中"卷七"是该卷目次，括号文字"（直言）"是以双行小字书写的篇名；第二行写的是"（探赜）疏魏而亲蜀也（下有元注，删之非是。谓《诸葛集》有'诽谤之言'，此正明其非亲蜀也）"，按其前后顺序，第一个括号文字是以双行小字书写的篇名，接着的六个大字是将要校勘的该篇内文句，随后的第二个括号文字是卢文弨对这六个大字的校勘内容。显然，这里的"卷七（直言）"是个错误，是卢文弨一时疏忽，误把篇名《直书》写成了"直言"。但即便如此，其书中仍是将《直书》《探赜》两篇文章的两条不同校勘分开来写的。可是陆心源更是疏忽，不但没有发现《史通校正》所用篇名"直言"一词的错误，而且还在照抄之余，忽略了

第二行（条）起首以双行小字书写的篇名《探赜》，误把对《探赜》的这一条校勘也算在了前一行（条）的"直言"之内，于是也就出现了其所谓"卷七《直言》篇于'原注'有所删削"之语。他在前面"卷十四《惑经》篇"一句中，就是将《史通校正》对同卷后一篇《申左》的校勘，忽略了该条起首以双行小字书写的篇名《申左》，而误把对《申左》的校勘算在了前一条《惑经》之内，而到了"卷七《直言》篇"这一句，则又犯了同样的错误，看来陆心源在借鉴的过程中也不是很仔细。不过，"卷十四《惑经》篇"虽有篇名张冠李戴的错误，但各自篇名的文字本身尚与《史通校正》一样，不存在错字，而"卷七《直言》篇"则不但有篇名张冠李戴的错误，而且对篇名的文字写法也以讹传讹地直接沿袭了《史通校正》一时疏忽造成的文字错误。如此这般，能说陆心源是无意之间与卢文弨发生巧合吗？恐怕不能，而只能说是陆心源直接参考并承袭了卢文弨的研究成果。

所谓"卷十八《杂说下》于'原注'有所删削"，是指浦书该篇"或书成并部，虚云孝靖之敕。……二萧《陈》《隋》诸史，通多此失"句。按，此句在该篇"诸史"一节第五条。我们首先看卢文弨《史通校正》的情况。它对"卷十八《杂说下》"有两条校勘，内容分属"诸史"和"别传"两节，但仅在题名"卷十八（《杂说下》）"之后连续写出（此处篇名《杂说下》在原文中仍是以双行小字出现），中间隔开一字（格）以示区别，而没有另起一行以双行小字注明"别传"的节名，单独书写对第二条即"别传"一节的校勘。这可能与题名写法"卷十八（《杂说下》）"直接标注全篇名称《杂说下》有关，因为既然题以全篇名称"卷十八《杂说下》"，而未题以第一条校勘的节名"诸史"，则后面第二条校勘也就不必再题以所属小节"别传"的名称并分条书写。无论如何，《史通校正》是以"卷十八（《杂说下》）"的形式写出的。而我们看到，陆心源这里也是写为"卷十八《杂说下》"，而不是像之前他所写的"卷十七《诸晋史》篇""卷三《五行志》篇"那样的"卷十八《诸史》篇"。卢文弨《史通校正》对篇名、节名的具体写法比较随意，并无固定写法，兴之所到、随手而为的特点至为明显，但陆心源自己所作跋文中提到的几处竟都与卢文弨一一相符，而他又研究过卢文弨《史通校正》，则这种情况，能是无意之中发生的巧合吗？

其次，卢文弨在《史通校正》中批评浦书说："此下（指'通多此失'四字之后）小注，脱去后半段，今录以补之云：'……'共四十二字，黄本有之，但字讹，今以宋本考正之。"① 按，卢文弨所称浦书于"通多此失"之下的整条注释中"脱去后半段"四十二字，就是陆心源此处所说的浦书"于'原注'有所删削"之事。但无论是卢文弨使用"脱去"一词，还是陆心源使用"删削"一词来指称浦书，都不符合浦书实际，甚至还可以反过来认为是他们自己闹了笑话。因为真实情况是：浦起龙认为这"后半段"文字放在"通多此失"之下是个错误，于是将其前移几行，成为前面正文"虚云孝靖之敕"一语的注释。他只是前移，只是几乎一字不差地将其前移，并非"脱去"，更没有径直"删削"，而且还在前移之后，紧接着以符号"〇"隔开，清楚明白地解释了他自行前移的原因："此注旧编在后注之下，误。"② 因为在之前各本《史通》中，此"后半段"注文（不计文字错讹情况）都是"通多此失"之下整条注释的"后半段"，是浦起龙第一个将整条注释分成前后两半段，在间隔三五行的两处正文中分别注出，所以浦起龙才要特地加以解释。可惜卢文弨竟然一时疏忽，只顾后而未顾前，没有看到。在他之后，杨守敬也发现"通多此失"之下的注释缺少卢文弨所说"后半段"，感到奇怪，遂又检对卢文弨《史通校正》，最后引述之而写下这样的校勘记："今浦氏此书不见诸文（即上述'后半段'注文），岂删之欤？再校。再校《群书拾补》卷末载此注后半段云：'……'"按，卢文弨《群书拾补·史通校正》卷末所附录的对浦书的校勘记确实载有此注后半段，但浦起龙之书是否"删之欤"，应该首先通过"再校"卢文弨《史通校正》来查知吗？想要知道浦书的情况，想要补正浦书的缺误，却既不校也不看浦书，不向浦起龙本书中去寻找，而要向其他外人之书来寻找，这是什么校勘行为？笔者此前一直怀疑杨守敬引述的清初何焯之说并非直接引自何焯校本《史通》，而是转引自卢文弨，这一条更加证明，他确实是以卢文弨《史通校正》为主要依靠甚或唯一

---

① 卢文弨：《群书拾补·史通校正》，《续修四库全书》第 1149 册，第 362—363 页。
② 浦起龙通释《史通通释》卷一八《杂说下》，第 480 页。

依据的。正因为他和卢文弨的这一顾后不顾前的疏忽，是清晰可见且难辞其咎的，因而现代校勘学家向承周毫不客气地批评他们说："二公皆看头不看尾之流，浦氏移前两三行，皆瞠目无睹也。"① 不过，令向承周想不到的是，就在他去世前夕，彭仲铎完成《史通增释》，专门补释浦书，竟然也步卢文弨、杨守敬后尘，引述了卢文弨所说的这"后半段"四十二字，以对浦书"通多此失"之下的注释进行增补②。难道彭仲铎也是"瞠目无睹"，只顾抄录前人成说，而不顾浦书事实？他专门对浦书进行增补，难道连浦书也不看吗？浦起龙在此当然犯了擅改古书之病，但卢文弨等人前后不相顾的做法也并不妥当。陆心源晚于卢文弨而早于杨守敬、彭仲铎，但和他们一样，直接沿袭了卢文弨的"脱去"之误说，而没有发现浦书并非"脱去"，更未"删削"，浦书只是将一整条注释分成前后两个半段，将后半段移至几行之前的正文之下，但陆心源竟然没有看到，则陆心源到底是自己研读过浦书，而属于向承周所批评的"看头不看尾之流"，还是没有研读浦书，只是依据卢文弨之说而稍事修补、变换语句、改头换面呢？若是前者，如何解释他多次既沿袭了卢文弨的正确之说，又将卢文弨的明显错误之说，也依旧承袭呢？

其实浦书对于《史通》原文的妄自删改，并非仅仅卢文弨所列出的内容，卢文弨自己也说得很清楚，他只是列举其中"间有管见欲商者"③。卢文弨仅是校勘黄叔琳本《史通》，不是校勘浦书，他只是对浦书中一些与自己主要观点不同者，进行辩论商榷，并附录于《史通校正》卷末。如果陆心源认真比对影宋抄本和浦书文字，自然会对浦书妄自删改之处有更多发现。但是陆心源在其跋语中所提出的例证，全都不出卢文弨已经列出的范围，他提到的篇名，无论正误，都与卢文弨《史通校正》有密切关联，而其个人所持的观点，也与卢文弨之说没有两样。既然陆心源已经见到并比对过卢文弨

---

① 向承周事，见张三夕辑录《〈史通〉三家评校钞》（续篇），王元化主编《学术集林》卷一二，第 132 页。

② 彭仲铎：《史通增释》，浦起龙通释《史通通释》附录，第 752 页。1941 年秋，彭仲铎以其书请罗常培作序，则其书在当时或已完成。11 月，杰出的校勘学家向承周以 47 岁之龄盛年早逝。次年 6 月，罗序成文，随后发表于《图书季刊》新第 5 卷第 4 期。

③ 卢文弨：《群书拾补·史通校正》，《续修四库全书》第 1149 册，第 362 页。

《史通校正》，则其对浦书的态度，也就必与卢文弨之间有着直接的参考、借鉴和承袭关系。或许，陆心源并未全文对比阅读浦书与影宋抄本，他更多是引用卢文弨的校勘成果而加以修润整合，所以他关于浦书的上述跋语才未能超出卢文弨的研究范围，才没有自己的扩展与创新。

结　语

综上所述，陆心源《影宋抄〈史通〉跋》关于《史通》宋本版式的著录，对于弥补《史通》宋本缺失的遗憾有其特殊意义。他对浦起龙所用影宋抄本与自己所藏本、与卢文弨所见本"同出一源"的明确论说，对浦起龙校勘《史通》以宋本为底本这一事实的再次证明，特别是明确提出浦本并未完全依据宋本，明确指出浦起龙所用影宋抄本为文字残缺之本，都对学界认识浦书校勘情况、认识影宋抄本的学术价值和流传情况，增添了重要资料。他努力并尽其可能地对《史通》传世诸本的流传问题进行源流有序的梳理，虽然存在以讹传讹、错认明代最早刻本从而错认今传最早版本的问题，而且不明传世最好刻本张之象本真相，遗漏重要版本张鼎思本，自然也就无法论及二张本的文献价值，但这些多属于见闻偶有未及，无须苛求，而他对《史通》传本源流的梳理，则毕竟是学界的开先之举，为后人做出了基础性的工作，也为后人所继承和发展。他对郭孔延、王惟俭、黄叔琳三人整理和研究《史通》工作的介绍偏颇不全，可能是出于各有侧重的互文写作的需要，我们必须予以了解之同情。他对浦本不及影宋本文字之善的分析论证，无论是举例还是观点陈述，都不出其所见卢文弨《史通校正》之外，没有自己新的扩展与创发之论，而其误指浦书篇名和观点失当之处也都明显与《史通校正》有非常密切的渊源关系，可知他在撰写此跋的过程中，不但并非完全依凭自己的阅读与研究，而且还是更多地参考、借鉴了卢文弨的研究成果。学术总是在继承前人的基础上向前发展，参考并引用前人成果，正是学术继承性的表现，是学术研究的正途，此诚如《史通·摸拟》开篇所言："夫述者相效，自古而然。……若不仰范前哲，何以贻厥后来？"但不予注明，就成了余嘉锡先生所批评于他的，"未免邻于掠美"①，就不能说是严谨严肃的学术态度了。

古人撰写读书跋文，一般都篇幅不长，陆心源此跋亦是如此。但全面考察和疏证此文，将其未尽事宜统筹梳理，横向综观；将其遗漏信息补充完整，纵向参对；将其讹误之处指实析疑，明因求理，则从中既可见影宋抄本所反映的今传《史通》最早版本——宋本的诸多情况及其文献学价值，而明清诸本的文献学信息与价值也在横纵对比之中一并得到总体揭示，这些正构成中国古代《史通》文献学的骨干与中枢。因此，陆心源此跋不仅是考察其个人《史通》学成就与不足的直接抓手，也是梳理和考察《史通》文献学史的重要基础。而疏证此文，则恰已构成一部简明而重点突出的"《史通》文献学小史"。是耶非耶？还请各位同仁批评指正！

---

① 《书仪顾堂题跋后》，《余嘉锡文史论集》，第 592 页。

什么是玄学：一个概念史的分析[*]

王金龙[**]

摘 要： 王弼、何晏的新阐释，让《周易》《老子》《庄子》上升为"玄学"，有了特定的意涵。宋文帝时设立教育机构"玄学"，教学内容也以王、何等人对"三玄"的新阐释为主，并不包括佛、道教等内容。唐以来"玄学"的意涵发生变化，主要运用在佛、道教等领域。民国以来受西学影响，开始用"**本体论**""**宇宙论**"等概念解释"玄学"，影响至今。从概念史的角度研究"玄学"，有助于理解"玄学"意涵的生成和拓展，以及其中不变的意涵，对当下重新界定"玄学"或有参考意义。

关键词： 玄学 本体论 天道 天人之际

对于"什么是玄学"或者说"玄学的基本特征是什么"的问题，汤用彤在 1940 年发表的重要论文《魏晋玄学流别略论》中明确指出：魏晋玄学和汉代思想的根本不同在于，魏晋玄学"已不复拘拘于宇宙运行之外用，进而论天地万物之本体。汉代寓天道于物理。魏晋黜天道而究本体，以寡御众，而归于玄极；忘象得意，而游于物外。于是脱离汉代宇宙之论（Cosmology or Cosmogony）而流连于存存本本之真（ontology or theory of being）"。[①] 从此把玄学定位成一种本体之学。后来汤一介在此基础上，对"魏晋玄学"的定义做了更加规范化的表述："魏晋玄学是指魏晋时期以老庄思想为骨架企图调和儒道，会通'自然'与'名教'的一种特定的哲学思潮，它所讨论的中心为'本末有无'问题，即用思辨的方法来讨论有关天地万物存在的根据的问

---

* 本文系河南省哲学社会科学规划项目"南北朝玄学研究"（2021BZX010）阶段性成果。
** 王金龙，南阳师范学院文学院。
① 汤用彤：《魏晋玄学论稿》，上海人民出版社，2015，第 39 页。

题，也就是说表现为远离'世务'和'事物'的形而上学本体论的问题。"①
玄学为本体之学，几乎获得了后来学者的一致认同。但许抗生在《魏晋玄学史·序》中说："玄学为本性之学，它探求宇宙与人类的本性，则是对汉代理论思维的一次升华。"②"本性"和"本体"虽只是一字之差，却是对玄学的另一种理解。许抗生后来进一步指出，只有王弼、何晏的哲学可以用"以无为本，以有为末"的宇宙本体论来概括，阮籍、嵇康却没有探讨有无问题和本体论问题，而向秀、郭象强调万物自生自化的"独化"思想可以说是反本体论的。③汤用彤在《魏晋玄学讲课提纲》中把王弼、阮籍、嵇康、张湛都归入了"贵无之学"。如此来看，以本体之学来概括玄学的基本特征便出现了裂缝。虽然后来许抗生等的《魏晋玄学史》，余敦康的《魏晋玄学史》，冯友兰的《中国哲学史新编》，任继愈主编的《中国哲学史》，劳思光的《新编中国哲学史》，冯达文、郭齐勇主编的《新编中国哲学史》，侯外庐等的《中国思想通史》对于玄学史的基本内容都采取了汤用彤《魏晋玄学讲课提纲》的框架，但对于"什么是玄学"这样的基本问题，要么采取汤用彤对玄学的界定，要么悬置不谈。劳思光即指出："清谈人士既未构成一有传承关系之学派，亦未曾建立一有系统之学说，故'玄学'是否能被看作一严格意义之'学'，确有问题。然本书取哲学史立场，即确定此一时期中有此种特殊思想倾向，则虽所谓'玄学'之代表作品甚少，虽不见明确之传承，仍以本章论述此类人物所涉之问题及其所提出之主张及态度，且沿用已成立之词语，仍称此种思想为'玄学'。"④但是我们无法回避这些问题：究竟什么是玄学？这一概念如何生成，又是如何拓展？"玄学"的基本意涵是什么？本文从概念史的角度研究"玄学"意涵的生成和拓展，以及其中不变的意涵，对当下重新界定"玄学"或有参考意义。

---

①　汤一介：《郭象与魏晋玄学》（第3版），北京大学出版社，2009，第11页。据第3版后记，本书于1983年由湖北人民出版社首版。

②　许抗生：《魏晋玄学史》，陕西师范大学出版社，1989，"序"，第2页。

③　许抗生：《关于玄学哲学基本特征的再研讨》，《中国哲学史》2000年第1期。

④　劳思光：《新编中国哲学史》（二卷），广西师范大学出版社，2005，第121页。

一　玄学是不是本体之学？

许抗生虽然把玄学界定为本性之学，但还是认同汤用彤把王弼、何晏的哲学界定为本体之学的观点，只是认为阮籍、嵇康、向秀、郭象等人的哲学不是本体论。事实上，将王弼、何晏的哲学界定为本体论也值得商榷。正如有的学者所指出的："汤用彤之所以以'本体论'来对玄学作出界定，主要是为了与汉代的气化宇宙论区分。但他所说的'本体论'，仍然不出中国传统的'体用'之义，其所谓'本体'便与西方存在论（本体论）传统上所肯定的'超时空'的'无用而有空洞之体'完全不同。对于玄学的'体用一如'，汤用彤特别通过玄学在不同阶段总是追求'本体论'和'人生哲学'的统一来加以说明。"[1]20 世纪 60 年代，牟宗三在《才性与玄理·原版自序之一》中对玄学做出了"境界形态的形而上学"[2]的判断，即玄学是形而上学或本体论，但不是西方"实有形态的形上学"，而是一种深远的心灵境界形态的形上学。但牟宗三的观点同样值得商榷。虽然《周易》提到"形而上者谓之道，形而下者谓之器"，但此"形而上"和西方亚里士多德的"形而上学"根本不同，用西方的"形而上学""本体论"来概括我国的玄学显得龃龉难通。另外，何晏、王弼的玄学虽探讨有无本末问题，但有无本末问题关联着自然和名教的关系，所以有着鲜明的政治目的，并不是纯粹的心灵境界形态。

今天来看，把玄学界定为本体论，或者界定为宇宙本体论，这不仅仅是个翻译不当或者以西释中的问题，关键问题是：如果说何晏、王弼的哲学是本体论，是不是如汤用彤所言，已脱离了汉代的宇宙生成论？

王弼的《老子注》中仍有不少宇宙生成论的表述，不少学者都已指

---

[1]　白欲晓：《"玄学"名义再考——兼及"玄学"在哲学语境中的形态问题》，《安徽大学学报》（哲学社会科学版）2021 年第 2 期。

[2]　牟宗三：《才性与玄理》，吉林出版集团有限责任公司，2010，"原版自序之一"，第 1 页。

出①，在此仅举一例说明之。《老子》四十章："天下万物生于有，有生于无。"王弼注曰："天下之物，皆以有为生。有之所始，以无为本。将欲全有，必反于无也。"② 论者常将"以无为本"作为王弼哲学是本体论的证据，但王弼的注分明提到"天下之物，皆以有为生"。结合第二十五章"有物混成，先天地生，寂兮寥兮，独立不改，周行而不殆，可以为天下母"，四十章"天下万物生于有，有生于无"，可知这个"有"真实存在，是"天下母""万物母"，是"道"的异名，但这个"有"又不可见，所以"有生于无"，"两者同出而异名，同谓之玄"（《老子》第一章）。但王弼强调"以无为本"的同时忽略了"有"。王弼本《老子》第一章"故常无欲，以观其妙；常有欲，以观其徼"，做此断句，已将"有"这个概念，阐释成了"有欲"。朱谦之据景龙本的断句为："常无，欲观其妙；常有，欲观其徼。"③ 王弼注《老子·四十二章》"道生一，一生二，二生三，三生万物"，将"一"解释为"无"，朱谦之则根据《淮南子》《庄子》将"一"解释为"一气"，将"二"解释为"阴阳"，将"三"解释为"形气质之始"，④ 遵循的是先秦以来的宇宙生成论模式，强调的是"有"。王弼的《老子指略》和他的《老子注》一样，都强调"以无为本"，其中提到的"四象""五音""五教"等，其实是具体的"有"，是具体的"物"，和《老子》中"名万物之母"的"有"在抽象程度上已不可同日而语。

其实，在汉朝对老庄道家的阐释中也不乏强调"以无为本"的表述。《吕氏春秋·审分览·知度》曰："至治之世……君服性命之情，去爱恶之

---

① 张立文认为："王弼贵无论玄学的主导倾向虽然是本体论，但生成论的一方也有它存在的价值。它可以方便地从生成的根源入手，为现实的本体性主宰提供论证。"见张立文主编《中国学术通史·魏晋南北朝卷》，人民出版社，2004，第106页；方立天认为："王弼也并未能完全脱出《老子》宇宙生成论的窠臼，他有时仍然把'无'和'有'的关系说成是母与子的关系，主张'守母以存其子'，这样就又陷入了旧有的宇宙生成论。"见方立天、于首奎编《中国古代著名哲学家评传》第2卷，齐鲁书社，1980，第223—224页。韩国良认为王弼的生成论"既是王弼本体论思想得以建立的起点、出发点，也是它所以建立的终极、归宿"。见韩国良《走出王弼本体论思想研究的误区》，《南阳师范学院学报》2009年第5期。
② 楼宇烈校释《王弼集校释》，中华书局，1980，第110页。
③ 朱谦之：《老子校释》，中华书局，1984，第6页。
④ 朱谦之：《老子校释》，第174—175页。

心，用虚无为本，以听有用之言，谓之朝。"①《史记·太史公自序》曰："道家无为，又曰无不为，其实易行，其实难知，其术以虚无为本……"②《淮南子·说山训》曰："魄问于魂曰：'道何以为体？'曰：'以无有为体。'"③ 严遵的《老子指归》曰："道体虚无而万物有形。"④ 在这些表述中，"本""体"是根本之义，与"末"（树梢）相对，但根与梢为一体，绝非西方哲学本体超越并主宰现象的关系。

可见，即使把王弼哲学界定为不同于汉朝的本体之学，同样也忽略了王弼哲学中生成论的一面，忽略了王弼"以无为本"思想对汉代类似思想的继承。事实上，王弼的哲学是本体论和生成论的合一，与汉朝的哲学总体上没有太大的差异，其哲学特色主要在于把《老子》中的"无"提到了根本的地位，在于对"以无为本"的强调，并以老子之道为本为无、以儒家等各家之道为末为有，从而提出"崇本息末"（或"崇本举末"）的思想。

二 "玄学"的初始含义是什么？

探究"什么是玄学"，需要回到"玄学"最初的语境。"玄学"一词最早出现在《晋书·陆云传》，记载陆云曾夜宿王弼冢，与王弼"共谈老子"，"云本无玄学，自此谈老殊进"⑤。可以说，"玄学"一开始就是老子之学。《颜氏家训·勉学》也说"何晏、王弼，祖述玄宗"，何晏、王弼都曾注解《老子》，所谓"玄宗"，指的也是老子。《北齐书·杜弼传》载："弼性好名理，探味玄宗，自在军旅，带经从役。注老子《道德经》二卷。"⑥ 亦可证。"玄"本来自《老子》"玄之又玄，众妙之门"，后世称"玄"多来自《老子》。扬

---

① 许维遹：《吕氏春秋集释》卷一七《五曰知度》，中华书局，2009，第455页。
② 泷川资言汇注考证《史记会注考证》卷一三〇《太史公自序》，新世界出版社，2009年影印本，第5188—5189页。
③ 何宁：《淮南子集释》卷一六《说山训》，中华书局，1998，第1101—1102页。
④ 严遵：《老子指归》卷四《方而不割篇》，中华书局，1994，第65页。
⑤ 《晋书》卷五四《陆云传》，中华书局，1974，第1486页。
⑥ 《北齐书》卷二四《杜弼传》，中华书局，1972，第348页。

雄的《太玄赋》曰"岂若师由聃兮，执玄静于中谷"，同样把"玄"和老子联系起来。但汉代注解的《老子》无"玄学"之称，待王弼的《老子注》出，《老子》始称玄学。《易》本属经学，自从王弼参老解《易》之后，《易》也成了玄学之一。《南齐书·陆澄传》曰："元嘉建学之始，玄、弼两立。逮颜延之为祭酒，黜郑置王，意在贵玄，事成败儒。"① "意在贵玄"，表明了王弼的《周易注》是当时人心目的玄学。而两汉的《周易》注，也无"玄学"之称，只有到了王弼的《周易注》，才为"玄学之所宗"。《庄子》在正始之后才真正复兴，《文心雕龙·论说》曰："迄至正始，务欲守文，而何晏之徒，始盛玄论。于是聃、周当路，与尼父争涂矣。"② 在《颜氏家训·勉学》中明确把《庄子》《老子》《周易》，总谓三玄。具体而言，是王弼、何晏的《老子注》让《老子》由之前的"玄"上升到了"玄学"；王弼参老解易又让《周易注》成了玄学的重要内容；王弼、何晏对庄子的重视，也让《庄子》成了玄学的重要内容。

据《宋书·何尚之传》，元嘉十三年（436），何尚之任丹阳尹，开始在南郭外设置玄学。据《宋书·雷次宗传》："元嘉十五年（438）……时国子学未立，上留心艺术，使丹阳尹何尚之立玄学，太子率更令何承天立史学，司徒参军谢元立文学，凡四学并建。"③ 此时的玄学与儒学、史学、文学并立成了一个教育机构，至于具体教什么，由于史料缺乏，我们不得而知。白欲晓认为：玄学的设立与宋文帝"留心艺术"相关，重《易》之占筮与神道设教，所以，玄学除了三玄之外，不排除有佛道二教的内容④。

笔者以为，作为官方教育机构的玄学的教学内容不一定包含佛道二教内容。史传中记载某人学问，往往把玄学和佛教、道教分开，证明在当时人看来，玄学和佛教、道教根本不同。《梁书·萧伟传》载："晚年崇信佛理，尤精玄学，著《二旨义》，别为新通。又制《性情》《几神》等论，其义，僧宠

---

① 《南齐书》卷三九《陆澄传》，中华书局，1972，第 684 页。
② 范文澜：《文心雕龙注》卷四《论说第十八》，人民文学出版社，1958，第 327 页。
③ 《宋书》卷九三《雷次宗传》，中华书局，1974，第 2293—2294 页。
④ 白欲晓：《"玄学"名义再考——兼及"玄学"在哲学语境中的形态问题》，《安徽大学学报》（哲学社会科学版）2021 年第 2 期。

及周舍、殷钧、陆倕并名精解，而不能屈。"[1] 此处是"玄学"与"佛理"分说。《梁书·谢举传》载："（谢）举少博涉多通，尤长玄理及释氏义。"[2] 此处是"玄理"与"释氏义"分说。《陈书·王固传》载："（王）固清虚寡欲，居丧以孝闻，又崇信佛法。及丁所生母忧，遂终身蔬食，夜则坐禅，昼诵佛经，兼习《成实论》义，而于玄言非所长。"[3] 此处是"玄言"与"佛法"分说，可见玄学与佛学的不同。

　　早期道教和老庄也不同。《抱朴子内篇·释滞》篇载："又五千文虽出老子，然皆泛论较略耳。其中了不肯首尾全举其事，有可承按者也。但暗诵此经，而不得要道，直为徒劳耳，又况不及者乎？至于文子、庄子、关令、尹喜之徒，其属文笔，虽祖述黄老，宪章玄虚，但演其大旨，永无至言。或复齐死生，谓无异以存活为徭役，以殂殁为休息，其去神仙，已千亿里矣，岂足耽玩哉？其寓言譬喻，犹有可采，以供给碎用，充御卒乏，至使末世利口之奸佞，无行之弊子，得以老庄为窟薮，不亦惜乎？"[4] 在以修仙为旨趣的葛洪看来，"宪章玄虚"的老庄等远不能满足其要求。《魏书·崔浩传》载道士崔浩"性不好《老庄》之书，每读不过数十行，辄弃之"，并且曰："此矫诬之说，不近人情，必非老子所作。老聃习礼，仲尼所师，岂设败法文书，以乱先王之教？袁生所谓家人筐箧中物，不可扬于王庭也。"[5] 陈寅恪的名文《天师道与滨海地域之关系》即指出："盖天师道之道术与老庄之玄理本自不同，此与（崔）浩之信仰天师道并无冲突也。"[6]《北齐书·樊逊传》载皇帝制诏问释道二教，樊逊的回答意在张扬儒家，排斥二教，其中有意区分老庄和道教，曰："臣闻天道性命，圣人所不言，盖以理绝涉求，难为称谓。伯阳道德之论，庄周逍遥之旨，遗言取意，犹有可寻。至若玉简金书，神经秘录，三尺九转之奇，绛雪玄霜之异，淮南成道，犬吠云中，子乔得仙，剑飞天

---

① 《梁书》卷二二《萧伟传》，中华书局，1973，第348页。
② 《梁书》卷三七《谢举传》，第530页。
③ 《陈书》卷二一《王固传》，中华书局，1972，第282页。
④ 王明：《抱朴子内篇校释》卷八《释滞》，中华书局，1985，第151页。
⑤ 《魏书》卷三五《崔浩传》，中华书局，1974，第812页。
⑥ 陈寅恪：《金明馆丛稿初编》，生活·读书·新知三联书店，2001，第17页。

上，皆是冯虚之说，海枣之谈，求之如系风，学之如捕影。"①

陈寅恪考察了东晋一些世家大族，如琅玡王家、高平郗家、吴郡杜氏、会稽孔氏、义兴周氏、丹阳葛氏及东海鲍氏、丹阳的许氏和陶氏，这些大族世代信奉天师道。南朝时一些皇族也崇信天师道，如弑父篡位的刘劭崇信女巫严道育，萧衍早年也受道法，但笔者以为这（包括一些皇族、士族信仰佛教）仅是家族信仰或个人信仰，不足以代表其主要的知识结构和价值取向，更不足以代表当时的主流文化。另外，早期天师道受巫觋之风影响大，民间常借助道教起义，最著名的就是东晋末年的孙恩、卢循起义。所以，统治阶级高层素来忌惮道教借巫术蛊惑人心。道教为了缓解与统治阶级的紧张关系，南朝宋自陆修静，北魏自寇谦之开始清整道教。陆修静于元嘉十四年（437）系统整理《灵宝经》目录，于元嘉三十年（453）年冬率门人到山中行涂炭斋，为了勉励同道，写了《洞玄灵宝五感文》，提到当时的道教"信用妖妄，倚附邪魅""教法纲颓"②，希望道教徒严守规诫。寇谦之在神瑞二年（415）自谓得老君亲授天书《云中音诵新科之戒》，后来在太武帝支持下，"清整道教，除去三张伪法、租米钱税及男女合气之术"，提出道教徒应"专以礼度为首，而加以服食闭练"③。可以说，陆修静、寇谦之等之所以要大力清整道教，正在于之前道教的混乱无序。可以想见，在元嘉十三年初次设立的玄学，几无可能把不登大雅之堂的道教方术作为教学内容。

上引《宋书·雷次宗传》指出"上留心艺术"，白欲晓的论文根据《晋书·艺术列传》，认为"艺术""指吉凶卜筮与神道设教之方法，后世神仙、谶纬之方术为其小道"④。笔者认为，"艺术"相当于技能和方术，《隋书·艺术列传》曰："夫阴阳所以正时日，顺气序者也；卜筮所以决嫌疑，定犹豫者也；医巫所以御妖邪，养性命者也；音律所以和人神，节哀乐者也；相

---

① 《北齐书》卷四五《樊逊传》，第 611 页。
② 《道藏》正一部，笙，第 32 册，文物出版社、上海书店、天津古籍出版社，1988 年影印本，第 620 页。
③ 《魏书》卷一一四《释老志》，第 3051 页。
④ 白欲晓:《"玄学"名义再考——兼及"玄学"在哲学语境中的形态问题》,《安徽大学学报》（哲学社会科学版）2021 年第 2 期。

术所以辩贵贱，明分理者也；技巧所以利器用，济艰难者也。此皆圣人无心，因民设教，救恤灾患，禁止淫邪。自三、五哲王，其所由来久矣。"① 可见，"艺术"包括阴阳、卜筮、医巫、音律、相术、技巧等。《晋书·艺术列传》所列人物，虽有道教人物鲍靓，佛教人物佛图澄、鸠摩罗什等人，但突出的是他们预测吉凶的方术。也就是说，这些人物虽是佛教道教中人物，但在史官看来，他们是方士一类人物。《宋书》《南齐书》《梁书》《陈书》《南史》《北齐书》皆无艺术列传。《魏书》卷九一有《术艺列传》，《周书》卷四七有《艺术列传》，《北史》卷八九、九〇有《艺术列传》，虽然也偶有佛道人物，但和佛教道教教义无关，突出的是他们的方术。而这些方术，和颜之推的《颜氏家训·勉学》中的"三玄"毫无关系。也就是说，宋文帝虽然"留心艺术"，实则留心的是预测吉凶的各种方术，和后来建立的四学没有因果关系。之所以建立四学，主要是因为国子学未立。而这一事件，在《南史·宋本纪中第二》中这样记载："上好儒雅，又命丹阳尹何尚之立玄素学，著作佐郎何承天立史学，司徒参军谢元立文学，各聚门徒，多就业者。江左风俗，于斯为美，后言政化，称元嘉焉。"② 在此，"上好儒雅"和下文"立四学"就具有了因果联系。"玄素学"即玄学，可能来自张湛注《列子·天瑞》所引的何晏的《道论》："玄以之黑，素以之白，短之以方，规之以圆，圆方得形而此无形，白黑得名而此无名也。"③ 司马光《资治通鉴》曰："帝雅好艺文，使丹阳尹庐江何尚之立玄学，太子率更令何承天立史学，司徒参军谢元立文学，并次宗儒学为四学。""臣光曰：《易》曰：君子多识前言往行以蓄其德。孔子曰：辞达而已矣。然则史者儒之一端，文者儒之余事；至于老庄虚无，固非所以为教也。夫学者所以求道；天下无二道，安有四学哉！'"④ 也明确是"雅好艺文"，"艺文"一词来自《汉书》的《艺文志》，四学典籍皆包括在内。而且，司马光的评论也明确指出所谓"玄学"主要是

① 《隋书》卷七八《艺术列传》，中华书局，1973，第1763页。
② 《南史》卷二《宋本纪中第二》，中华书局，1975，第45—46页。另"玄素学"，"校勘记"引王懋竑《读书志疑》曰："素字衍文。"见该书第73页。
③ 杨伯峻：《列子集释》卷一《天瑞第一》，中华书局，1979，第10—11页。
④ 《资治通鉴》卷一二三"元嘉十五年"条，中华书局，1956，第3868—3869页。

老庄。

综上，当时作为教育机构的玄学的教学内容，包含佛教道教、卜筮等方术内容的可能性很小，主要教学内容应该是"三玄"，特别是王弼注解的《老子》和《周易》。而关于《庄子》的注本特别是向秀、郭象的注也应在教学内容之中。《世说新语·文学》载："初，注《庄子》者数十家，莫能究其旨要。向秀于旧注外为解义，妙析奇致，大畅玄风。"[1] 陆德明的《经典释文·序录》这样评价郭象（字子玄）的《庄子注》："唯子玄所注，特会庄生之旨，故为世所贵。徐仙民，李弘范作音，皆依郭本。以郭为主。"[2] 郭注未必皆合庄子原旨，但"为世所贵"可见其影响。当然也不排除参考学习其他人的注老注庄之作，和发挥"三玄"大义的论文，如阮籍的《通老论》《达庄论》（其《通易论》乃发挥儒学大义）。概括地说，宋文帝立的"玄学"，主要是研究"三玄"之学的教育机构。

需要补充说明的是，魏晋清谈的内容和魏晋玄学的内容存在交叉现象，玄学是围绕"三玄"著作建立起来的学问，清谈是口头讲论、辩论，讲论、辩论的内容既可以与"三玄"相关，也可以是"三玄"之外的题目，如《世说新语·文学》载："旧云：王丞相过江左，止道声无哀乐、养生、言尽意，三理而已。然宛转关生，无所不入。"[3]《世说新语·言语》载王衍曰："裴仆射善谈名理，混混有雅致；张茂先论《史》《汉》，靡靡可听；我与王安丰说延陵、子房，亦超超玄箸。"[4]《南齐书·王僧虔传》载《诫子书》，既提到"三玄"及其名家注释是当时清谈家必修之学问，又谈道："且论注百氏，荆州八袠，又才性四本，声无哀乐，皆言家口实，如客至之有设也。"[5] 显然，后者虽是"言家口实"，但和以"三玄"为核心的玄学不同。但谈论声无哀乐、才性等问题，包括嵇康、阮籍等人的隐居放旷等作风，都是受了玄学的影响，可称为玄风，但不是玄学。

---

① 余嘉锡：《世说新语笺疏》卷二《文学第四》，中华书局，2011，第180页。
② 陆德明：《经典释文》，张一弓点校，上海古籍出版社，2012，第22页。
③ 余嘉锡：《世说新语笺疏》卷二《文学第四》，第184页。
④ 余嘉锡：《世说新语笺疏》卷二《言语第二》，第76页。
⑤ 《南齐书》卷三三《王僧虔传》，第598页。

三 "玄学"的概念如何生成、拓展？

既然把《周易》《老子》《庄子》称为"三玄"，那么"三玄"的共同特征是什么呢？从语义学的角度看，"玄"有幽、远、冥、深、妙、静等义。凡能称为"玄学"者，必有这方面的含义。《说文解字·玄部》曰："玄，幽远也。"段玉裁注曰："《老子》曰：'玄之又玄，众妙之门。'高注《淮南子》曰：'天也。'圣经不言玄妙。至伪《尚书》乃有玄德升闻之语。"[①] 所谓"幽远"，可以用"形而上"来解释。正因为"幽远"，所以"玄"又有"天"和"道"的含义。《释名·释天》："（天）又谓之玄。玄，悬也，如悬物在上也。"[②] 河上公注《老子》"玄"字，皆为"天"之义。《后汉书·张衡列传》说张衡"多耽好玄经"，李贤注引桓谭《新论》以为"玄经"即扬雄的《太玄经》，曰："扬雄作《玄书》，以为玄者，天也，道也。言圣贤制法作事，皆引天道以为本统，而因附续万类、王政、人事、法度，故宓羲氏谓之易，老子谓之道，孔子谓之元，而扬雄谓之玄。"[③] 正如段玉裁所说，儒家经典不言玄妙，言玄妙的典籍主要是道家的老庄。"玄""玄学"最初正指老学，到了扬雄，以儒统道，说的"玄"已不限于老学，而试图在"引天道以为本统"的高度上把"易""道""元""玄"熔为一炉。

《世说新语·文学》载："何平叔注《老子》，始成，诣王辅嗣。见王注精奇，乃神伏，曰：'若斯人，可与论天人之际矣！'因以所注为道德二论。"[④] 论天人之际，渊源有自，是贯彻中国哲学的一条重要线索。简言之，研究天人之际的目的，就是要人道合于天道，就是要为人类各种生活提供形而上的依据和指导。而"三玄"正是论述天道最集中的典籍。某种程度上，"玄学"就是研究天人之际的学问。魏晋玄学探讨的"自然"和"名教"的关系，实

---

① 段玉裁：《说文解字注·四篇下》，上海古籍出版社，1988 年影印本，第 159 页。

② 毕沅疏证，王先谦补《释名疏证补》，祝敏彻、孙玉文点校，中华书局，2008，第 3 页。

③ 《后汉书》卷五九《张衡列传》，中华书局，1965，第 1897—1898 页。

④ 余嘉锡：《世说新语笺疏》卷二《文学第四》，第 173 页。

质上仍然是"天道"和"人道"的关系。玄学看似探讨的是在儒家文化出现流弊之后，如何从道家文化中寻求自救的问题，实质上探讨的是当人道疏离天道之后，如何让人道和天道重新合一的问题。

问题是，研究天道的学问先秦至汉就有，魏晋之前，研究《老子》的著作也有出现，为什么之前没有出现玄学，而直到何晏、王弼之后才出现玄学呢？这一方面在于何晏、王弼对《老子》的新阐释，比如王弼注"同谓之玄"曰："玄者，冥默无有也，始、母之所出也。不可得而名，故不可言，同名为玄。"① 在此，"玄"成了"无"、成了"道"的代名词。何王二人对"以无为本"的推崇，解决了儒家礼教衰落后，如何借助道家重振主流意识形态的现实问题，也解决了儒道关系的理论问题，所以影响广大。可以说，从何王二人开始，《老子》才称为玄学，玄论才大盛。另一方面在于时势，在儒学占主导意识形态地位的形势下，古天文学、老学、《太玄经》等虽然涉及天道，却很难产生大的影响。古天文学实则是进入了儒学的大框架内，并不能称玄学。魏以前注解《老子》的书寥寥无几。《太玄经》文辞艰深，问世以来称颂者仅桓谭、王充、张衡、宋衷、王肃、陆绩、司马光等少数人而已，影响甚小。

魏晋玄学不仅是探讨天道，更重要的是以老子为玄宗，探讨本末有无的问题。《颜氏家训·勉学》谈到何晏、王弼、山涛、夏侯玄、荀粲、王衍、郭象、谢鲲，说是"彼诸人者，并其领袖，玄宗所归"，正如"何晏、王弼，祖述玄宗"一样，意谓这几个人作为谈玄的领袖都归宗于老子。他们的著述、谈论、作风都深受老庄之道影响。汤一介认为玄学的中心问题是"本末有无"，诚是，例证甚多，兹举一例说明。《魏书·李业兴传》载梁武帝萧衍和李业兴的问答，其中曰：

萧衍亲问业兴曰："闻卿善于经义，儒、玄之中何所通达？"业兴曰："少为书生，止读五典。至于深义，不辨通释。"……衍又问：《易》曰

---

① 楼宇烈校释《王弼集校释》，第2页。

太极，是有无？"业兴对："所传太极是有，素不玄学，何敢辄酬。"①

从中可以看出玄学的中心问题就是辨析儒家和道家何为本、何为末，太极是有是无的问题同样关联这一问题。如以玄学解《易传·系辞上》"易有太极，是生两仪"的话，必然把太极释为"无"，韩康伯的注即是："夫有必始于无，故太极生两仪也。太极者，无称之称，不可得而名，取有之所极，况之太极也。"② 如以儒家解此句，则必然把"太极"释为"有"，孔颖达的疏曰："太极谓天地未分前元气，混而为一，即是太初太一也，故老子云道生一，即此太极是也。"③ 从此也可看出儒、玄的不同。

综上，"魏晋玄学"的意涵包括：一是抽象思辨的形而上之学，以理论深奥著称；一是探讨天人之际的学问；一是以老庄之道的"无"为宗为本，以儒和其他各家之学为"有"为末的学问特色；以《周易》《老子》《庄子》为探讨的基本典籍，以王弼、何晏、向秀、郭象的注为重要参考。

如果我们明了了"魏晋玄学"的意涵，就可以理解后世"玄学"外延不断扩大的现象。前文提到，玄学与佛教、道教不同，史传有意把玄学与佛教、道教相区别，但佛教、道教却把自己的教义形容为"玄""玄宗""玄学"。《北史·柳虬传》载柳虬"好内典"，"撰《法华玄宗》"。杨杰既指出玄学与佛学的区别，又指出随着佛教与玄学的融合，自五代以来有些僧人开始用"玄学"指禅宗，到后来甚至可以指整个佛教④。道教也是如此，东晋葛洪的《抱朴子内篇》中有《畅玄》，但这个"玄"不是指魏晋的"玄学"，而是神仙道教的"玄道"。道教典籍分三洞四辅，《云笈七签》曰："《道门大论》云：三洞者，洞言通也，通玄达妙，其统有三，故云三洞。第一洞真，第二

---

① 《魏书》卷八四《李业兴传》，第 1864 页。
② 楼宇烈校释《王弼集校释》，第 553 页。
③ 《周易正义》卷七《系辞上》，阮元刻《十三经注疏》，上海古籍出版社，1997 年影印本，第 82 页。
④ 杨杰：《"玄学"称谓流变考论》，《中国哲学史》2015 年第 1 期。最早的例子是释延寿的《宗镜录》卷四三曰："何不依自禅宗，蹑玄学正路，但一切处无着，放旷任缘，无作无修自然合道。何必拘怀局志，徇义迷文，可谓弃静求喧，厌同好异。"其他例子不少，见下文所引，不再赘引。

洞玄，第三洞神。又引《本际经》谓：洞真以不杂为义，洞玄以不滞为名，洞神以不测为用。故洞言通也。三洞上下，玄义相通。《洞真》者，灵秘不杂，故得名真。《洞玄》者，生天立地，功用不滞，故得名玄。《洞神》者，召制鬼神，其功不测，故得名神。此法皆能通凡入圣，同契大乘，故得名洞也。"①《上清源统经目注序》曰："余（按：疑指陆修静）宿植缘会，游涉法源，性好幽旨，耽灵味玄，钻研弥龄，始觉仿佛。谨以鄙思，为上清目义。非敢有裨大乘，聊自记而已。"② 可见道教常用"玄"形容道教宗旨。唐初道教重玄学主要体现在道士成玄英、李荣注释《老子》《庄子》的著述中，受佛教影响，他们（包括后来的道士杜光庭等）的学说均以"重玄"为特征。"重玄"是取自《老子》第一章"玄之又玄，众妙之门"。汤一介这样解释"重玄"：

> 他（成玄英）说："深远之玄，理归无滞，既不滞有，亦不滞无，二俱不滞，故谓之玄。"（《道德经义疏》第一章）此谓"一玄"。又说："有欲之人，惟滞于有；无欲之士，又滞于无，故说一玄，以遣双执。又恐行者，滞于此玄，今说又玄，更祛后病，既而非但不滞于滞，亦乃不滞于不滞，此则遣之又遣，故曰玄之又玄。"（《道德经义疏》第一章）此说"重玄"。"一玄"是否定"贵无"和"崇有"，而达到"非有非无"；"重玄"进而要否定"非有非无"，以致"不滞于不滞"。盖因为如果执着僧肇"非有非无"的"不真则空"的理论，那么从一方面说，它也是一种执着；从另一方面看，在破除了一切之后，必须仍有所立，如佛教在中国，于般若学流行之后，又有涅槃佛性学说之兴起。成玄英的"重玄学"，无论其理路或思维方式无疑都是受南北朝佛教的启示而有的。③

唐开元二十九年，唐玄宗设置了崇玄馆和道举："二十九年（741），始置崇玄

---

① 张君房编《云笈七签》卷六《三洞经教部》，李永晟点校，中华书局，2003，第86—87页。
② 张君房编《云笈七签》卷四《道教经法传授部》，第50—51页。
③ 汤一介：《论从魏晋玄学到唐初重玄学》，汤一介、胡仲平编《魏晋玄学研究》，湖北教育出版社，2008，第339页。

学，习《老子》《庄子》《文子》《列子》，亦曰道举。其生，京、都各百人，诸州无常员。官秩、荫第同国子，举送、课试如明经。"① 因为玄学最初就是老学，这些道家典籍自然是玄学重要的学习内容，但已不同于传统意义上的"三玄"了，这里的"玄学"只是道家之学。

佛教、道教学者称自己的著述为"玄"或"玄学"，无疑受到玄学旧意涵的影响，但已舍弃探讨有无本末的老问题，而是仅仅着眼于形而上的天人之际问题。佛教道家对天和天道有了更玄远的想象。"天"在佛教分为三界——欲界、色界、无色界，三界所有的天和日月构成个"小世界"，集一千个小世界叫"一小千世界"，集一千个小千世界为一个"中千世界"，集一千个"中千世界"为一个"大千世界"，也叫"三千大千世界"。这样的世界都会经历"成、住、坏、空"的发展阶段。道教早期经典《度人经》也把天分为三界——欲界六天，色界十八天，无色界四天，在三界之上又有四梵天，之上又有三清天，最高处是大罗天。在佛教道教的经典中，天人关系已不仅是人道如何效法天道的问题，而是人如何超越此在世界和肉体生命的问题。所以，对于人死后的归宿成了一切宗教思考的核心问题，死后的世界，修行的方法和修行中出现的境界自然成为最神秘玄远的问题。后世的道教五术（山、医、命、相、卜）在预测人的吉凶祸福、治疗人的疾病、改变人的命运方面也是建立在探讨天道基础上的神秘玄远的学问，所以"道教五术"也称为"玄学五术"。

"玄学"的意涵在魏晋南北朝之后，逐渐朝神秘玄远的、探讨生命奥秘的意涵发展。从这里我们也可以理解，唐以来学界出现的注解"三玄"的著作，为什么不称为"玄学"。原因有二：一是这些著述已不同于以探讨儒道关系中何为本何为末的魏晋玄学；二是这些著述虽然可能涉及儒道关系的探讨，但在儒家意识形态占主导地位的时代，已没有标举"玄学"的必要，探讨儒道关系、天人关系的"玄学"已收缩到佛教、道教、民间方术的地盘。

---

① 《新唐书》卷四四《选举上》，中华书局，1975，第1164页。

四 "玄学"在民国时期的含义是什么？

20世纪20年代，很多著名学者参与了"科玄论战"，丁文江将张君劢提出的"人生观"称为"玄学"，将张君劢、柏格森等人一律称为"玄学鬼"，原因在于他从当时科学的视野看，谈神秘的天道就是"玄学"，甚至是需要打倒的迷信。张君劢却接受了"玄学"这一概念，称"玄学之名，本作为超物理界超官觉解释。惟其有此解释，于是凡属官觉以上者，概以归之玄学"[1]。受西方哲学影响较深的罗家伦、张东荪、孙伏园等人对"玄学"概念进行了专门辨析。张东荪在孙伏园作的《科学玄学论战杂话》末尾下"按语"指出："玄学"本来是 Metaphysics 的译语，本体论与宇宙论为玄学。所以玄学是狭义的哲学，而以本体论为中心。[2] 孙伏园指出："玄学是整个地研究宇宙，科学是分别地研究宇宙，人生观是某一个人（或某一派人）对于人生的见解和态度；……哲学是整个地和分别地研究人生。"[3] 杨杰的论文特别指出："罗家伦、张东荪、孙伏园等人在二十年代对'玄学'一词的辨析，从概念上看直接影响着汤用彤等人对魏晋学术思潮的理解。汤氏认为东汉谈玄（主要是扬雄的《太玄》）是宇宙论，魏晋玄学是本体论。魏晋玄学不讲具体，只讲简单化、合理化的抽象，'不讲世界而讲 being'，且其所讲的本体比西洋讲的本体范围要宽。汤氏对玄学的这些理解，成为现在研究魏晋玄学的典范。"[4] 笔者前文也指出，汤用彤讲的本体论和西方哲学的本体论存在概念的错位。另外，将思想的发展根据短暂的时间节点做截然不同的区分，不符合思想发展的实际。魏晋和魏晋之后，传统的宇宙论思想依然存在，而且是不容忽视的主流。如果回到 20 世纪二三十年代学界对"玄学"的理解，虽然不少学者（除了前面指出的孙伏园、罗家伦、张东荪之

---

① 张君劢、丁文江等：《科学与人生观》，山东人民出版社，1997，第98页。
② 张君劢、丁文江等：《科学与人生观》，第135页。
③ 张君劢、丁文江等：《科学与人生观》，第133页。
④ 杨杰：《"玄学"称谓流变考论》，《中国哲学史》2015年第1期。

外，还有丁文江、林宰平等）倾向于把"玄学"界定为本体论，但也有不少学者把玄学界定为"宇宙论、本体论"，比如陈独秀在给《科学与人生观》作"序"中指出："社会科学中最主要的是经济学、社会学、历史学、心理学、哲学（这里所指是实验主义的及唯物史观的人生哲学，不是指本体论宇宙论的玄学，即所谓形而上的哲学。）"[①] 颂皋在《玄学上的问题》中则认为："欲于玄学（Metaphysics）一词，加以明确之定义，诚为不可能之事。如欲将玄学所涉及之问题，一一加以说明，则最妙方法，莫如即先探索其意义之所在。原夫玄学，乃所以讨论各种空虚的（Obscure）、抽象的（Abstract）、普遍的（General）问题，而为科学与人生所未能解决者，易言之：即此种悬而未解决，玄而且深，关于事物之全体或其永久的原素之问题也。"在接下来举的问题中便包含宇宙论的问题："世界究竟由何而来？往昔或竟不如是乎？""凡百事物果如何而并合成一宇宙？"[②] 罗家伦也持这样一个观点，他说："所以要找一条严格的玄学的定义，几不可能。就是相沿下来最有权威的诠释，根据亚里士多德而来的，以为玄学是研究'有'的本体之科学（Science of being as such），也经过后来许多变迁，不足以尽近代玄学之义。我们现在要真能明白玄学的意义和范围，不在强立一条'装饰的'定义，而在真正懂得玄学所研究的问题是些什么。"而他提出的问题中同样包含宇宙论的问题：

（六）不但这些异同何从而来，并且这全体——宇宙的总量——何从而来呢？他是"目的的"，还是"机械的"呢？是由他因而来，还是靠自己的活动而存在的呢？有始吗？始从何处而来？有终吗？终至何处而去？还是永久常住，无始无终的呢？

（七）宇宙是"有限的"，还是"无穷的"呢？有限吗？限将何自而止？无穷吗？则其积（Extension）的性质如何？是数理概念的呢？还是物质推广的呢？我们是在"袖中天地"里跳舞，百变不离其宗的呢？还

---

① 张君劢、丁文江等：《科学与人生观》，第 2 页。
② 张君劢、丁文江等：《科学与人生观》，第 298—299 页。

是以有限精神，在茫茫的无穷之中丧失的呢？

（八）难道这字宙的本体是"连续"（Continuity）的吗，还是"不连续"的吗？是可分的吗，还是不可分的吗？还是二者都可有的吗？不可分吗？为什么我们有整数？可分的吗？为什么我们有无尽的分数？宇宙的性质究竟是怎样？①

对于"玄学"一词，虽然用的是自有词语，但当时学界几乎都认为这门学问来自西方哲学的本体论（或本体论宇宙论），而中国传统的"心性之学"也成了西方哲学本体论宇宙论视野下的"玄学"。丁文江在《玄学与科学》中说："言心言性的玄学，'内心生活之修养'，所以能这样哄动一般人，都因为这种玄谈最合懒惰的心理，一切都靠内心，可以否认事实，可以否认论理与分析。"② 与之论战的张君劢则认为应提倡宋明理学。

而浸淫于中国传统学问甚深的刘师培、章太炎则从六朝学风的独特性论述"玄学"。刘师培在《论古今学风变迁与政俗之关系》中说："不知两晋六朝之学，不滞于拘墟，宅心高远，崇尚自然，独标远致，学贵自得，此其证也。"③ 章太炎在《五朝学》中亦指出："江左之士，蠢迪检柙，丧纪、祭祀、婚姻之式，少有疑殆。虽文士沙门犹质之，载在《通典》，岂可诬哉？夫驰说者，不务综终始，苟以玄学为垢。其惟大雅，推见至隐，知风之自。玄学者，固不与艺术文行忤，且翼扶之。"④ 黄侃在《汉唐玄学论》中则用"玄学"代替西来的"哲学"一词，曰："哲学之称，非吾土所固有；假借称谓，有名实乖牾之嫌；故从旧称，曰：玄学。肇自羲画，下戻爰兹，言玄理者，众矣。今但论汉、唐，中包六代；所以为此断限者，亦以此时玄学较难考论耳。"⑤ 只要是谈论玄远之理的文章，黄侃即称为"玄学"，所以有西汉玄学、中古玄学、近世（唐代）玄学等称谓。

---

① 罗志希：《科学与玄学》，商务印书馆，2010，第71、73页。
② 张君劢、丁文江等：《科学与人生观》，第58—59页。
③ 徐国荣编著《魏晋玄学会要》，江苏人民出版社，2014，第358页。
④ 徐国荣编著《魏晋玄学会要》，第361页。
⑤ 徐国荣编著《魏晋玄学会要》，第364页。

综上，民国时期，基本从西方哲学的视野来看"玄学"，认为玄学是本体论（或本体论宇宙论），传统的心性之学涉及本体论宇宙论，所以也应属于玄学。例外者，则从六朝学风的独特性论述"玄学"，认为玄学是六朝在老庄影响下产生的新学问。

结　语

综上，从历史上对"玄学"一词的运用来看，"玄学"的来源有两个：一个是来自我国传统作为教育机构的"玄学"和作为重要教学内容的"三玄"（《周易》《老子》《庄子》），一个是来自西方哲学中的宇宙论本体论（把Metaphysics 翻译为"玄学"）。来自前者的"玄学"或"魏晋玄学"有明确的意涵，其根本意涵是用本末有无的范畴调和儒道关系的学问，但这样的意涵在唐以后随着时过境迁已经失去，它的其他意涵——神秘玄远、探讨生命奥秘却在宗教领域得到了发展，影响至今。来自后者的"玄学"则倾向于用西方的本体论宇宙论的概念比附中国哲学，要么把历来论述天人之际的学问甚至一切心性之学都称为玄学，要么如汤用彤那样，把魏晋之前的论天人之际的学问看作宇宙论，把魏晋的玄学看作本体论。今天来看，用西方哲学宇宙论本体论的概念比附中国哲学，存在概念的错位现象，而从我国传统文化语境出发，把一切研究抽象深远之理的学问称为玄学，又有将玄学含义泛化之嫌，玄学毕竟不同于传统的名理学，也不能代表哲学的全部。综合"玄学"的两个来源以及"玄学"概念的发展看，其不变的意涵仍是神秘玄远的天人之际的学问，今天如果重新界定"玄学"，应把历史上涉及天人之际的学问作为玄学的中心内容，从而构建一部中国的玄学史。

明清史研究先驱欧阳琛的学行与学术贡献

余　辉　方志远[*]

摘　要：明清史研究先驱欧阳琛先生早年研究火器史，晚岁以明代政治及制度史为研究重点，对明代的内阁政治特别是司礼监研究颇深，是新中国早期明史专业教授，对于早期明史研究有着较大贡献并培养明清史学者多人。本文利用欧阳琛清华研究院硕士论文定稿与一系列近年新见报刊资料，主要从欧阳琛早年生平与师友关系、撰写毕业论文与指导第一篇论文、江西师范学院时期的明史研究等三方面论述其学行与学术贡献，以重新确立欧阳琛史学论著在早期明史研究中的地位。

关键词：欧阳琛　早期明清史研究　学行　学术贡献

欧阳琛（1912—1994），字伯瑜，江西宜春人。1934—1945年就读于国立清华大学、西南联大（以下或称"联大"）历史系，相继获文学士、文学硕士；1946—1948年，任厦门大学历史系讲师、副教授；后一直在南昌任教，为中正大学—南昌大学—江西师范学院历史系副教授、教授，曾任江西师范学院历史系主任，后任历史系名誉主任，为江西史坛宿耆。

一　早年生平与师友关系

欧阳琛先生就读小学期间，就对历史产生浓厚兴趣。中学时候写就一篇讲稿《征兵制度与募兵制度》，后于大学期间受到清华大学历史系主任雷海宗的影响修改后，发表于1935年《江西学生》第3—4期合刊。[①]文章开篇

---

*　余辉，杭州师范大学人文学院；方志远，江西师范大学。

①　欧阳琛：《征兵制度与募兵制度》，《江西学生》第3—4期合刊，1935年，第43—45页。

阐述"兵"字的本源，辨析西周与秦汉制度的不同，而且引用拿破仑、俾斯麦等人关于募兵与征兵制度的看法。从这篇早期文稿来看，欧阳琛比较推崇征兵制度，而且对于征兵制度与募兵制度优劣都有自己的判断，是对雷海宗于清华课程"中国无兵文化"[①]中表达的观点的引申。抗战时期雷先生更加发挥其观点，形成当时所谓"战国策学派"。可以说，欧阳琛在求学早期受到雷海宗较大影响。

1934 年，欧阳琛入清华大学历史系学习，清华园岁月宁静而美好，却又很短暂。清华大学学习期间，欧阳琛一边学习历史，一边思考国家与民族的未来，1935 年 12 月 9 日他参加了"一二·九"运动，加入了中华民族解放先锋队。1937 年七七事变爆发后，欧阳琛与众多北大、清华、南开学侣一样，跋山涉水来到昆明，进西南联大学习，1938 年毕业于战时清华大学部。1939 年 12 月，入昆明清华研究院学习历史，兼西南联大师范学院助教，屡次备考中英"庚款西洋史"科目未中，留学未果，1945 年获清华研究院文学硕士学位，论文题目为《明季购募葡炮葡兵始末》（约 19 万字），指导老师邵循正，答辩主席郑天挺。

西南联大岁月里，欧阳琛是颇具名气的明清史研究新秀，新近出版《郑天挺西南联大日记》多次出现欧阳琛的记录，使我们得以从侧面窥见欧阳琛在当时求学时代一些经历和郑天挺先生对于他的一些评价。

> 1943 年 11 月 29 日
> 三时至清华办事处，考试史学研究生欧阳琛，外校考试委员唯余一人。六时试毕，分数为七十六分余。[②]

这次考试是欧阳琛论文中期口试，也即现代欧美、日本等地区研究生培养的论文口考，大陆现称为硕博士论文开题，76 分已经属于高分了。

---

① 雷海宗:《无兵的文化》，《社会科学》第 1 卷第 4 期，1936 年，选入雷海宗著，王敦书选编《历史·时势·人心》，天津人民出版社，2012，第 48—63 页。

② 《郑天挺西南联大日记》，俞国林点校，中华书局，2018，第 762 页。

12月27日

三时至西仓坡参加清华大学公费生考试审查论文委员会历史部分，寿民（刘崇鋐）、伯伦（雷海宗）及余共三人。投考人十五人，缴论文者十二，审查结果以何炳棣第一，欧阳琛第二。[①]

这次考试是决定清华公费奖学金的考试，需要送交评审，看成绩欧阳琛仅比何炳棣低一个位次。《何炳棣回忆录》也有出现欧阳琛的名字，两人当时全力准备庚款考试中"西洋史"科目[②]。他们同为清华1938级的历史学家。[③]

1944年12月12日

余既为《清国姓臆测》，忽检书目，知朱遏先先生有《后金国汗姓氏考》，载《蔡先生六十五岁论文集》，久求未获。昨日下课闻之欧阳琛，青云社有寄售一本，力既不能得，乃就读之。与余立说迥异，心乃安。[④]

郑天挺为文极其谨慎，一定多方收集资料及二手论著，他委托欧阳琛找到朱希祖此前的文章，看到朱希祖研究与自己说法迥异，大为放心，这次终于可以顺利完成自己的论文。

1945年1月24日

八时起。欧阳琛来谈满洲姓氏问题，至十时乃入校。[⑤]

上次欧阳琛帮郑天挺先生找了朱希祖的文章，而欧阳琛对此也有一定的见

---

① 《郑天挺西南联大日记》，第772—773页。
② 〔美〕何炳棣：《读史阅世六十年》，广西师范大学出版社，2009，第133页。
③ 苏云峰：《从清华学堂到清华大学1928—1937：近代中国高等教育研究》，生活·读书·新知三联书店，2001，第242页。
④ 《郑天挺西南联大日记》，第968—969页。
⑤ 《郑天挺西南联大日记》，第987页。

解，所以一个多月后一大早就来找郑先生继续商讨这个问题。

> 1945 年 4 月 2 日
>
> 寿民（刘崇铉）来送欧阳琛论文。①

这时欧阳琛清华研究院硕士研究生论文答辩在即，刘崇铉送来论文，意在请郑天挺审阅。

> 1945 年 4 月 6 日
>
> 七时至清华办事处参加史学部研究生欧阳琛论文考试，九时还。考试成绩八十二分一。②

4 月 6 日是欧阳琛正式答辩的日期，用时两个小时，获得高分 82 分。

欧阳琛为清华大学研究院第 11 届毕业生，同期毕业的还有日后著名的逻辑学家王浩。郑天挺与青年学子欧阳琛关于明清史的讨论，还可参见欧阳琛于 1982 年所写之回忆文章：

> 我于一九三八年毕业后，仍住在联大附近旁听课程。我听的课程中就有毅老的明清史和史部目录学。毅老是著名的明清史专家。他在北大开过的关于史学方法方面的课程，也常为人们所称道。以前我无缘聆教，在联大才得偿夙愿，这也是我从毅老受业之始。以后我进清华研究院学明清史，在撰写论文和准备答辩的过程中，每遇疑难，趋前求教，都得到毅老热情与耐心的指导，使我铭感不忘。③

由此可见前辈学人与青年学子为学之情谊，郑天挺的日记为我们提供了两人

---

① 《郑天挺西南联大日记》，第 1016—1017 页。
② 《郑天挺西南联大日记》，第 1018 页。
③ 欧阳琛：《学习郑毅老的共产主义思想——从回忆里得到的启示》，《南开史学》1983 年第 1 期。

部分见面的情况记载，欧阳琛的回忆则提供了当时他对前辈学人之敬仰，以及二人致力于明清史学术问题探讨的情况。

欧阳琛在学业方面不仅仅和郑天挺关系深厚，他写作毕业论文《明季购募葡炮葡兵始末》时，向邵循正、姚从吾、向达反复求教，并经姚从吾、向达二先生引荐，结识方豪，欧阳琛晚年回忆称："联大聚集了三所大学中许多为青年凤所仰慕的教授，开出了很多各具特色的课程……这不仅大大推动了学生的学习兴趣，还开扩了他们的视野与思路，活跃了学术空气。"[①] 方豪于欧阳琛论文具体问题研究启发较大，二人关于明末火器流入中国问题来往书札发表于《东方杂志》第40卷第1期。对此，方豪在晚年回忆："向先生研究中西交通史，知道我又是同行，又自谦不通拉丁文和法文，便客气地说：'十六七八世纪这一段交给你了！'后来他又要他指导写论文的学生，到我处来讨论，印象最深的是一位欧阳琛同学，他研究西洋火器传入中国史。"[②] 方豪的回忆从侧面说明欧阳琛研究的深度。方豪此段时期关于明清火器史研究文章见《孙元化手书与王征交谊始末注释》[③]。欧阳琛论文成稿后，寄赠方豪留存，有欧阳琛题赠方豪之语："杰人先生教正，欧阳琛敬赠，（民国）三十五年七月。"可谓二人师友风谊，砥砺治学之见证。方豪此后积极推荐这篇论文，香港大学、台湾大学皆存方豪所赠之影本，原本则由方豪先生赠予台湾政治大学，留存至今。

欧阳琛在昆明期间，常去江西同乡程应镠（流金）居所。程应镠是江西新建人，清代大学士程矞采后人，早年入燕京大学历史系，后成为著名宋史专家。程应镠租昆明树勋巷5号两室一厅朝南的房子聚会。这里是昆明青年学生常在一起聚会的地方，他们有徐高阮、丁则良、王永兴等人，日后都成为中国史学家。他们大部分修联大历史系的课程，时有一些新朋

---

① 欧阳琛：《大学生活杂忆》，《清华十级纪念刊》编辑组编印《清华十级：1934—1938—1988 纪念刊》，1988，第170页。

② 方豪：《我所认识的姚从吾先生》，萧继宗主编《革命人物志》第14集，台北："中央"文物供应社，1975，第234页。

③ 方豪：《孙元化手书与王征交谊始末注释》，《真理杂志》第1—2期合刊，1944年，第225—228页。

友加入，这里是当时昆明一个小有名气的青年学术沙龙。此外，欧阳琛与程应镠创办私立天祥中学，亲自教学，程应镠出任教导主任，欧阳琛兼职国文老师。① 欧阳琛在联大勤工俭学，担任"半时助教"，教初级部历史课程，月薪"伍拾元"。② 1942年好友王瑶（后北大中文系教授）由成都抵达昆明。由于错过联大开学，经欧阳琛介绍，先到天祥中学教国文糊口，再想办法入联大读书。③ 这时期欧阳琛也与一部分共产党员来往密切，比如联大学生汤德明（后为同济大学教授）是地下党员，欧阳琛与他来往密切，并引荐给程应镠认识。④ 另外欧阳琛与程应镠都比较喜欢俄国文学，与冯契相熟。程应镠回忆：

> 冯契（原名冯宝壤）和我是在昆明认识。……有一个叫张国士的学生和他很接近，时常到他那里借阅俄国文学作品，这个学生和我也很接近。我在昆明时的一些朋友如王逊、欧阳琛、章煜然、胡正谓和他很熟悉，也时常谈到他。⑤

欧阳琛在昆明两处兼职，半工半读，最终在1945年成功获得清华研究院第十一届硕士学位，这是清华研究院在抗战时期颁发的最后一届学位，成为联大研究生培养的绝响。

抗战胜利后，欧阳琛返乡休养了半年，1946年2月应聘厦大外文系讲师，旋入历史系任教。⑥ 厦大教授郑朝宗回忆当时情况，抗战后厦大新聘了一批倾向于进步的青年教师。欧阳琛与熊德基是其中的佼佼者，郑朝宗说："欧在清华大学读书时比我低一年级，欧告诉我，德基原就学于北平中国大学，后

---

① 王文俊主编《国立西南联合大学史料4：教职员卷》，云南教育出版社，1998，第188页。

② 张爱蓉、郭建荣主编《国立西南联合大学史料2：会议记录卷》，第248页。

③ 张中伟、张中儒：《中国现代文学史奠基人——王瑶》，山西春秋电子音像出版社，2002，第14页。

④ 虞云国编著《程应镠先生编年事辑》，上海人民出版社，2016，第149页。

⑤ 虞云国编著《程应镠先生编年事辑》，第112页。

⑥ 陈营、陈旭华编《厦门大学校史资料》第5辑《组织机构沿革暨教职员工名录1921—1987》，厦门大学出版社，1990，第185页。

来转入西南联大，他们都是江西人。欧沉默寡言，德基则谈笑自若，雄辩滔滔，令人有一见如故之感。"① 其后厦大组织学生历史学会，并邀请老师为顾问并演讲，熊德基讲"我为什么学历史？"，欧阳琛讲"注重活的历史"②，学生大为叫好。

欧阳琛在厦大一直少有社交，重大场合一般不发表自己的看法。1947年厦大庆祝五四晚会，王亚南校长要欧阳琛发言，欧阳琛也只是与邻座郭大力"一直聚精会神地顾听着演讲和表演，谦让着不发表自己的意见"③。1945—1949年正是国内风起云涌，各方角力的关键时刻，大学校园自然也不例外。1948年厦大学生发表了《为抗议美国扶植日本上南京总统府代电》、《南京政府对日本的罪行》和《国立厦门大学反对美国扶植日本抢救民族危机宣言》。厦大的王亚南、卢嘉锡、欧阳琛等九位教师，也在《星光日报》上发表了"反美扶日"笔谈④。这次笔谈主题为熊德基起草，其他教师参与修改并联署。欧阳琛的笔谈发言如下："美国为了包围苏联而扶助日本，和第二次世界大战以前德、意、日反共公约一样，直接危害了中华民族的生存。中国人民如果不愿重演八年抗战的惨剧，惟有起来坚决反对美国这种帝国主义政策。"⑤ 可见欧阳琛字里行间透露出强烈希望中华民族复兴的意愿，这种思想从清华园、联大到厦大始终未变，特别是他多年考"庚款西洋史"科目，较之一般学者更为熟悉西洋历史，对当时美国帝国主义心态的分析可谓一针见血。

二 欧阳琛先生早年毕业论文与指导论文

欧阳琛先生清华大学研究院硕士毕业论文《明季购募葡炮葡兵始末》，

---

① 郑朝宗：《海滨感旧集》，厦门大学出版社，2014，第21页。
② 《厦大校刊》第1卷第4期，1946年。
③ 原载厦门大学《江声报》1948年11月10日"学生园地"，转引自厦门大学校史编委会编《厦门大学校史资料》第2辑，厦门大学出版社，1988，第342页。
④ 中共厦门市委宣传部、厦门市社会科学界联合会编《洪卜仁学术文集》，鹭江出版社，2018，第44页。
⑤ 厦门大学校史编委会编《厦门大学校史资料》第2辑，第378页。

乃于抗战后期写就，是为中国研究明末西洋火器东传最早者，现代学者如汤开建、黄一农等研究明末火器来华史，都高度推崇《明季购募葡炮葡兵始末》对中文世界早期中西火炮史研究的开创性贡献。学界对欧阳琛生平事迹不了解，汤开建甚至误以为欧阳琛是港台学者[①]。这也是本文要绍介欧阳琛生平与他早年治明末火炮史的重要原因。

现代学者分析欧阳琛这篇论文写作过程，引用方豪与欧阳琛在《东方杂志》的公开通信，认为"方豪率先发表了回应欧阳琛来信而写成的《明末西洋火器流入我国之史料》，是目前所见近代学者研究西洋火器东传的最早论著。文中提到的欧阳琛，当时正从事相关问题的探讨，在与方豪的交流中，对明末购募西炮作特别关注"[②]。闫俊侠《晚清西方兵学译著在中国的传播（1860—1895）》（博士学位论文，复旦大学，2007）认为民国时期早期中西火炮交流史研究以欧阳琛与方豪的研究为主。他引用佚名撰《明末西洋火器传入中国之背景与影响》上卷（1945年抄本），仔细分析其内容，发现非常接近欧阳琛论文第一章，《明季购募葡炮葡兵始末》原稿第一章正是"购募葡炮葡兵之背景"。据欧阳琛致方豪信记载，他原拟研究"清代火器演变史"，但于撰写明末火器传入中土背景介绍时，突然觉得这是一个很大的问题，特别是徐光启、孙元化倡导购募葡炮、葡兵。登州兵变后，这一支强有力的西法练军随将领孔有德、耿仲明等投入后金，明清双方军事情势随之逆转，间接促进了明清鼎革的发生。[③] 他认为要先把明清之际葡萄牙来华火器与葡兵问题研究清楚，才能进行下一步的研究。方豪对此表示高度认可，复信言，应高度重视西文史料特别是葡文史料，并与汉、满文史料对勘，对这一问题必须进行系统研究，才能推进"清代火器演变史"的研究。可以确定的是，《明末西洋火器传入中国之背景与影响》上卷就是定稿《明季购募葡

---

① "（明末澳门的历史）港台学者如方豪、欧阳琛、黄一农、林子昇亦有较深的专题研究。"参见汤开建《明季澳葡政权的走向及与中国政府之关系》，《新史学》第12卷第3期，2001年，第20页。

② 谢盛：《70年来西洋火器传华研究的回顾与分析》，《南都学坛》2020年第1期，第25页。

③ 方豪：《明末西洋火器流入我国之史料：复欧阳伯瑜（琛）先生论满洲西洋火器之由来及葡兵援明事（附来书）》，《东方杂志》第40卷第1期，1944年，第49—54页。

炮葡兵始末》第一章的背景介绍文字，因为未定稿所以没有题名，或因年久保存不善丢失了题目，但是应属欧阳琛论文草稿第一部分。

欧阳琛《明季购募葡炮葡兵始末》定稿分为四个部分：①购募葡炮葡兵之背景；②耶稣会士传教活动与购募葡炮葡兵；③徐光启强兵精器之主张与购募之经过；④孙元化与登州之变。① 我们可以看出，欧阳琛定稿章节目录的设置，基本包含在他与方豪先生通信所涉及的内容中。方豪出身教会家庭，从小在杭州教会长大，熟稔英、法、德、意、西、葡等文，中年转入研究历史，以专精西方语言研究中西交通史著称。欧阳琛虽然也与吴保安（于廑）、何炳棣一样，多次备考"庚款西洋史"科目，惜西洋史与外语分数不及吴保安、何炳棣等人，所以留在西南联大攻读中国史。吴保安、何炳棣等入美国大学英国史研究院，在世界史研究领域有极高成就，特别是吴保安成为新中国世界史学科教学与科研的奠基人，出版《世界史》六大本教材，至今仍然被学子使用。何炳棣则以治"16世纪以后英国土地制度"拿到哥伦比亚大学博士学位，此后成功转入中国史研究，成为一代大历史学者。欧阳琛虽然熟悉西方语言，但在西文的学术运用上毕竟不如上述三位，所以他不时请教方豪西文史料关于明末火器入华的记载，方豪认为两人通信十分重要，所以征求同意后，特在《东方杂志》上刊登。

欧阳琛论文第一章"购募葡炮葡兵之背景"，为分析明代早期军匠制度与《（万历）大明会典》所载火炮样式，特别是与同时期西方记载做型号比对。第一章重在介绍当时枪、炮型号与时人记载各种枪、炮使用情况与效果，特别用明人记载与西文史料对译，彻底了解其详细的形制，为以下行文做铺垫。第二章"耶稣会士传教活动与购募葡炮葡兵"，为介绍耶稣会士在晚明传教的情况，并钩沉士大夫与耶稣会士交往情况。此前由于雍正禁教与晚清义和团扫荡京郊明末耶稣会士遗迹，学界对于晚明耶稣会士与士大夫交往，不甚了解，该文可谓有开创性贡献。第三章重点为研究徐光启、孙元化师徒训练明军，购募葡兵、葡炮的功绩，指出两人在士大夫群体中具有前瞻

---

① 欧阳琛：《明季购募葡炮葡兵始末》，南昌欧阳琛自印，1946，台湾政治大学藏欧阳琛赠方豪油印本。

性思想，他们提出学习西方先进的火器技术，用以挽救辽东日益困窘的战局。第四章介绍"登州吴桥兵变"这一明清鼎革关键史实，明将孔有德、耿仲明因缺饷银，发动兵变，害怕明廷秋后算账，而投入后金，带走已经练成的明军西化炮兵与葡炮多门。他们受到皇太极的重视，皇太极成立专门炮兵队伍"乌真超哈"，明与后金于辽东等地形势遂大为逆转，后金在火器上得以与明军一比雄长。辽东战局后金军兵日益主动，开始伺机攻取明之坚城，徐光启、孙元化等苦心孤诣之努力终成泡影，反而"师西方长器以资虏"，导致前线形势逆转。该文乃是第一次在学界提出此关键问题，提升了明清鼎革研究深度。由此可见在欧阳琛初为大学教师时，他在厦门大学历史系演讲"注重活的历史"，意味深长。

欧阳琛《明季购募葡炮葡兵始末》史料运用上力求完备，中文材料多利用当时故宫博物院出版之"善本丛书"、昆明各大图书馆藏明人文集、史语所出版之《明清史料》各编、史语所图书室馆藏历朝《明实录》抄本及《崇祯长编》等书，并利用耶稣会士原版著作，都列出其中文与西文名，方便读者搜检。有学者评论称欧阳琛先生以钻研专题史料见长①。欧阳琛于抗战烽火中，无任何便利条件情况下，使用这么多材料，对于明清鼎革这一重大历史问题，提出了火器技术转移乃一大关键问题，明亡清兴不能一概而论为明之腐败不敌清之勃兴的观点，实乃很具史识的一则史论。20世纪60年代，史家罗香林指导学生马幼垣为明清火器史研究，还特意致函远在台北的方豪先生，讨要欧阳琛《明季购募葡炮葡兵始末》原稿。罗香林颇为珍惜欧阳琛此论文，雇人费金用毛笔誊抄，把原件送还方豪（即今存台湾政治大学图书馆处本），毛笔誊抄件则借给学生影印，此为当代学林佳话，②也是欧阳琛论文受到当代史家重视的表现。

欧阳琛于《明季购募葡炮葡兵始末》完稿后，应聘厦门大学，颇有志于

---

① 周天：《16世纪耶稣会士入华与明代中国行政管理的制度性固弊》，洪涛主编《历史与理性》，上海人民出版社，2007，第141页。

② 马幼垣：《罗香林教授与我的海军史研究》，马楚坚、杨小燕主编《香林教授与香港史学：逝世二十周年纪念论文集》，香港罗香林教授逝世二十周年纪念论文集学术研讨会筹备委员会，2006，第156页。

继续研究南洋问题与明清史，他向当时厦门大学历史学会提交草拟的研究计划云：

> 该会会员为着实际的需要与研究的方便，积极与校方接洽成立研究室，将分南洋、学术思想、明清等组，分头合作研究云。[①]

欧阳琛在 1947 年指导的厦门大学学生黄典权大学毕业论文为《明末漳泉之海盗》，据黄典权自言，他"以郑芝龙为问题焦点，夙夜披览史料，因而次岁，以《明末漳泉之海盗》为题目，撰毕业论文，由欧阳琛教授指导，自此海疆史事之研究结下不解缘"[②]。黄典权后赴台湾，因与欧阳琛师生关系，得以拜方豪为师，为成功大学教授，以毕生治海洋史闻名于世。黄典权《明末漳泉之海盗》以明末清初郑氏家族为主线，钩沉中国南部漳、泉海域的海盗史实。该文分为三部分：嘉隆间海盗骚扰闽粤海域；万历十年后海氛小靖；天启、崇祯间海盗大兴与郑氏家族对于明清之态度，郑芝龙降清，而郑成功以残部持续不断为民族抗争。[③] 该文言简意赅，惜乎当时资料条件限制，所利用史料多为福建等地明清方志，官书、文集史料使用较少。该文大量利用顾炎武《天下郡国利病书》分析时代大势，可谓一大亮点。该文虽是黄典权初撰成，但也可反映欧阳琛先生对于明清易代的观点，即明为正统，郑成功等抗清乃是民族大义。面对来自北方的压力，明需依靠海洋而站立。可惜的是欧阳琛没有继续治海洋史，1949 年他与谷霁光教授一道前往南昌的中正大学任教，此后他再也没有写过关于明清火器史和海洋史的文章。他的很多观点已经初步形成，没有成稿，故未能发挥其学术创见，令人扼腕。

---

① 《厦大校刊》第 1 卷第 4 期，1946 年。
② 丁煌：《文献委员黄典权教授传略及其治学业绩》，《海盗·香火·古港口：台南研究先驱黄典权纪念专书》，台南市文化局，2017，第 420 页。
③ 黄典权：《明末漳泉之海盗》，《海盗·香火·古港口：台南研究先驱黄典权纪念专书》，第 41—68 页。

三 江西师范学院时期的明史研究（1949—1994）

欧阳琛于 1948 年底离开厦门大学，在福州停留约三个月，与徐千里等人租福州秘书巷 27 号创办大众新闻社，自任主编，蜡纸油印发行新闻稿 100 份，1949 年上半年停刊。[①]1949 年中期至中正大学任教，此后中正大学面临改名重组，1950 年改名南昌大学，1953 年在南昌大学师范部基础上筹备建立江西师范学院（以下简称"江西师院"）。学校留下了原南昌大学理学院院长郭庆棻、副教务长谷霁光、副总务长熊化奇、数学系主任彭先荫、文史系代主任欧阳琛、艺术科主任刘天浪、校务委员吴士栋等著名教授。[②]1953 年 10 月 29 日，经中央批准，正式成立江西师范学院筹委会。筹委会由 14 人组成，并设立了常务委员会。常委会由吕良、郭庆棻、张慈瑞、谷霁光、熊化奇、彭先荫等人组成，[③]由原任中正大学文史系主任欧阳琛任历史科主任，欧阳琛对于江西师范学院历史学科教学倾注了大量心血。[④]据当时有些学生回忆：

（江西师院）历史系建系后，特别是 1960 年前后，一批本科毕业生充实到教师队伍中来，如何很好地培养这些年轻人，使他们尽快成长为教学骨干，便成为系主任深切思考的问题。为此郭宣霖先生会同当时主管教学工作的副系主任欧阳琛先生制订了《历史系青年教师培养规划》。这份在"文革"中曾被斥为"黑文件"的规划，实际是富有远见而又切实可行的文件。它规定了青年教师培养的目标、要求，提出了培养的具体措施，希望青年教师能尽早接过老一辈的"衣钵"即接班。依据这份文件，一批青年教师被先后送到中国人民大学、北京师范大学、厦门大学、山东大学等校进修。依据这份文件，系里的教授、副

① 王植伦主编《福州新闻志·报业志》，福建人民出版社，1997，第 203 页。
② 郭杰忠、谭光兴编著《推进内涵建设，提高高等教育办学质量》，江西高校出版社，2014，第 11 页。
③ 江西师范大学校史编写组编《江西师范大学校史》，江西高校出版社，2000，第 58 页。
④ 郭杰忠、谭光兴编著《推进内涵建设，提高高等教育办学质量》，第 11 页。

教授和讲师被指定为相关专业青年助教的指导老师，具体落实文件的要求。……历史系当年培养青年教师的一些举措，无疑是适合时宜的。严格的要求造就了严谨的学风和教风。他们后来在七八十年代大都成为历史系各专业的骨干，实现了郭宣霖、欧阳琛两位先生关于继承先辈"衣钵"（接班）的嘱托。①

欧阳琛在当时客观条件不是特别好的情况下，对江西师院历史学科的教学采取了很多具体的举措，包括选任优秀学子外出进修，为教授指定青年教师为助教，这都是比较好的历史研究实学风气的体现；鼓励年轻学子多向京津沪地区高水平前辈看齐，学习外校培养经验，放宽青年教师的眼界，真正发挥培养后辈学人，回馈江西父老的作用。这一批培养的学者中，如秦汉史学者黄今言、宋史学者许怀林等成为当时国内史学界新秀，基本达到培养目的。对此段时间，黄今言回忆称："我们历史系是一个优势学科，教师队伍就比较雄壮，老一辈学者姚名达、谷霁光、欧阳琛、谢康等教授，为我们打下了良好的学术基础。"②

1949年欧阳琛在《新中华》发表《王阳明与大礼议》③，初步开始涉及明代政治史，该篇论文详细叙述嘉靖初年王阳明及其门徒与大礼议之间的关系，且就早期王学传播与明廷上层政治做了简明扼要的说明，为我们拨开《传习录》《阳明年谱》《明儒学案》构建的阳明与政治无涉之纯儒形象迷雾，有着很大的学术贡献，有学者评论称："欧阳先生以朱王二派的对立考察了从嘉靖到万历一段时期的党争，这是颇有见地的。"④ 这篇用力颇深的论文成了欧阳琛阳明学研究的绝响，此后种种原因，使他并没有继续阳明学与政治之关系研究，晚年专心致力于研究明代政治史。

① 王缧主编，江西省老科学技术工作者协会江西师范大学分会组织编写《一枝一叶总关情（4）：江西师范大学史迹寻踪》，江西高校出版社，2010，第137页。
② 康国卿、汪昕：《黄今言老师在师大的六十年》，蒋凤池主编《一枝一叶总关情——江西师范大学史迹补辑》第11辑，江西高校出版社，2019，第29页。
③ 欧阳琛：《王阳明与大礼议》，《新中华》第12卷第7期，1949年。
④ 邓志峰：《谁与青天扫旧尘"："大礼议"思想背景新探》，《学术月刊》1997年第7期。

欧阳琛转向明代政治史研究与南昌文教环境有着很大的关系。欧阳琛出身的清华大学与西南联大，均与中研院史语所有学术渊源。1945 年后清华、北大复校回到北京，史语所在 1949 年迁往台湾。20 世纪 50 年代全国大批珍本善本开始大规模向北京图书馆、中国科学院图书馆、上海图书馆等国家重点图书典藏机构集中。南昌等地阅读明清珍稀史料与海外期刊专著已很困难。南昌虽然是江西首府，但就欧阳琛所需的明史研究材料来说，尤为缺少，获取西文史料更是难上加难，欧阳琛已经无法继续先前在昆明、厦门致力颇多的明清火器史、海洋史的研究，所以他开始转向明代政治史研究。他在 50 年代力排众议，说服江西师院图书馆用重金购买了 1940 年梁本《明实录》。《明实录》在明史研究资料中的独特性，可谓无法替代。我们后文将要谈到欧阳琛从 1979 年开始培养明史研究生，首先要求学生通读《明实录》，以贯通对明朝历史的理解，他以此培养诸位学生，皆取得非常好的效果。[①]

1950—1978 年，欧阳琛除了在 1960 年 4 月写了一篇《坚持理论与实际相统一，加速世界观的根本改造：重读"改造我们的学习"笔记》[②]，别无任何作品问世。1986 年江西省组织召开了首次江西社科界内部关于当前史学形势和方法座谈会，欧阳琛与会并介绍了西方史学研究方法论的情况和西方史学方法论的发展，引起与会者极大的兴趣，可以看出，虽然没有直接从事西洋史领域的教学与科研，但欧阳琛依旧关注西方史学的最新发展。[③] 1978—1992 年，欧阳琛把此前很多思考整理成文，涉及对"明代阁权的演变""宦官知识化"等明代政治史重大问题的理解。他在《明内府内书堂考略——兼论明司礼监和内阁共理朝政》《明代的司礼监》两文中提到，司礼监太监于太祖时期设立，分析其后司礼监机构的设置以及演变，可以发现司礼监太监根本意义是皇帝的家奴，他们之所以被培养识字书写，是因为皇帝欲减轻自

---

① 据方志远教授回忆。

② 欧阳琛：《坚持理论与实际相统一，加速世界观的根本改造：重读"改造我们的学习"笔记》，《科学与教学》1960 年第 1—2 期合刊。

③ 邓虹：《江西省史学界首次就当前史学形势和方法论举行座谈会及其观点综述》，《江西社会科学》1987 年第 1 期。

己的负担，以便垂拱而治，所以一部分的监权，除了在共理朝政中与阁权相互制衡而外，还在皇权与相权之间，起着调节作用，以巩固与加强皇权。[①]这一论断突破传统研究只批太监专权，而不反思其权力来源皇权的框架，可谓影响明代政治史甚巨。欧阳琛在《论明代阁权的演变》一文中谈及，明太祖为褫夺相权而建立"六卿分职"体制，至成祖时设内阁，此后历史形势演进，内阁辅臣变成了真宰相。明后期如嘉靖、万历又千方百计想要削弱内阁权力，加速了明朝的灭亡。内阁权力实际上不断突破以皇帝总揽朝政为目的，以"彼此颉颃"为手段，并加以内监相互牵制的"六卿分职"体制，是皇权独裁意志的体现。[②]此文不长，但是总体概括明代内阁权力来源与演变，而且一再强调明廷中枢权力分治，都来源于皇权的控御，言简意赅地突出了明代政治的一大关键——内廷与外朝结构乃是"内外相维"，是很具备思想性与开拓性的一篇论文。这篇论文主旨思想为批判明朝专制皇权，很多引用的材料出自梁本《明实录》，都为平时阅读搜检而来，可以看出欧阳琛颇为熟悉《明实录》的各项记载，故文章结论坚实而可靠。

从1979年开始，欧阳琛不顾年事已高，尽心培养后学，陆续招收方志远、曹国庆、萧放、卞利、于少海等明清史专业的研究生，他们后皆卓然有成。方志远教授于明代政治制度史、明清社会经济史、明代市民文学、明代阳明学等领域有重要建树，代表作有《明代国家权力结构及运行机制》《明代城市与市民文学》《明清湘鄂赣地区的人口流动与城乡商品经济》等。曹国庆专攻明代政治史与帝王传记写作，尤其以严嵩研究与嘉万时期研究著称。代表作有《严嵩年谱》《万历皇帝大传》《严嵩评传》等。卞利硕士学位论文为《清前期赣南租佃关系研究》，在安徽工作后，主要研究徽学，是知名徽学专家，有《明清徽州社会研究》等论著，并编辑大量徽学论文集与资料汇编，为明清徽学研究做出了一定贡献。萧放、于少海主要研究明清社会

---

① 欧阳琛：《明内府内书堂考略——兼论明司礼监和内阁共理朝政》，《江西师范大学学报》（哲学社会科学版）1990年第2期；《明代的司礼监》，《江西师院学报》（哲学社会科学版）1983年第4期。

② 欧阳琛：《论明代阁权的演变》，《江西师范大学学报》（哲学社会科学版）1987年第4期。

经济与民俗，多篇论文见于《江西社会科学》与《江西师范大学学报》。可见欧阳琛学生不谓多，但都学有所长，部分学生成长为明清史领域重要学者，传承了欧阳琛明清史研究思想，推动了全国明清史研究发展。加上前叙黄典权教授，为明清台湾海洋史与郑成功研究的权威。欧阳琛早年开创之明清海洋史与晚年开辟的明代政治史皆有后学承继，实乃学林幸事。欧阳琛一生重要论著被方志远教授汇集为《明清中央集权与地域经济》[①]一书，嘉惠学林，读此书也可窥见欧阳琛先生一生治学精华。香港大学马楚坚教授称欧阳琛为"明史名家"[②]。此外欧阳琛还有两篇关于元初汉化与政局的文章，也得到陈世松等相关元史专家的好评[③]。

结　语

欧阳琛先生是中国自主培养的明史研究者，他早岁立志于研究西洋史，但多次备考"庚款西洋史"不过后，决心留在国内安心治史，并发挥自身优势，研究"清朝火器演变史"，但于写作论文过程中，发现明末火器传华史颇为重要，于是决心先把这一段写好。他遍寻名师请教，加以同辈师友相互砥砺，终于写成《明季购募葡炮葡兵始末》，该文广泛使用中西珍稀材料，立论持平，且包含对明清鼎革这一重大事件的关怀，故结论历久而弥新，成为中西交通史、明清火器史领域不可绕过的经典之作，也使欧阳琛得以一硕士毕业论文闻名于世。

欧阳琛其后辗转福州、厦门、南昌等地，虽然立志于学，也制订了一些新的研究计划，终因时局动荡，遂不果行，1953 年留在江西师院，此后再未离开。他在江西师院期间，尽心力教书育人，虽曾为人污蔑，但矢志不渝，致力于明史研究。

---

① 欧阳琛、方志远：《明清中央集权与地域经济》，中国社会科学出版社，2002。
② 马楚坚：《知人论事由小见大——从〈严嵩年谱〉说开去》，陈文华主编《江西历史名人研究》第 1 辑，中国人事出版社，1995，第 247 页。
③ 陈世松：《中国封建王朝兴亡史·元朝卷》，广西人民出版社，1996，第 107 页。

欧阳琛晚年回归明史研究，日读《明实录》，关心明代政治史最大问题，即"内阁""司礼监"与皇权之间的关系，对于明代皇权乾纲独断，设置各种内外机构相互制约、分权有着独到的见解，提出明代监权滥觞于宦官知识化，对明代政治史研究有着极大的贡献。虽然欧阳琛晚年论著不多，但大多成为明史经典。

综观欧阳琛的一生，虽然历经时局坎坷，但是终生矢志不移，砥砺治学，佳作不断。欧阳琛死后，好友张杰（1901—1996，原名国熊，江西师范大学图书馆原馆长）有挽联：

> 挽欧阳琛先生
> 共事卅年，接触频繁成益友，悲伤今永别。
> 为邻卅载，往来亲切若家人，世谊将长存。[1]

可谓斯人已逝，浩气长存，留下史学著作，必能传诸后世。国家人事部专家司对欧阳琛的评价为："为江西师范大学历史系课程建设、师资培养与提高等作出了重要贡献，对中国古代史尤其是明史的研究有着较高的造诣，撰有较高质量论文多篇，获同行好评。"[2]可以说官方对欧阳琛评价中肯。

---

① 文师华、龚联寿主编《江西对联集成》（下），百花洲文艺出版社，2018，第 1047 页。
② 国家人事部专家司编《中华人民共和国享受政府特殊津贴专家、学者、技术人员名录》1992 年卷第 1 分册，中国国际广播出版社，1995，第 874 页。

赵吟秋《史学通论》对《中国历史研究法》的"因袭"研究

闫　艳[*]

摘　要：赵吟秋《史学通论》作为在中国史学史发展初期撰写的史学著作，学界却少有对其进行专门研究者，个中缘由，恐怕是对此书内容有清晰的认识。探本溯源，是书撰述体例以及对史学定义及范围、史料学等的阐述，皆源自对梁启超《中国历史研究法》表述的简化、翻译和转换。而赵吟秋对《中国历史研究法》的"因袭"，于非主观意义上而言，是他在本土学术被迫处于"失语"之时，自觉地将梁氏的史学理论选作其构建新的史学理论研究体系的资源的真实写照，而也正是通过此种方式，《中国历史研究法》被赋予了特殊的学术使命。也正是这些"因袭"内容，从侧面证明梁书在近代史学界青年学者中的学术影响，并为考察梁书与近代学界的学术关联提供线索。

关键词：赵吟秋　梁启超　《史学通论》《中国历史研究法》

20 世纪 20 年代瑟诺博司、朗格诺瓦、鲁滨孙等西方学人的史学论著凭借其理论性而被何炳松等中国学人反复译介，风行史学界。这些论著的出版传播不仅满足了近代中国学人史学研究的理论诉求，还刺激了部分学人自觉撰写同类论著的热情，客观上逐渐形成了一个撰写和出版"史学通论""史学概论"类著述的思潮。赵吟秋受此史学思潮影响，也早在 1924 年就开始从事"史学通论"论著的撰写。这也让他成为在中国史学史发展史的书写中，被反复提及的近代学人[①]。但综览目前学界的研究，却尚未出现以他为专题

---

* 闫艳，中国社会科学院大学历史学院。

① 核查目前学界出版的多部中国史学史论著，如周文玖《中国史学史学科的产生和发展》、谢贵安《中国史学史》、汪征鲁《中国史学史教程》、张耕华《历史哲学引论》等均在论述早期中国史学史的发展中提及赵吟秋《史学通论》。

的研究成果，其中缘由，恐直接源于学界已知其代表作《史学通论》的具体内容，并非全由赵氏撰写，而是多源出他人论述。探本溯源，是书撰述体例以及对史学定义及范围、史料学等的阐述，皆源自对梁启超《中国历史研究法》表述的简化、翻译和转换。而本文则力图以《史学通论》为主体，分析是书与《中国历史研究法》之间的学术渊源，并以此为梁启超《中国历史研究法》在近代史学界的深度传播研究提供典型例证。

一　赵吟秋《史学通论》的史源考索

赵吟秋，生卒年不详，江苏南通人，曾就读于东南高等专科师范学校。于文史研究皆有涉猎，曾在《诗与小说》《小说月报》等杂志上发表《可怜的她》《秋声》《白云》《一个研究文学的儿子》《失了魄的青年》《泪痕》等新体诗歌。1922 年前后在《小说日报》工作。与胡怀琛交好，曾为胡氏誊写《小诗研究》，胡氏也曾为其史著作序，惜已散佚不见。赵吟秋写作，以白话文为主，这也影响到了他的史学研究，所著《史学通论》一书，即以白话文撰写。赵吟秋在自序中称："立意要做一部浅近而明了的《史学通论》，说明史的意义及研究的方法，更加以各国历史观的派别。"①以此宏愿而撰写《史学通论》，可见赵氏治学之气魄。但可惜的是，细查该书各章具体论述，其内容却多取自其他史家，且不加以说明。限于篇幅，笔者主要以书中与《中国历史研究法》有关的前三章作为史源考察的重点②。

从撰述体例来看，《史学通论》的章节题目，皆源自李大钊《史学要论》及梁启超《中国历史研究法》。其中第五章"历史的系统"直接照搬了李大钊书篇名。或将梁书章节名稍加更改；或将一章进行拆分，而作两章。比如，《史学通论》第一章"史的意义及其范围"与《中国历史研究法》第一章"史之意义及其范围"，表述仅换"之"为"的"；《史学通论》第二、三

① 赵吟秋：《史学通论》，大中书局，1931，"自序"，第 2 页。
② 经笔者探察，《史学通论》第四章、第五章内容，源于李大钊《史学要论》，故而笔者在论述中也会加入这些内容的讨论。

章则是将《中国历史研究法》第五章进行拆分，第二章"史料之搜集"与第五章"史料之搜集与鉴别"中"第一 搜集史料之方法"对应，第三章"史料之鉴别"则是由《中国历史研究法》第五章"鉴别史料之法"删节而来。

从文章的论述内容来看，《史学通论》关于史学定义及范围、史料学的论述，皆是删改《中国历史研究法》的内容而来，笔者于此略举数端以见其概。

首先是史学定义及范围。郑流爱认为赵吟秋的相关论述乃是"复写"《中国历史研究法》而来，然细查可知，赵吟秋并非"复写"这么简单，而是试图通过在书中抹除梁启超论述的痕迹，以达到误导读者的意图。赵吟秋建构"史学通论"研究体系，先论"史学"之定义，并对"史学"范围进行界定，这与梁启超《中国历史研究法》的论述顺序相同。赵吟秋在开篇即表明：

> 我们如果要研究史学，第一步不可不研究清楚的，就是史是什么？
> 梁启超说："史是记述人类社会赓续活动的体相，相校他的总成绩，求得他的因果关系，以为现代一般人活动的资鉴的。"①

从其论述中可见，赵吟秋在阐释"史是什么"时，引用了梁启超《中国历史研究法》关于"史之定义"的解释，但并非抄录原文，而是将梁启超的文言文式论述，翻译成白话文，并未改变梁启超原意。经笔者查证原文，可知赵吟秋于此处引用，做了引用的记号，使读者明白此处引文乃是源自梁书，而非他自撰。赵吟秋在此处的引用是符合学术规范的。但可惜这样说明来源、标记了他人成果的论述太少了，在下文的论述中，赵吟秋在"引用"梁启超《中国历史研究法》时，却不再使用双引号进行标记，而是通过对《中国历史研究法》原文进行删减、更改、转换、增加词语、替换等方式，使读者误以为这些论述乃赵吟秋自创。笔者于此以《史学通论》论述内容先后为序，

---

① 赵吟秋:《史学通论》，第1页。

略举数端以见《史学通论》对《中国历史研究法》的"抄录"情况。

如在第一章关于"史学的定义及其范围"中，引用《中国历史研究法》后，也对史学定义，进行了"分析说明"。《史学通论》原文节录如下：

> 今宜将此定义，分析说明：
>
> ……
>
> 二　人类社会之赓续活动：……。复次，言活动而必申之以"赓续"的：因为个人的生命极短，人类社会的生命极长，社会常为螺旋形的向上发展，冥冥当中好像悬一目的以为指归；……虽到达尚邈无其期，总而言之，与目的地的距离，日近一日。①

梁启超《中国历史研究法》原文为：

> 二　人类社会之赓续活动：……。复次，言活动而必申之以"赓续"者：个人之生命极短，人类社会之生命极长，社会常为螺旋形的向上发展，隐然若悬一目的以为指归；……虽到达尚邈无其期，要之与目的地之距离必近一日。②

将两书进行比较，可知赵吟秋只是将梁启超书中的这些表述进行简化、翻译和转换。例如将"要之"转换为"总而言之"、"者"改换为"的"、"隐然若"翻译为"冥冥当中好像"，同时也将《中国历史研究法》中"焉"一类的副词也进行了删减，这与赵吟秋治学写作，使用白话文的做法是保持一致的。

如果说上述内容仅是改变了行文语言风格，那么赵吟秋在文中将梁启超关于进化的叙述删除，则是在有意抹除《史学通论》中梁启超的元素。因为在他看来，《中国历史研究法》不仅语言风格不符合其要求，而且书中带有

---

① 赵吟秋：《史学通论》，第2—3页。
② 梁启超：《中国历史研究法》，商务印书馆，1922，第2—3页。

梁启超治学风格与特色的内容也应该舍弃。如在第一章中即出现了类似的情况。赵吟秋将梁启超访友时见一孩童，感其聪慧之余，而悲叹"中国现代历史教育"之"无价值"一段话删去。直到《史学通论》第三章，仍采取这个做法。在第三章"史料之鉴别"中阐释"第一等史料"时，有如此阐述：

> 如梁启超所著《戊戌政变记》，后之作清史者记戊戌事，认为可贵之史料？然谓所记悉为信史，恐梁氏已不敢自承。[①]

赵吟秋对梁启超所撰论著进行评点，对《戊戌政变记》作为"第一手史料"的史料价值进行评判。但将其与《中国历史研究法》原文进行比对，可见以上论述并非出自赵吟秋之口，而是将《中国历史研究法》中梁启超之语，移花接木，将梁启超所言"吾二十年前所著《戊戌政变记》"[②]窜改为"梁启超所著《戊戌政变记》"，"吾已不敢自承"改为"恐梁氏不敢自承"。《中国历史研究法》是梁启超在南开大学的演讲稿，在演讲时，加入自身经历，能增添演讲之趣味，这是演讲所需要的。赵吟秋在《史学通论》中却将此部分内容删去，则是有意抹去《中国历史研究法》的痕迹。

上述增删、转换等还多停留在字句层面，最多不过是删去书中所举事例，虽有偷梁换柱之意，多数内容无关宏旨，但赵吟秋对《中国历史研究法》的更改不止于此。在《史学通论》中更有对梁启超的论述范围进行窜改的地方。例如在《史学通论》第一章中关于"编辑历史"的阐述，直接将梁启超关于中国史编纂旨趣的论述，更改为"编辑历史"，赵吟秋此举显然是试图在梁启超的基础上，扩大论述范围，但这并不能掩盖《史学通论》书中论述源自《中国历史研究法》的事实。兹将《史学通论》《中国历史研究法》两书部分原文列为表1，以做比较。

---

① 赵吟秋：《史学通论》，第36—37页。
② 梁启超：《中国历史研究法》，第146页。

表1　赵吟秋《史学通论》与梁启超《中国历史研究法》第一章论述对比

赵吟秋《史学通论》	梁启超《中国历史研究法》
我们如果要编辑历史，一定要注意下面几个重要项目：	今欲成一适合于现代中国人所需要之中国史，其重要项目，例如：
一国的民族是否一国之原住民？抑移住民？	中华民族是否中国之原住民，抑移住民？
一国民族由几许民族混合而成？其混合醇化之迹何如？	中华民族由几许民族混合而成？其混合醇化之迹何如？
一国民族最初之活动，以一国何部分之地为本据？何时代发展至某部分？何时代又发展至某部分？最近是否仍进行发展抑已停顿？	中华民族最初之活动，以中国何部分之地为本据？何时代发展至某部分，何时代又发展至某部分？最近是否仍进行发展？抑已停顿？
一国民族之政治组织——分治合治交迭推移之迹何如？	中华民族之政治组织，分治、合治交迭推移之迹何如？
一国语言文字之特质何在！其变迁何如？其影响于文化者何如？	中国语言文字之特质何在？其变迁何如？其影响于文化者何如？

　　资料来源：赵吟秋《史学通论》，第8—10页；梁启超《中国历史研究法》，第8—9页。

　　赵吟秋将《中国历史研究法》中关于中国史的编纂内容改作"历史"，通过改写以期拓展论述的范围。可见，《史学通论》对《中国历史研究法》论述内容的更改，已不能简单地视作赵氏"浅近明了"写作风格的表现，而是存在着据梁书以为己用的倾向。

　　其次是《史学通论》中关于史料搜集、鉴别的论述，亦是源自对《中国历史研究法》的翻译，大致不出以上所述范围。但在这两章中，还出现了史实和引文的错漏。前者是照抄梁启超原文所致，后者则是缘于赵吟秋对原文的删减。

　　例如，赵吟秋在书中仍将梁启超关于《中国见闻录》成书时间的错误论述，进行直接抄录，不加修正。梁启超在1922年版的《中国历史研究法》中认为，《中国见闻录》的成书时间乃是在9世纪时[①]，被同时期学者作文批驳，

---

　　① 梁启超：《中国历史研究法》，第111—112页。按：中华书局1936年版《饮冰室合集》本《中国历史研究法》对此表述也做了关键改动，"九世纪时"改为"十世纪初期"。

陈垣、张星烺均认为《中国见闻录》的成书时间为 916 年[1]。陈垣的批注在陈垣生前不曾公开发表，罕为人知。张星烺的考订成果于 1923 年已公开发表，这一时间，早于赵吟秋撰写《史学通论》。但赵氏在书中，仍抄录错误原文，认为《中国见闻录》一书，成书时间乃是在 9 世纪时[2]。可见他在抄录时，仍是以删改梁启超的文言文式表达为主，对书中史实的讹误并未进行考订。

不止于此，《史学通论》书中还出现了史料"张冠李戴"的情况。如将梁启超《中国历史研究法》中所引黄宗羲与叶方蔼书的内容，误以为是《后汉书·孔融传》中孔融与曹操书的内容，见表 2。

表 2　赵吟秋《史学通论》误抄梁启超《中国历史研究法》对比

赵吟秋《史学通论》	梁启超《中国历史研究法》
我们若能循此习惯以评骘史料，则汉孔融与曹操书固尝言："首阳二老托孤于尚父，乃得三年食薇，颜色不坏。"	吾侪若循此习惯以评骘史料，则汉孔融与曹操书，固尝言"武王伐纣，以妲己赐周公"，吾侪其将信之也？清黄宗羲与叶方蔼书，固尝言"首阳二老托孤于尚父，乃得三年食薇，颜色不坏"

资料来源：赵吟秋《史学通论》，第 41 页；梁启超《中国历史研究法》，第 150 页。

综上，《史学通论》前三章以增减、改写、删除等形式对《中国历史研究法》的因袭，已可见其大概。于历史撰述，中国传统史家虽有"史笔点窜涂改，全贵陶铸群言"[3] 的传统历史观念，但在该书中赵吟秋并未"即彼陈编，就我创制"，而是大篇幅地对梁启超《中国历史研究法》抄录、窜改，赵氏此举，抽梁换柱，误导读者，这既不能体现他的史学思想，也不符合学术规范。但这是民国史学理论界第一次大篇幅地不加注解地将《中国历史研究法》移植进入论著中，于《中国历史研究法》而言，是该书撰写体例渗入民国时期"史学通论"的重要表现，是揭示该书被动参与构建民国时期史学

---

[1]　《中国历史研究法批注》，陈智超主编《陈垣全集》第 22 册，安徽大学出版社，2009，第153 页；张星烺：《〈中国历史研究法〉纠谬》，《史地学报》第 2 卷第 3 期，1923 年，第97—98 页。

[2]　赵吟秋：《史学通论》，第 20 页。

[3]　仓修良编注《文史通义新编新注》（下），商务印书馆，2017，第 1035 页。

理论学科建设不能被忽视的重要一环。同时，这恰也说明《中国历史研究法》因其强大的学术生命力，已成为是时学者窜改的对象。

学术研究，离不开对已有研究成果的引用与参考，故学者在进行学术实践时，参考书目是必不可少的。但这些学术活动都需在学术规范规定的范围内进行，越过学术道德这一红线则有抄袭之嫌。然而，在学术规范不严谨的民国史学界，学者对已有成果的大量引用与抄录，则从另一个角度体现了引用者对"被引用者"史学思想的接受，是"被引用者"史学思想得以传播的必要条件之一。梁启超在《中国历史研究法·自序》中曾期望学界"因吾之研究以引起世人之研究"[1]，正是这个道理。赵吟秋《史学通论》对梁启超《中国历史研究法》的大量抄录与窜改，正是从侧面映射出梁启超《中国历史研究法》在民国史学界被传播、接受的一个面相。

二　两篇序言的"溢美"不足为信

赵吟秋对"旧史学"的态度深受梁启超"新史学"的影响，认为："（中国人）无论治那种学问，很少有科学的系统及眼光；所以翻破了中国所有的史，几乎没有一部不杂着谎诞不经的鬼话！又因帝王朝代递换的关系，至少有一部分感情作用；加之已往史学者的观念，多以政治为中心，对于平民的记载极少。"于是他立志要撰写"一部浅近而明了的《史学通论》"[2]。赵吟秋编撰《史学通论》的旨趣正是对梁启超"新史学"理念的实践，但该书与梁启超之间的联系，并不止于启迪之功。笔者比对该书前三章的史源，发现其内容皆由删改《中国历史研究法》体例、内容而来。但值得注意的是，在该书他序、自序中，均对这些窜改内容视而不见，而且有意或无意间强调该书的原创性。尤其是在该书他序中，作序之人或夸赞赵氏接续梁启超《中国历史研究法》之功，或将其视作"筚路蓝缕"之作。兹举

---

[1]　梁启超：《中国历史研究法》，"自序"，第4页。
[2]　赵吟秋：《史学通论》，"自序"，第1—2页。

两例①，以见其概。陈景新②作序认为：

> 吾国文学界研究史学者虽多，而除梁任公《历史研究法》外，实罕有其人；推原其故，以史学卷帙浩繁，自非寝馈亲切者，未易窥其堂奥。赵子吟秋，博览群书，为近代之青年文学家，于史学尤素所研究……所作《通论》……浏览一过，始悉吾国数千年史学之源流派别，变迁诸要端，阐发靡遗，俾后之研究史学者，可以奉为津梁也。③

陈景新以为赵吟秋所撰《史学通论》，是继梁启超《中国历史研究法》之后，又一可以为"奉为津梁"的力作，足见他对《史学通论》学术价值的认可。书中另一篇序言，则是由江亢虎④所作。江亢虎与陈景新二人之间有学术交往，江氏曾为陈景新《小说学》的"鉴定者"⑤，而为赵吟秋《史学通论》作序则是二人学术联系的又一史料。江亢虎所作序文中，更是以为"虽以放胆著书如梁任公者，亦仅仅发其大凡而止"。而"遽出《史学通论》以问世……观其所著颇有条理，分析综合，尤见匠心；……赵君此编，如筚路蓝缕，固已启山林之路，其勇气抑可嘉矣"⑥。以为赵氏是书，相较于"仅仅发其大凡"的梁任公，论述更有条理，分析更得法。殊不知，赵吟秋才是真正"放胆著书"者。这里需要注明的是，江亢虎于1937年发表《挽梁任公》⑦一文，将他与梁启超之间的交游，以及他对梁氏生平著作的评述，以诗的形式写出，以表

① 赵吟秋于自序中言，还请胡怀琛为其作序，但笔者翻阅《史学通论》、胡怀琛论著等，均不见是篇序言，实乃一大憾事。

② 陈景新，生卒年不详，号警心，浙江人氏。曾在南方大学、上海大学任教，著有《小说学》一书，于1926年由上海泰东书局出版。

③ 赵吟秋：《史学通论》，"陈景新序"，第1页。

④ 江亢虎，生于1883年，卒于1954年，原名绍铨，号洪水，别号天我庐主人，江西弋阳人。曾在北洋编译局、京师大学堂、《讲学月刊》等处任职、教学。曾参与中国社会党的创立、南方大学创办，1940年加入汪伪政权，抗战胜利后被捕，后死在监狱中。他的论著多收录于《江亢虎文存初编》等文编中。

⑤ 陈玉堂：《中国文学史旧版书目提要》，上海社会科学院文学研究所，1985，第241页。

⑥ 赵吟秋：《史学通论》，"江亢虎博士序"，第2页。

⑦ 江亢虎：《挽梁任公》，《讲学月刊》第7—8期合刊，1937年。

对梁氏怀念之情[①]，从中可知，江亢虎与梁启超相识于1901年，20世纪20年代二人都在东南大学讲学，可见他对梁任公十分熟悉。而从上文可知，江亢虎于此却有意忽略《史学通论》与梁启超《中国历史研究法》之间的史源关系。

《史学通论》中这两篇他序，切入点虽不一，但有两个共同点：一是均以梁启超《中国历史研究法》作为衡量赵吟秋《史学通论》学术价值的参照物；二是有意强调《史学通论》超越《中国历史研究法》的学术价值，均忽略了《史学通论》与《中国历史研究法》之间的史源关系。友朋之间不免说些顺耳的话，溢美之词在序言中，虽也不罕见，但罔顾事实，甚至明知此书多有因袭，实少创作，却仍谓之"津梁"，誉为"筚路蓝缕"，无论如何也不能取信于人，难称净友。这是今人阅读时应当警惕的。

结　语

在知识再生产过程中，如赵吟秋一类的作者选择"因袭"导致了自我学术创新的缺失，但若转变解读视角，这些文本其实也不乏全新的学术价值。即通过对此类文本做精细的史源分析与考证，析出作者与他人的学术关联，同时抉发出在知识的"再生产过程"中被"因袭"文本的学术传播广度与深度。赵吟秋《史学通论》对梁启超《中国历史研究法》的"因袭"，于非主观意义上而言，是他在本土学术被迫处于"失语"之时，自觉地将梁启超的史学理论选作其构建新的史学理论研究体系的资源，而也正是通过此种方式，《中国历史研究法》被赋予了特殊的学术使命，即作为中国史家融汇中外的本土史学论著，在"史学通论"的撰写中，占有一席之地，在某种程度上承担起构建新的本土史学研究体系的重任。

[①] "东海浮槎早识君（余辛丑识君于横滨），西窗剪烛快论文。秫陵虎帐分经席（与君同时讲学东南），榆塞骊歌写练裙（游俄时君设祖津门有赠答）。投老名园依水木（君主讲清华有年），移疴别院隔风云〔[此]〔北]伐军到平君已在医院〕。鹊冠更绝重洋去（余以十六年十月去国），凄笛山阳那可闻。"江亢虎《挽梁任公》，《讲学月刊》第7—8期合刊，1937年，第67页。

"人类世"视域下的"星球史"观念思考*

——评迪佩什·查克拉巴蒂著

The Climate of History in a Planetary Age

邓京力 党 旸**

摘 要: 伴随着气候危机的紧迫性,多学科学者提出"人类世"概念及其历史视域,试图通过强调人类的主观能动性对地球的深远影响,使人们意识到人类活动已成为塑造地球生态系统的主导力量。"星球史"观念则旨在将地球理解为一个自然史与人类史交互作用的具有整体性的动态系统,从而挑战历史书写中的人类中心主义观念。迪佩什·查克拉巴蒂尝试以历史的空间化叙事探索整合人类史和自然史的宏大叙事结构,致力于恢复对自然敬畏的历史书写,从中获得新的历史感和历史理解。

关键词:"人类世" "星球史" 迪佩什·查克拉巴蒂 历史书写

印度裔国际著名史家迪佩什·查克拉巴蒂[①]在2021年出版《星球时代的气候史》一书,从气候危机的紧迫性出发,结合历史哲学、人类学、地球系

---

* 本文系北京市社会科学基金重点项目"史学理论话语体系与学科体系研究"(22LSA002)阶段性成果。

** 邓京力,首都师范大学历史学院;党旸,首都师范大学历史学院。

① 迪佩什·查克拉巴蒂(Dipesh Chakrabarty,1948—),国际史学史与史学理论委员会理事,现任美国芝加哥大学历史系教授、南亚语言与文明系研究员。因对全球史的贡献获得2014年汤因比基金会奖,2004年当选为美国艺术与科学院院士,2006年当选为澳大利亚人文科学院荣誉院士。《庶民研究》(*Subaltern Studies*)杂志的创始成员。代表著作有《地方化欧洲:后殖民思想与历史差异》(*Provincialising Europe: Postcolonial Thought and Historical Difference*, Princeton: Princeton University Press, 2000, 2008)、《文明的危机:对全球史和星球史的探索》(*The Crises of Civilization: Exploring Global and Planetary Histories*, New Delhi: Oxford University Press, 2018)、《星球时代的气候史》(*The Climate of History in a Planetary Age*, Chicago, London: University of Chicago Press, 2021)等。

统科学等多学科领域，引领读者走上一条通往"星球史"观念的思想实验之
路。他主张对地球的深层结构进行整体理解，强调人类、生命和自然在全球
范围内的相互联系。该书运用"人类世"（Anthropocene，又译作"人新世"）
概念及其历史视域，反思人类自身主观能动性对地球的深远影响，从而挑战
历史书写中的人类中心主义观念。

当前全球面临的环境生态问题不仅对我们的生存和发展构成巨大挑战，
更凸显出人类对地球在地质时间尺度上的影响以及我们调整理解过去、当下
与未来的方式的紧迫性。这场危机警示我们应重新审视人类与地球的关系，
以及人类作为一个物种在地质历史中的角色。查克拉巴蒂在"人类世"视
域下发现人类史与自然史书写的分离趋势，批判以往宏大叙事中看待世界
的单一方式，提出以"星球史"的空间化观念重新联结人类与自然的历史
叙事。

一 "人类世"概念及其历史视域

1873 年意大利地质学家安东尼奥·斯托帕尼（Antonio Stoppani）表
示，地球已然进入了"人类代"（Anthropozoic Era，又译"灵生代"）。之
后苏联地球化学家弗拉基米尔·韦尔纳德斯基（Vladimir Vernadsky）提出
了更为现代的"人类纪"。[1] 至2000年，荷兰大气化学家保罗·克鲁岑（Paul
Crutzen）开始广泛推广"人类世"这一术语，他认为由于近几个世纪人类
对地球大气层的影响，已然形成了一个新的地质时代。[2] 2009 年，简·扎
拉斯维奇（Jan Zalasiewicz）担任国际地层委员会主席，旗下的第四纪地层
学小组委员会设立"人类世工作组"。2024 年，这个委员会以投票的形式

---

[1] 相关研究可参见 Jan Zalasiewicz, Mark Williams and Colin N. Waters, "Anthropocene," in Joni Adamson, William A. Gleason, and David N. Pellow, eds., *Keywords for Environmental Studies*, New York, London: New York University, 2016, p.14.

[2] Paul J. Crutzen and Eugene F. Stoermes , "The Anthropocene," *The International Geossphere-Biosphere Programme Newsletter*, No.41(2000), pp.17-18.

否决了将"人类世"作为一个新年代地层单位的提案。[①] 虽然作为一个地质学概念"人类世"没有得到官方的认可，但多数研究者并不否认人类活动对地球环境所带来的影响。同时，这也引发了历史学和人文领域等多个学科的较多关注和探讨。[②]

法国哲学家、人类学家布鲁诺·拉图尔（Bruno Latour）非常重视"人类世"概念本身所具有的张力。他延续了曾参与火星生命探测任务的英国环境科学家、气候学家詹姆斯·洛夫洛克（James Lovelock）提出的"盖娅假说"（Gaia），提倡将地球重新视为一颗能够自我调节的有机生命体的星球，并帮助气候学家们在气候议题争论中重建公众对他们的信任。[③] 自然不是我们可以控制的客观存在，拉图尔努力让现代人反思并限制自身的能力，以正视未来我们将如何生活。正如美国作家罗伊·斯克兰顿（Roy Scranton）所说："如果你想学会在人类世生活，我们必须首先学会如何死去……（这）意味着放弃以碳为燃料的资本主义。"[④] 拉图尔将其称为"新气候政治"，即生态危机所显现出的不是自然的危机，而是客观性、现代主义以及现代科学的危机。在 2017 年出版的《着陆何处？地球危机下的政治宣言》中，拉图尔提出我们都是依托于地球本身的"陆地人"，随着"现代化"被不断解构，我们应意识到人类仍身处于当前地理空间之下，而且必然回归土地在某处"着陆"。[⑤] 土地不被任何人占有，而是人们依附于土地。这也呈现为一种对于"人类中心主义"的超越，即致力于打破自然和社会二元对立的现代性结构。人类和非人类共同形成一个"行动者网络"，"盖娅"本身便是由生物和非

---

① 公告见于第四纪地层学小组委员会"人类世"工作组网站：http://quaternary.stratigraphy.org/working-groups/anthropocene/(2024 年 4 月 6 日访问)。

② 国内相关研究参见张旭鹏《"人类世"与后人类的历史观》，《史学集刊》2019 年第 1 期；张作成《当代西方历史理论中的"人类世"话语阐释》，《史学理论研究》2023 年第 4 期；张振《超越人文主义：人类世批评的四个面向》，《北京电影学院学报》2022 年第 11 期。

③ Bruno Latour, *Facing Gaia: Eight Lectures on the New Climatic Regime*, Cambridge: Polity Press, 2017.

④ Roy Scranton, *Learning to Die in the Anthropocene: Reflections on the End of a Civilization*, San Francisco: City Lights Books, 2015, pp.25–27.

⑤ 〔法〕布鲁诺·拉图尔：《着陆何处？地球危机下的政治宣言》，胡恩海译，上海书店出版社，2023，第 123—135 页。

生物、有生命的和无生命的要素共同形成。它并非回归一种神话叙事，而是一种修辞，即强调地球上的生命体会通过相互间的作用和对周围物理系统的利用保持生态环境的相对稳定，以适应于生命体的生存与延续。拉图尔大力提倡对传统生态知识的整合，以艺术和人文等多学科的思考方式重新连结人类与土地的亲密关系。拉图尔呼吁人类应重新以"陆地人"的身份改变并学习居住于地球的新方式。

"人类世"所提供的历史视域越来越像我们所处时代的元叙事。查克拉巴蒂认为，如何将地球系统的"深层"地质历史、生命的进化生物历史与人类现代世界的历史三者编织在一起，是当前历史学家将会面临的一个挑战，它考验着我们历史想象力的极限。查克拉巴蒂强调"人类世"诞生于当今时代之中，正是因为人类在经历了大加速之后，如此强烈地感受到原有的进步观念的历史叙事在逐步崩塌。例如，2018年德国学者加布里埃尔·杜贝克（Gabriele Dürbeck）将"人类世"视域下的叙事方式归结为五类：灾难或启示录叙事、法庭审判型叙事、"大变革"叙事、生物技术叙事以及相互依存叙事。虽然每种叙事最终的目的和出发点不尽相同，但它们却共享着一个相同的结构，即将人类对世界的威胁作为中心情节，以整个星球及深度时间作为时空参照系，突破自然环境与人类文化的边界，聚焦于人类的道义责任，呼吁减少环境破坏以确保人类文明的延续。①

二 "星球"范畴的诞生

结合查克拉巴蒂自身的学术经历，我们可以了解到澳大利亚的气候环境及其对"人类世"的关注是促使他发生思想转向的主要因素。②2003年，澳大利亚发生的山火对于他所就读的城市"丛林之都"——堪培拉的破坏，使

---

① Gabriele Dürbeck, "Das Anthropozän Erzählen: fünf Narrative, "https://www.bpb.de/shop/zeitschriften/apuz/269298/das-anthropozaen-erzaehlen-fuenf-narrative/(2024年1月27日访问).

② Dipesh Chakrabarty, "Communing with Magpies, "*History Australia*, Vol. 11, No. 3 (2014), pp.194-206.

查克拉巴蒂倍感精神上的伤痛,促发他开始接触"人类世"概念以及气候变化相关的历史,进而改变了他以往思考历史的方式。

该书的写作起源于作者对地球气候变化的担忧,除去前言和后记(与拉图尔的对谈),正文分为三个部分,共包括八篇文章。作者在开篇以自传的形式用"揭示""暗示"等词表明自己收到"星球"的邀请,通过一种物种思维反思我们与地球的关系。[①]该书呈现出对原有单一资本主义现代化叙事的批判,即打破"利维坦"式的现代启蒙主义叙事。随着太空技术的发展,人类行为已经可以重新定义和观察以整颗"星球"为单位的整体性事件。一方面结合环境史的发展,我们所生活的地球愈发表现出作为"星球"的动态有机生命体特征;另一方面在"人类世"视域下,大历史的观念渗透进我们对于人类自身的认识,人类处于与自然之间相互制约、影响的关系之中。

(一)多元文化视野

查克拉巴蒂在该书致谢中提到,该书初稿完成于他在巴黎高等师范学校访问期间,得益于与拉图尔、阿赫托戈(François Hartog)等欧洲学者的对话。[②]在历史理论以及生态哲学等相关问题讨论中,查克拉巴蒂不但吸收了法国学者所提供的独特视域,更体现出一位多元文化学者的全球视野。通过对于西方思想发展的深入了解,查克拉巴蒂反省了西方思想观念内部自身的矛盾性发展,同时也提出"他者"的回应,并将后殖民主义的反思扩展到新的生态哲学范畴。不同于黑格尔式的思辨历史观,查克拉巴蒂强调一种"否定性的普世史",反思工业文明发展叙事中人类是如何落入"人类世"的。[③]查克拉巴蒂客观地指出,生态意识本身也源于西方语境,需要正视这种语境中所具有的普世创新性和批判性。

一方面后殖民主义研究强调丰富当前世界体系的多样性,而另一方面气候危机却要求将世界视为一个整体。原有对于整体性和普遍理性的质疑

---

① Dipesh Chakrabarty, *The Climate of History in a Planetary Age*, pp.1-3.

② Dipesh Chakrabarty, *The Climate of History in a Planetary Age*, p.220.

③ Dipesh Chakrabarty, *The Climate of History in a Planetary Age*, p.45.

以及新观念对于整体性的强调，也使查克拉巴蒂自身陷入一种"分裂者"（splitters）与"混杂者"（lumpers）对立的紧张状态。整体化的世界观与后殖民主义多元差异化世界观相悖，这种反讽促使他在原有后殖民批判的基础上产生并扩展出新的启示，即在"人与人之间的不平等"之上同时还存在着"人类与非人类之间的对话"。① 查克拉巴蒂强调在"人类世"视域下需要面对的是如何看待非人类生物乃至非生物政治与正义的概念。

书中查克拉巴蒂也在不断尝试跳出西方学术语境，通过与泰戈尔的思想对话以本民族的经验思考回答普遍性问题，这往往也是以往西方学者所忽视的。查克拉巴蒂在讲座中多次提到该书暗线即是与泰戈尔的对话，泰戈尔像父亲一样滋养着印度学者成长。② 不同于海德格尔式的"地球"认知，查克拉巴蒂认为泰戈尔将自己视为地球之中的一部分。泰戈尔总是给花命名，使树和花人性化；他的画作不限定于一棵树，而是展现一个物种与另一个物种之间的联系。"这个世界是我们由感官、心智和生命体验所感知到的。"③ 正如各个国家都有着本民族的思想者，查克拉巴蒂强调泰戈尔使他们特别骄傲成为印度人，这些思想者也使其享受着人类文化和生物的多样性。与此同时，非西方的思想通常呈现为整体性的经验，这种思考方式有助于弥补认知体系的单一化缺陷。

随着气候危机以及"人类世"的到来，查克拉巴蒂引导我们发现现代化进程中整体性与连续性的消退。当我们越深入地介入特定学科知识系统时，就越会被孤立化。如何保持整体视角以及如何在现实中实践，这也是一名具有多元文化视野的印度裔学者在融入世界体系时，不断尝试与自身文化对话的主要目标。

---

① Dipesh Chakrabarty, *The Climate of History in a Planetary Age*, pp.17-18.

② Dipesh Chakrabarty, "Climate Change and the Crisis of Humanism: Revisiting Rabindranath Tagore (1861–1941)," The 2022 Dewey Lecture in Law and Philosophy, https://www.youtube.com/watch?v=QWfWiVkjrAs (2024 年 4 月 6 日访问).

③ Rabindranath Tagore, "The Religion of Man," in Sisir Kumar Das, ed., *The English Writings of Rabindranath Tagore,* New Delhi: Sahitya Akademi, 1999, p.127.

（二）气候危机下的"星球"范畴

该书第一部分"全球与星球"中阐述了这两个范畴之间本质的差异。查克拉巴蒂 2009 年发表了最具代表性的《历史的气候：四条论纲》一文，形成其关于气候问题核心关注的范畴，聚焦于文化与自然分离观点在"人类世"中的失效，也构成了该书探讨的出发点。[①] 2015 年 2 月，南加利福尼亚大学举行的研讨会对该篇文章中涉及的本体论、自由和正义等人文问题进行讨论，又扩展到社会科学、自然科学和应用专业的领域。后集结成论文集出版，其中也回应了查克拉巴蒂关于"超越学科偏见"的号召，提倡充分调动各学科自身的创造性想象力和科学分析能力来理解气候变化。[②]

查克拉巴蒂在第三章开启了他的"星球"范畴宣言，主要侧重于当前现代化进程中如何应对处理气候危机的无效化和局限性，并在第二、四、五章中均用大量的案例进行阐释。他借鉴海德格尔的哲学观点，通过将历史学方法融入地质研究之中，形成一种新的人文主义和存在主义范畴——"星球"（Planet）。他强调"星球"是对于人类境况的一种哲学关注。近似于海德格尔在 1936 年对于"地球"（Earth）概念的引入，它"不是堆积在某处物质的合集或星球的天文学概念，而是一种生命成为可能的事物"，地球是人类得以居住的基础。[③] 查克拉巴蒂依据海德格尔的理论提出，当我们不断向地球追求利润和利益时，"星球"在自身毁灭和人类控制的徒劳计划中浮现。"星球"在这里是不同于"全球"的概念，这颗星球在天文学和地质学中作为一个研究对象被观测；而作为一个生命历史中的特殊例子，其特殊性在于它本身远远超过了人类实践空间和时间的所有维度。查克拉巴蒂同时强调，在原

① Dipesh Chakrabarty, "The Climate of History: Four Theses,"*Critical Inquiry*, Vol.35, No. 2 (2009), pp.197-222. 中译版参见〔美〕迪皮什·查克拉巴蒂《全球变暖与历史学发展的四个论题》，张作成译，《北方论丛》2012 年第 3 期。

② Robert Emmett and Thomas Lekan, ed., "Whose Anthropocene? Revisiting Dipesh Chakrabarty's Four Theses," Special Issue, *Transformations in Environment and Society*, No.2 (2016).

③ Martin Heidegger, "The Origin of the Work of Art," in *Poetry, Language, Thought,* trans. by Albert Hofstadter, New York: Harper and Row Publisher, 1975, p. 42.

有海德格尔的观念中缺少了对于科学维度的认可，进而导致人们忽略了人类居住的这颗"星球"自身所具有的独特性与重要性。①

第二部分"现代化的困难"中他提出，仅以人类中心的视角书写的"全球"历史无法解释当前气候变化的危机。查克拉巴蒂反思后殖民自身的局限性，强调我们必须将自然与人类两种历史结合在一起，才能去尝试理解整个处境的复杂性。第三部分"面对星球"是向美国政治理论家威廉·康诺利（William Connolly）同名著作致敬。查克拉巴蒂在这一部分不断引用"人类世"概念，试图通过对人文学科和地球系统科学等的多重角度解读，在理念和方法上倡导对于拉图尔观点的深入思考。② 查克拉巴蒂用一种全景式跨学科的后人类视域，从新的空间视角看待深度时间观念及人类记忆的思考。③

（三）自然史与人类史的书写

查克拉巴蒂通过对史学史的梳理，尝试将 17—18 世纪启蒙运动之后"人与自然"的历史书写分为三个阶段。最初阶段是维科历史哲学中关于人与自然相分离的观点，这在很大程度影响了之后的霍布斯、克罗齐、文德尔班与柯林伍德。查克拉巴蒂强调他们通常会体现出一种在自然科学和人文学科之间进行一定程度区分的倾向。结合柯林伍德的论述来看："自然的过程可以确切地被描述为单纯事件的序列，而历史的过程则不能。历史的过程不是单纯事件的过程而是行动的过程，它有一个由思想的过程所构成的内在方面；而历史学家所要寻求的正是这些思想过程。一切历史都是思想史。"④ 柯林伍德并非不重视自然，作为哲学家与考古学家的他在《自然的观念》中同样讨论了不同生命体之间差异化的时间节奏与观察维度。⑤ 在《历史的观念》中

① Dipesh Chakrabarty, *The Climate of History in a Planetary Age*, pp.68-77.
② William E. Connolly, *Facing the Planetary: Entangled Humanism and the Politics of Swarming*, Durham, London: Duke University Press, 2017.
③ Dipesh Chakrabarty, *The Climate of History in a Planetary Age*, p.15.
④ 〔英〕柯林伍德:《历史的观念》，何兆武、张文杰译，商务印书馆，1997，第302—303页。
⑤ R. G. Collingwood, *The Idea of Nature*, Oxford: Oxford University Press, 1945, p.24.

柯林伍德致力于摆脱史学对自然科学研究路径的模仿，要求史家把握历史事件背后的思想活动。而查克拉巴蒂强调随着"人类世"视域的出现，人类作为一种地球物理力量不断加强，人类已经深度融入自然之中，气候危机造成了对所有地球生物的影响。"地球变暖最终威胁的不是星球本身，而是人类物种和其他生命形式赖以生存的生物和地质条件。"[1] 更有学者直接将查克拉巴蒂所提出的自然史与人类史分离书写失效的问题称为"查克拉巴蒂难题"（Chakrabarty's Conundrum）。[2]

第二阶段的突破查克拉巴蒂认为出现于费尔南·布罗代尔《菲利普二世时代的地中海和地中海世界》。布罗代尔反对历史学家以静止的观点看待环境，环境不再只是背景因素。他致力于以"多重节律"去认识历史中的变动，侧重描写地理环境对塑造文明所产生的影响，他同时强调空间与时间对文明发展所起到的结构性作用。查克拉巴蒂认为他打开了自然史和人类史二分书写的突破口，但当时人类在地质尺度上的影响还未被想象过。查克拉巴蒂指出，彼时的人们还只是被视为气候的被动接受者，正如环境史家阿尔弗雷德·克罗斯比（Alfred W. Crosby Jr.）引用布罗代尔的话说，人类还只是"气候的囚徒"[3]，而这已不符合人类当前所处的境况。

第三阶段的特点在于当前学者更加强调人类拥有了一种地质力量，环境史已经与生物学和地理学紧密地联系起来。随着"人类世"的到来，如美国地球科学家和历史学家奥雷克斯（Naomi Oreskes）所认为的那样，我们成了地质的代理人，人类已然成为气候的创造者。[4] 查克拉巴蒂则进一步指出，气候科学家将人的主观能动性再次引入一个新的空间化宏大叙事之中。他呼

① Dipesh Chakrabarty, *The Climate of History in a Planetary Age*, p.36.
② Stephan Palmié, "Collingwood's Whale, Chakrabarty's Conundrum, and Braudel's Borrowed Time," *History and Theory*, Vol.62, No.1 (2023) ,pp.152-155.
③ Alfred W. Crosby Jr., *The Columbian Exchange: Biological and Cultural Consequences of 1492*,London: Prager Publishers, 2003, p. xxv.
④ Naomi Oreskes, "The Scientific Consensus on Climate Change: How Do We Know We're not Wrong?," in Joseph F. C. Dimento and Pamela Doughman, eds.,*Climate Change: What It Means for Us, Our Children, and Our Grandchildren*, Cambridge, Massachusetts: MIT Press, 2007, p.93.

吁历史学家应更紧密地与地质学家、气候学家、地球系统学家等协作起来，以弥合自然与人类两种叙事之间的空缺。

查克拉巴蒂尝试反思人与自然的历史书写，强调需要对人类与自然世界的关系进行全面和整体的重新理解。他重视拉图尔所提出的当前社会与自然的分离，人类技术上的进步切断了我们认知中的联结。当前人类的发展受益于劳动分工及知识分野，相较之下，整体性的观点并不创造新科技，整体观点遂渐趋消失。但事实上当下"所有的文化、所有的自然，每天都在不断地重新组合并纠缠在一起"①。他认为，最终克服自然与人类之间分离的方法，是由我们的认知革命和发展有利于保护自然的技术所驱动的。自然与人类的传统二分法在历史进程中客观地促进了学科化体系的建设，但当下尤其受到气候变化的挑战，需要一种整体性、星球性的观念为我们在自然世界中的位置开辟新的概念化途径。

三 "全球"与"星球"之间的差异

"全球化发展"（Globalization）与"全球变暖"（Global Warming）二者中"全球"的不同内涵启发了作者思考"全球"与"星球"的区别。受惠于后殖民理论家盖娅特里·斯皮瓦克（Gayatri C. Spivak）在文化批判观念中对于"星球"的定义②，查克拉巴蒂认为"全球化"可与"世界"（World）、"全球"（Globe）、"地球"（Earth）三者之间相互替换，即强调以人为中心的结构；而后者"全球变暖"则应以"星球"（Planet）体现出与前者的"偏离"（decenter）。③结合表1所示，查克拉巴蒂认为我们应意识到当前社会正处在两个范畴对立的风口浪尖上。

---

① 参见〔法〕布鲁诺·拉图尔《我们从未现代过：对称性人类学论集》，刘鹏、安涅思译，上海文艺出版社，2022，第6页。

② Gayatri C. Spivak, *Death of a Discipline*, New York: Columbia University Press, 2003.

③ Dipesh Chakrabarty, *The Climate of History in a Planetary Age*, p.203.

表 1　查克拉巴蒂梳理的"全球"与"星球"范畴差异

全球	星球
人类中心主义	偏离人类中心
500 年历史	整个大历史
独特且单一	复杂范畴

资料来源：Dipesh Chakrabarty, *The Climate of History in a Planetary Age*, pp.203-217。

据此，他获得了两点重要的认知。一方面是后殖民主义的局限性，人文主义的历史学在关心人与人之间平等和公平时，也应关注到自然和其他非人类生命，两者分别对应当下主要所面对的资本主义全球化的问题以及全球变暖危机。另一方面是西方生态主义突破了原有的人类中心主义视野，作为地质代理人的人类从上帝手中接过了地球，却也改变了地球，我们不能只从人类中心视角来阐述自己的历史。

具体而言，"全球"与"星球"两个范畴之间的差异可以从以下三个方面加以理解。

（一）静态稳定与动态变动的地质环境

在传统的历史书写中会将历史事件的环境背景视为静止的，这些叙述倾向于将景观描绘成被动的、稳定不变的。这种观念往往将人与自然之间的关系理想化，呈现出一种稳定和永恒的客体。而"星球"观念强调地质过程的动态性质以及人类活动塑造环境的影响。静态化的叙述很大程度上淡化了人类行动者能动性的结果，掩盖了人们塑造和适应地质环境的方式。"星球史"观念通过认识到人类与地质环境之间的相互关系，为地质环境在整个时间中塑造人类社会的方式提供了有价值的见解。历史学家将历史事件置于动态的地质环境中，对于捕捉历史叙事中错综复杂的人与自然关系至关重要。

（二）无限性与有限性时间

查克拉巴蒂强调资本主义作为一种经济体系预设其生产方式处于无限时间的框架内运作，其基本前提是由追求利润和财富积累驱动的持续性经济增长。① 这种观点往往导致人们只关注短期收益，而忽视了资源枯竭和环境退化的长期后果。传统历史叙事中倾向于忽视人类活动的生态影响，与此形成鲜明对比的是气候危机所给予我们的时间紧迫感。缓解气候变化及其灾难性影响的危机要求我们立即采取行动并转向长时段的未来主义。无限时间与有限时间的交集也催生了环境史领域。环境史考察了人类社会与自然界之间的相互关系，揭示了过去人类行为对环境的影响，通过整合生态学观点挑战了资本主义的主流叙事，并提供了对历史上人类与环境相互作用的更全面的理解。借助阿赫托戈的"历史性体制"观念，这种有限性挑战了资本主义的长期方向，并促使我们重新评估人类与环境的关系。历史学家需要重新评估过去行动的长期后果并致力于塑造新的未来图景。

无限时间与有限时间之间的冲突也要求我们重新评估历史书写中的进步主义叙事。传统的历史叙事往往颂扬技术进步、经济增长和人类对自然的支配，然而面对气候危机，这些叙述需要得到批判性审查，并鼓励在生态范围内更全面地理解人类发展。宏大而深层的过去可以与我们人类文明的历史并存。我们的内在时间感可能无法与进化论或者地质年代学保持一致，但对于大历史的思考可以帮助我们感受现象学意义上的时间感，以及贯穿于身体和生活的"人类世"要素。查克拉巴蒂认为，我们所处的地球成为一艘在海洋中"依靠技术漂泊的远洋船"。② 为了消除无限时间和有限时间之间的紧张关系，历史书写可以从质疑资本主义的时间性中受益。这涉及批判性地审视那些追求无限增长和资本积累永久化的意识形态和权力结构。

（三）可持续性与可居住性

"可持续性"（sustainability）与"可居住性"（habitability，或译"宜居性"）的差异，即以人类为中心的现代化发展观念与多物种的整体生存观念的不同。查克拉巴蒂强调在考虑人类社会的可持续性发展基础上，我们应进一步关注作为多生命体家园的地球的长期福祉，正如地球科学家所关心的问

---

① Dipesh Chakrabarty, *The Climate of History in a Planetary Age*, pp.12-14.

② Dipesh Chakrabarty, *The Climate of History in a Planetary Age*, p.6.

题：与地球相近的火星和金星适不适合生命居住？"可居住性"源自地球系统科学的发展，其中心问题是生命——关注复杂的多细胞生命以及能够使它们可持续发展的因素。

"星球史"观念强调对可居住性的探索，这为研究人类与非人类生命的进化演变和环境塑造条件提供了一个独特视角。通过追溯生命的起源、研究环境变化和从事行星比较研究，历史学与地质学、气候学以及地球系统科学的结合有助于我们理解可居住性对于生命体的基本要求。查克拉巴蒂呼吁只有在"星球"范畴下通过多学科协作、利用行星比较研究结果，才能更好地理解地球中生命体的演变，并激发我们对地球这颗"星球"的整体性思考。关于可居住性的探讨也有助于增加我们对生命伦理的理解和哲学意义。以星球整体视角研究关于人类在宇宙中的地位以及存在的形式与意义，为打破学科之间的壁垒，以及不断发展我们的世界观提供了宝贵的见解。

由此我们看到，查克拉巴蒂揭示出"星球"观念诞生于全球化进程之中。虽然我们可以将所有气候危机问题都归因于资本主义的全球化，但这种思维方式便忽视了"全球"与"星球"之间的差异和不可调和性，这也造成了一种思想上的逃避。[①] 最终在资本主义的不断发展中，"全球"孕育出了"星球"观念。对于"星球"的呼吁，并不意味着对原有平等、正义诉求的抛弃。我们应正确看待当前一系列急迫的"人类世"危机，进而在吸收全球化进程成果的基础上，同时探寻更利于书写"星球史"与摆脱当前困境的方法。

四 "星球史"观念面临的挑战与展望

该书最大的特点是将众多庞杂的思想与观念重新编制在一张以"人类世"所铺展开的全新网络上，将作者原有的"后殖民"视角进一步拓展至"后人类"视角。不同于以往大历史所提供的时间维度，查克拉巴蒂"地方

---

① Dipesh Chakrabarty, *The Climate of History in a Planetary Age*, pp.90-92.

化"概念的贡献很大程度上体现为从空间上反思欧洲乃至人类的历史位置，从概念上更加统筹性地体现出主体与客体、局部与整体的关系。

星球史最初由美国环境史家唐纳德·沃斯特（Donald Worster）所提出。在20世纪70年代环保运动的影响下，沃斯特呼吁一种更宏大的星球历史书写，"当这一更广阔的地球史被完整书写时，其核心必然是人类与自然界之间不断演变的关系"。并且在当前这种书写之中，"自然史和文明史比以往任何时候都更加紧密地联系在一起"。通过环境史的书写，沃斯特呼吁我们改变原有征服地球的情绪，人类应当意识到"我们手上有一颗星球需要照顾"[①]。2017年威廉·康诺利在其书中从政治哲学角度切入对"星球"进行了定义，强调自然所具有的一系列时空力场："它们在不同程度上表现出自组织能力并以多种方式相互作用，同时也影响着人类的生活。"[②]而"人类世"的急剧变化打破了这种星球本身的周期性，人类已然成为新的影响要素。

不同于将人类视为地球管理者的角度，查克拉巴蒂更强调人类作为地球的一部分。"星球"这一概念来自他对"地球系统"（Earth System）的修辞，查克拉巴蒂认为地球系统科学本身便是人类差异化的产物：它是冷战分裂的产物。[③]太空探索技术是从冷战中产生的，并促成日益增长的武器化氛围和空间。所有这些因素的作用在20世纪80年代最终创造了地球系统科学（Earth System Science）。"地球系统"这一概念的重要意义在于它强调了整个行星运行过程之中，所有生物和非生物行为之间复杂、缠绕以及不稳定的联系方式。

"'星球式思维'产生于本体论（存在的本质）、认识论（知识的研究）领域的持续变革。"[④]"星球史"思考方式同时也得到了西方学者的广泛

---

① Donald Worster, "The Vulnerable Earth: Toward a Planetary History," *Environmental Review*, Vol.11, No.2(1987), pp.90,99,101.

② William E. Connolly, *Facing the Planetary: Entangled Humanism and the Politics of Swarming*, p.4.

③ Dipesh Chakrabarty, *One Planet, Many Worlds: The Climate Parallax*, Boston:Brandeis University Press, 2023, p.10.

④ Jonathan S. Blake, Nils Gilman, "Governing in the Planetary Age," https://www.noemamag.com/governing-in-the-planetary-age/(2024年1月27日访问).

讨论。① 埃娃·多曼斯卡（Ewa Domanska）称查克拉巴蒂为"生存主义者"（survivalists），关注的主题在后殖民批判基础上转向了对人类更深层次的批判。② 佐尔坦·西蒙（Zoltán Boldizsár Simon）认为查克拉巴蒂驾驭了一系列复杂性概念，并使它们区别化；该书不在于呈现立竿见影的宣言或是标新立异的方法论，而是试图激发渐进式改革，在一系列以历史为导向的新旧知识形成中，通过播下概念的种子来为更持久和更深刻的历史理解转变铺平道路。西蒙指出"人类世"概念所带来的巨大挑战源于随着视域的调整，原先呈现为冲突的对立观念，如今在某一程度上都呈现出正确的脉络。③ 因而，该书不是一部关于气候变化、气候科学或气候史学的著作，而是对人类作为地质力量地位的理解，并将其作为一门学科和普遍知识形式的实践的分析成果。

气候危机是否应全部归结于当前资本主义生产方式的僵局？查克拉巴蒂探讨气候正义、话语不平等问题时，似乎也拓展了后殖民思想对于生态哲学的贡献。然而，法国史家克里斯多夫·波涅（Christophe Bonneuil）和让–巴蒂斯特·弗雷索（Jean-Baptiste Fressoz）却认为，查克拉巴蒂的观点背离了其原有的对不平等的关注："这种将人类作为一个普遍的主体、冷漠地承担责任的历史叙事方式，说明我们放弃了马克思主义和后殖民主义阅读的框架，转而支持一种无差别的人性。"④ 有的学者则提出，希望以"资本世""种植园世"来更精确地捕捉当前"人类世"所无法体现出的内在分裂，

---

① 相关书评可参见 Atte Arffman, "Reviews: Dipesh Chakrabarty, *The Climate of History in a Planetary Age*," *Environment and History*, Vol.28 , No.3 (2022) , pp. 521-523；Regan Burles, "Earth Systems," *Radical Philosophy*, Vol.13 , No.2 (2022), pp. 99-103；Michael O'Krent, "Dipesh Chakrabarty, The Climate of History in a Planetary Age," *Ecozon*, Vol.13, No.2 (2022), pp. 235-237；Noel Castree, "Book Reviews: *The Climate of History in a Planetary Age*, by D. Chakrabarty," *Scottish Geographical Journal*, Vol.137 (2021), pp.251-255；等等。

② Ewa Domanska, "Posthumanist History," in Marek Tamm, Peter Burke, eds., *Debating New Approaches to History*, London: Bloomsbury Publishing Plc., 2019, pp.327-334.

③ Zoltán Boldizsár Simon, "The Anthropocene and the Planet," *History and Theory*, Vol.62, No. 2 (2023), pp. 320-333.

④ Christophe Bonneuil and Jean-Baptiste Fressoz, *The Shock of the Anthropocene: The Earth, History and Us*, trans.by David Fernbach, London: Verso Books, 2016, p.92.

强调"决定我们前进方向的不是整个人类，而是石油资本主义以游说、漂绿（greenwashing）、否认气候变化、媒体戏剧化炒作和混淆视听为形式的经济"[1]。但是，查克拉巴蒂坚持认为"整个危机不能化约为一种资本主义史。不同于资本主义危机，这里没有为富人和有权势者准备的救生船"[2]。因而，我们需要正视"人类世"与后殖民主义之间的张力，地球系统科学和人文学科的相互交叉必须考虑到社会不对称和不平等问题的现实存在。

　　"全球"与"星球"由于现代资本主义发展与技术进步而连接，两者都具有一种普遍性，但在不同国家和地区仍呈现出差异化的进程。查克拉巴蒂认同资本主义及能源大规模使用造成了气候危机的观点，但这种单因果式的结论在他看来是用部分决定了整体。一方面，过于强调人类对地球所产生的影响，而人类历史尚不足以构成大规模过程的驱动力；另一方面，从自然时间而言，目前地球的气候变暖也只是这颗星球许多次变暖中的一次而已，人们基于以往概念已不足以解释现有现象，因而我们有必要进行一定程度的多星球乃至跨行星比较式的研究和思考。查克拉巴蒂对"人类世"普遍主义的推崇有助于我们理解当下生态危机所带来的危险，而后殖民理论研究也需要客观地看待查克拉巴蒂走向这一惊人转变的原因。当然"星球史"观念还需要更多的非西方经验参与其中，从多元文化的维度弥合人与自然的分离。

结　语

　　查克拉巴蒂对于现代性的反思以及后人类思想的讨论，引发了历史理论和宏大叙事的重新探索。他在后殖民史学的基础上，又发展出作为新的整体视角的"星球史"观念。这使我们看到，以往的历史叙事更多关注人类自身的发展，而忽视了人类社会与自然世界之间错综复杂的相互联系。结合洛夫洛克与拉图尔的"盖娅生态哲学观"，查克拉巴蒂主张一种有别于思辨历

①　T. J. Demos, *Against the Anthropocene: Visual Culture and Environment Today*, London: Sternberg Press, 2017, p.57.

②　Dipesh Chakrabarty, *The Climate of History in a Planetary Age*, p.45.

史哲学的"历史空间化"的宏大叙事。这种综合的研究视野批判性反思了人类在自然世界中的位置,开辟出新的概念化途径,具有一定超越原有历史叙事的可能。他尝试探索整合人类史和自然史的宏大叙事结构,为人类、微生物、环境气候和地球系统之间的复杂关系提供一种独特的观察视角,从而推动对社会、自然和技术之间深层互动的重新理解,为解决当下紧迫的气候危机提供观念路径。

查克拉巴蒂将"人类世"概念引入大历史的深度之中,展现出重新思考人类所处地位的历史视域,在"全球南方化"的背景之下形成背离人类中心主义的未来视角。谁终将为地球和其他生物发声?查克拉巴蒂的研究由此发出对人类中心主义的挑战,他着重强调将人类之外的其他所有生命纳入对历史和社会的整体理解之中。我们有可能从中获得新的历史感和历史理解,这有助于整个人文学科和社会科学发展方向的调整。而对于当今的历史学家而言,急需与其他领域的学者共同致力于恢复与发展出对自然敬畏的历史书写。

唯物史观基本原理的阐释与争论

——基于科恩的"生产力决定论"与里格比的"生产关系决定论"

杨琦帆[*]

摘 要：是生产力抑或生产关系发挥决定性作用，一直是唯物史观研究中争论的问题。G.A. 科恩提出的"生产力决定论"同 S.H. 里格比提出的"替代性理论"之间的显著分歧，是唯物史观基本原理争鸣的缩影。从两者的争论来看，只有对唯物史观的基本概念做出科学的理解，坚持生产能力决定论，才能纠正围绕生产力与生产关系之间关系争论产生的错误认识。

关键词：唯物史观 分析的马克思主义 生产能力决定论 生产关系决定论

20 世纪 70 年代，标志着 G.A. 科恩（Gerald Allan Cohen）将分析哲学的方法与马克思主义理论阐释相结合的实践——《卡尔·马克思的历史理论———种辩护》（*Karl Marx's Theory of History: A Defense*[①]）的出版，引发了英美学界的强烈反响。对于这一唯物史观研究的"分析转向"与"生产力决定论"的提出，国内外学者普遍认为，科恩对于唯物史观基本概念和基本原理的阐释使对唯物史观的研究更进一步；[②] 然而，也有部分学者提出了反对

---

* 杨琦帆，中国社会科学院大学历史学院。

① G .A. Cohen , *Karl Marx's Theory of History : A Defence* , Oxford: Oxford University Press , 1978.

② Perry Anderson , *Arguments with English Marxism*, London: Verso Books, 1980;〔加〕Bob Ware：《分析哲学与"分析的马克思主义"》，李莉译，《复旦学报》（社会科学版）1985 年第 4 期，第 86 页；Andrew Levine, *A Future for Marxism? Althusser, The Analytical Turn and the Revival of Socialist Theory*, London: Pluto Press, 2003;〔英〕乔纳森·沃尔夫:《当今为什么还要研读马克思》，段忠桥译，高等教育出版社，2006。

意见，他们指出科恩未能解释仅靠物质因素如何能够阐释清楚历史发展的走向。[1]

80 年代末，S.H. 里格比（Stephen Henry Rigby）出版了《马克思主义与历史学》（*Marxism and History: A Critical Introduction*[2]）一书，则从历史学家的视角指出，阶级关系和阶级斗争仍在唯物史观的解释体系中发挥重要作用。有学者指出，里格比所提出的在"生产关系决定论"基础上的多元论解释模式虽然消解了马克思主义唯物史观理论的独特性，但是却使它成为一种更加全面的解释模式[3]；但也有学者认为，里格比对于唯物史观的解释是一种"过于强调人的能动性的对唯物史观的'唯意志论式'的解读"[4]。

然而现有的研究成果大多局限于对分析的马克思主义学派学者中的单个人物进行分析，不仅缺乏对分析的马克思主义学派学者的比较考察，而且也缺乏将其置于马克思主义唯物史观整体框架之下考察的实践。

笔者认为在国内外研究基础上，可从两个方面深化对唯物史观的研究，并推进适应新时代需要的唯物史观解释体系的建构工作。其一，通过比较分析的马克思主义学派的不同学者对于唯物史观的阐释和争论，能够为我们构建唯物史观新的解释体系提供不同的视角和借鉴。其二，通过将他们的研究置于唯物史观的整体框架之下，结合经典作家的论述对它们做出评析，能够

---

[1] Anthony Giddens, "Commentary on the Debate," *Theory and Society*, Vol.11 (1982)；Anthony Giddens, *A Contemporary Critique of Historical Materialism*, London:Palgrave Macmillan, 1995；〔加〕罗伯特·韦尔、凯·尼尔森编《分析马克思主义新论》，鲁克俭等译，中国人民大学出版社，2002；〔美〕罗伯特·布伦纳:《马克思社会发展理论新解》，张秀琴译，中国人民大学出版社，2015。

[2] S.H.Rigby , *Marxism and History: A Critical Introduction*, Manchester: Manchester University Press , 1987.

[3] Alfred G. Meyer. "Review: *Marxism and History: A Critical Introduction* by S. H. Rigby," *The American Historical Review*, Vol.95 (1990)；D. W. Bebbington. "Review: *Marxism and History: A Critical Introduction* by S. H. Rigby," *History*, Vol. 75 (1990).

[4] 吴英:《评英国历史学家里格比对唯物史观的解读》,《史学理论研究》2012 年第 4 期；许恒兵、申一青:《矛盾抑或误读——里格比对马克思生产力与生产关系原理的解读论析》,《中国矿业大学学报》(社会科学版) 2014 年第 1 期；吴学东:《质疑里格比对马克思唯物史观的批判》,《河海大学学报》(哲学社会科学版) 2014 年第 4 期；魏宇杰:《论生产关系抑或生产力的首要性——基于里格比的"替代性理论"》,《烟台大学学报》(哲学社会科学版) 2016 年第 1 期。

为如何正确理解唯物史观的基本概念和基本原理，以及如何实现唯物史观与时俱进的发展提出一些浅见。

一　科恩的"生产力决定论"

《卡尔·马克思的历史理论———一种辩护》①作为分析的马克思主义学派的奠基之作，运用分析方法研究马克思的历史理论，努力为马克思历史理论的科学性进行辩护。科恩在这本书的开篇就明确指出，他要"辩护的是一种老式的历史唯物主义……历史从根本上讲是人类生产能力的增长，社会形态依它们能够实现还是阻碍这一增长而兴起和衰落"②，而他要辩护的"老式的历史唯物主义"是马克思在1859年发表的《〈政治经济学批判〉序言》中提出的："物质生活的生产方式制约着整个社会生活、政治生活和精神生活的过程。不是人们的意识决定人们的存在，相反，是人们的社会存在决定人们的意识。"③

科恩的著作分四个部分展开论述：第一部分，科恩对社会的物质性和社会性做出区分，为之后的阐释奠定基础；第二部分，在广泛援引马克思论述的基础上，对马克思历史理论的基本概念做出分析；第三部分，认为马克思的历史理论提出了生产力具有内在发展倾向的"发展命题"和生产力在历史解释中发挥首要性作用的"首要性命题"；第四部分，将马克思历史理论的解释模式概括为功能解释，即用某种因素所发挥的功能来解释它存在的合理性，例如某种生产关系之所以存在，就在于它发挥着促进生产力发展的功能。

在第一部分，科恩区分了社会活动的物质属性和社会属性，因为在他看来，双重属性的区分不仅是马克思主义唯物史观研究的一个基本方法，也

---

① 〔英〕G.A.科恩:《卡尔·马克思的历史理论———一种辩护》，段忠桥译，高等教育出版社，2008。
② 〔英〕G.A.科恩:《卡尔·马克思的历史理论———一种辩护》，序言。
③ 《马克思恩格斯选集》第2卷，人民出版社，2012，第2页。

是理解其对唯物史观阐释的关键所在。科恩从三个方面对这两种属性做出区分：

其一，社会活动的内容和形式构成社会活动的物质性和社会性。从生产来看，从事社会活动的个体和它的生产力构成社会活动的内容，而生产关系则构成了社会活动的形式。科恩援引马克思"黑人就是黑人。只有在一定的关系下，他才成为奴隶"[①]，认为物质属性具有较强的稳定性，而社会属性则会受生产关系变化影响。科恩还论证马克思更关注的是社会活动的社会属性，更强调从社会形式方面剖析社会活动发生变化的原因，由此阐释社会形态的演进。

其二，对社会活动的物质属性与社会属性的区分不能割裂社会活动的整体性。人和物的物质属性只有结合社会属性才能予以确定。例如，只有在奴隶社会的生产关系下，隶属于主人的人才是奴隶；同样只有在资本主义生产关系下，由资本家控制的生产力才是资本。科恩由此认为："事物的有些特征全然是社会的，另外一些特征则全然是物质的，但涉及我们的事物具有这两种特征。"[②] 所以，对每种具体的社会活动的属性都需要从物质性和社会性两个方面进行具体分析。

其三，从社会活动的物质属性无法推断出社会活动的社会属性。科恩举例论证，某个人成为英国首相是社会活动的结果，而不是因为他的生理特征。这就表明纯粹的物质属性无法推导出事物的社会属性，由此具有纯粹物质属性的生产力因素无法推导出具有社会属性的生产关系的性质。

科恩通过对社会双重属性的区分，为解析唯物史观基本原理奠定基础。[③] 首先，科恩论证了，只有在劳动生产过程中，才会出现社会生产的物质属性和社会属性的区分。[④] 因为纯粹具有物质属性的生产并不存在，抽象的"生产"也无法解释任何一个现实的历史生产阶段。所以马克思主义唯物史观的

① 《马克思恩格斯选集》第1卷，第340页。
② 〔英〕G.A.科恩：《卡尔·马克思的历史理论——一种辩护》，第113页。
③ 李凯：《唯物史观的因果解释模式研究》，博士学位论文，黑龙江大学，2011，第35页。
④ 闫薇：《马克思经济学基本命题：分析马克思主义的"重构"、"辩护"和"修正"》，博士学位论文，吉林大学，2011，第31页。

基本出发点并不是抽象的物质或社会，而是具体的劳动实践过程。其次，区分物质属性和社会属性，有利于从根源上批判资本主义本质。例如拜物教正是因混淆事物的物质属性和社会属性而产生，没有认识到正是在一定的生产关系下，物品和货币才成为商品和资本。最后，区分社会的双重属性是科恩的重要立论基础。所谓的纯粹具有物质属性的生产力概念和纯粹具有社会属性的生产关系概念只是马克思区分"物质"和"社会"的表述方式的其中一组，马克思只是用物质和自然、社会和形式等表述来区分并解释历史发展的真正动因。对社会生产的物质性和社会性的区分，为之后解释生产力、生产关系的概念和原理奠定了基础。

但是科恩对双重属性做出区分也存在问题。首先，从定义出发，社会的双重属性是指社会生产所具有的物质属性和社会属性，所以在科恩看来，"物质"的反义词是"社会"，但是在马克思主义的语境中，"物质"的反义词通常是"精神"，而"自然"的反义词则是"社会"。所以马克思并没有明确区分社会的物质属性或是社会自然属性，而只是用物质和自然、精神和社会等表述来区分并解释历史发展的真正动因。其次，马克思主义唯物史观中的"物"是指人们的物质生产实践活动和实践能力。[①] 因此，科恩对物质属性和社会属性的区分并未把握唯物史观的真谛，而是对唯物史观做了旧唯物主义式的理解，即将唯物史观理解为关于物质和精神之间关系的学说。

接着，第二部分中，科恩分析了唯物史观的基本概念，主要包括生产力与生产关系的概念。

科恩首先从词源学来分析生产力概念。在马克思文本中通常使用的"生产力"的德语原文是 Produktivkräfte，在英语中被译为 productive forces，根据德语的含义，它应该被翻译为 productive powers（生产能力）。[②] 但译成 productive powers 也会带来问题，因为"能力"一词就被限定为生产主体的能力，而无论是生产工具还是原料都不能被看作生产能力，它们只是主体生

① 赵立坤：《人文性：唯物史观与史学的契合点》，《吉首大学学报》（社会科学版）2009年第6期。

② 〔英〕G.A. 科恩：《卡尔·马克思的历史理论——一种辩护》，第54页。

产能力的物化。而生产力概念既可指生产能力本身，又可指物化生产能力的事物。从这个意义来说，productive forces 就成了一个翻译不准确却被广泛运用的概念。

在简单地对"生产力"做了词源学分析之后，为了进一步明晰生产力的内涵，科恩认为只有满足以下三个条件者才可被判定为生产力。

第一，是力或能力而不是一种关系，不论是被用来生产产品还是用来制造产品的能力都不是关系。

第二，生产力必须满足"生产的发生（部分地）是使用它的结果"[①]，即生产力是在生产过程中被运用，并且对最终的结果产生一定影响。因为对生产力的定义不够明晰，很多人认为只要某物促进或刺激了生产，那么此物就可以被视为生产力。科恩举例驳斥，假设一个奴隶所信仰的宗教使他心甘情愿地受压迫，那么一个奴隶所信仰的宗教也是一种生产力，[②] 但这显然同马克思所使用的生产力概念内涵相违背。

第三，生产力必然具备物质属性。科恩认为，如果某个对象满足上述两项条件，并且该对象由于本身的物质属性而促进生产，那它就是生产力。例如，军人维持秩序的活动使生产得以实现，但是他们的活动不是生产性的活动，因为其对生产活动的必要性源于其社会属性而并非物质属性。

在完成对生产力概念的分析后，科恩在定义生产力的基础上解析生产力的构成。马克思没有具体论述过生产力的构成要素，只阐述过一般劳动过程的三个基本要素[③]：其一，"有目的的活动或劳动本身"[④]；其二，劳动对象，特指天然存在的劳动对象，例如原始森林中的树木、地下矿藏中的矿石等；其三，劳动资料，主要指介于劳动者和劳动对象间的用以传导劳动者生产活动的物或物的组合体。

科恩认为马克思有关一般劳动过程组成要素的论述一定程度上启发了他

① 〔英〕G.A. 科恩：《卡尔·马克思的历史理论——一种辩护》，第 49 页。
② 〔英〕G.A. 科恩：《卡尔·马克思的历史理论——一种辩护》，第 50 页。
③ 《马克思恩格斯文集》第 5 卷，人民出版社，2009，第 208 页。
④ 《马克思恩格斯文集》第 5 卷，第 208 页。

对生产力构成要素的认知，但对将马克思关于一般劳动过程组成要素的论述直接等同于生产力构成要素的论述，他予以驳斥，并给出对生产力构成要素的分析：

其一，科恩认为，生产力的构成要素包括生产资料与劳动力，并给出生产力构成要素一览表（见图1）。①

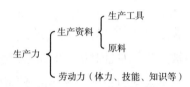

图1 生产力构成要素一览表

资料来源：〔英〕G.A.科恩《卡尔·马克思的历史理论———一种辩护》，第73页。

其二，科恩反对将生产力做要素论式的理解。科恩在分析生产力的组成部分时，将生产力和它各个组成部分之间的关系视作整体和部分的关系。在谈论生产力构成时，他认为单独的生产资料并不构成生产力，而运用劳动力作用于生产资料时所产生的生产能力才是真正的生产力。

其三，科恩反对将劳动本身等同于劳动能力。他认为，如果不区分劳动与劳动力，就无法解释在等价交换前提下，工人获得的价值比他生产出来的价值要少。所以具有价值的不是劳动，而是凝聚在其中的劳动力。

其四，运用于生产中的科学知识是生产力。很多马克思主义者反对将运用于生产的科学知识视作生产力的组成部分，他们大多从概念和属性出发，认为科学知识属于精神范畴，所以将其归类于上层建筑或意识形态范畴。科恩对此进行反驳认为，基于生产力的定义，只要一个事物的物质属性有助于生产，那么它就是生产力。在生产中运用科学知识确实有助于生产，因此它就是生产力。而且我们衡量劳动能力是否发展的一个重要指征就是适用于生产的知识的增长。

---

① 陈伟：《分析的马克思主义及其批判——以柯亨的历史理论为中心》，博士学位论文，复旦大学，2007，第25页。

在考察生产力与生产关系之间关系的基础上，科恩考察了生产关系的定义，并解析生产关系的结构。科恩给出的定义是："生产关系要么是人对生产力或人的所有权关系，要么是以这样的所有权关系为前提的关系。"[①]从这个定义中，我们可以解读出几个信息：首先，在生产关系中最不可或缺的组成部分是人；其次，生产关系的类型包括人与生产力之间的所有权关系、人与人之间的所有权关系，以及在此基础之上更深层次的所有权关系。那么是不是所有人与生产力及人与人之间的所有权关系都是生产关系呢？科恩给出了否定回答，他强调，只有在生产过程中，人与生产力的所有权关系才是生产关系。

那么，在具体的历史进程中会表现出哪些类型的生产关系呢？生产关系包括人与生产力的所有权关系，生产力又包括劳动力和生产资料两个组成部分，而且所有权关系，有可能是完全的所有权关系，也有可能是部分的所有权关系，还有可能是完全不存在所有权关系。经排列组合后就得到9组生产关系类型，见表1。

表1 科恩划分的生产关系类型

编号	劳动力	生产资料	生产者类型
①	不拥有	不拥有	奴隶
②	拥有部分	拥有部分	农奴
③	拥有全部	不拥有	无产者
④	拥有全部	拥有全部	独立生产者
⑤	不拥有	拥有全部	不存在
⑥	拥有部分	拥有全部	不存在
⑦	不拥有	拥有部分	介于奴隶与农奴之间
⑧	拥有部分	不拥有	介于农奴与无产者之间
⑨	拥有全部	拥有部分	自由农民和独立手工业者

资料来源：〔英〕G.A.科恩《卡尔·马克思的历史理论———种辩护》，第52页。

---

① 〔英〕G.A.科恩：《卡尔·马克思的历史理论—一种辩护》，第52页。

从表1中可见，前四种生产关系类型是历史发展进程中出现过的生产关系类型。⑤和⑥两种生产关系类型是不可能存在的，因为历史上并未存在过一个拥有全部生产资料的生产者不拥有或不部分拥有其劳动力。而剩下的⑦⑧⑨都是有可能在历史进程中存在的。其中，⑦是地位稍高于奴隶但未达到农奴地位的生产者，⑧是介于农奴与无产者之间的处于过渡状态的生产者类型，⑨是自由农民或独立手工业者。从科恩细致而全面的分析看，劳动力与生产资料的所有权关系所反映的生产关系并不像传统的马克思主义者所认为的那样单一，需要对生产关系的类型做更深入和细致的分析。

第三部分在分析完生产力、生产关系的基本定义与组成后，科恩开始阐述马克思主义唯物史观的原理，并将其概括为"发展命题"和"首要性命题"两个命题，并根据分析方法的要求，对它们做了概念明晰和逻辑严密的分析。

发展命题是指"生产力趋向发展贯穿整个历史"[1]。

首要性命题是指"一个社会的生产关系的性质是由其生产力的发展水平解释的"[2]。

首先，在概念表述的准确性上，科恩对两种生产力发展类型予以区分，即"生产力趋向发展贯穿整个历史"[3]与"生产力获得发展贯穿整个历史"[4]。两者的差别在于生产力的发展状态，同传统论述相比，发展命题表述的是生产力趋向于发展。这说明生产力存在停滞甚至倒退的情况，这种表述无疑更符合实际情况。

其次，在语义逻辑的连贯性上，科恩区分了首要性命题的两种表述。在首要性命题中，生产力的发展水平解释了社会生产关系的性质。在科恩看来，这一命题可以有以下两种表述，即"把首要性赋予生产力"与"生产力是首要的"。其中，"把首要性赋予生产力"（科恩认为这是传统马克思主义的观点）说明首要性是生产力本身所具备的一种性质，而"生产力是首要

---

① 〔英〕G.A.科恩：《卡尔·马克思的历史理论——一种辩护》，第188页。
② 〔英〕G.A.科恩：《卡尔·马克思的历史理论——一种辩护》，第188页。
③ 〔英〕G.A.科恩：《卡尔·马克思的历史理论——一种辩护》，第163页。
④ 〔英〕G.A.科恩：《卡尔·马克思的历史理论——一种辩护》，第163页。

的"（科恩的观点）则说明首要性是人们赋予生产力的一种解释。[①] 被解释项并不具备事物本身所固有的性质。[②] 基于此，科恩认为马克思的历史理论实际上是一种功能解释。

综上，科恩对发展命题的论述主要围绕两点展开：其一，生产力具有发展的趋势；其二，这种不断发展的趋势只是人们对生产力发展的总体概括。围绕这两点延伸：

其一，生产力为什么会不断地向前发展？科恩认为发展命题之所以成立有赖于有关人性的两个事实和一个有关人类在历史中境遇的事实。[③] 从人类社会的发展看，人类继承了祖祖辈辈都具有的两个持久存在的人性特征，即理性和创造性。在人类漫长的历史演进中，满足人类需求的资料很少能直接在自然界中获取，更多是人类运用生产力作用于自然后获得的成果。在这种情况下，人类总是会倾向于去掌握和保持那些能够帮助他们作用于自然并获得丰硕成果的生产力。

其二，如何理解生产力趋于发展这一历史事实？在第一部分中，科恩解释了生产力的发展，在这个部分科恩解释了为何生产力会趋于发展。首先，就"发展"和"趋向于发展"这两种不同的描述而言，"发展"是一种事实性陈述，而"趋向于发展"则是一种基于当前历史情形的判断或解释；其次，生产力趋向于发展并不否定可能会出现的生产力停滞甚至倒退的情形。所以，科恩更倾向于将生产力的不断发展视作一种解释，而不是一个事实。

科恩对首要性命题的论述同样围绕两个方面展开：其一，首要性命题是什么；其二，通过考察生产力与生产关系之间的关系论证生产力首要性的性质。

根据科恩的论述，首要性命题的内涵是指社会生产力的变化会带来生产关系的变革。科恩认为，生产力首要性命题已经在马克思的论述中阐述过，如"人们在自己生活的社会生产中发生一定的、必然的、不以他们的意志为转移

---

① 陈伟：《分析的马克思主义及其批判——以柯亨的历史理论为中心》，博士学位论文，复旦大学，2007，第27页。

② 庄惠惠：《G.A.柯亨分析马克思主义"两个命题"研究》，博士学位论文，吉林大学，2017，第35页。

③ 〔英〕G.A.科恩：《卡尔·马克思的历史理论——一种辩护》，第182页。

的关系，即同他们的物质生产力的一定发展阶段相适合的生产关系"①。对这句话的理解，科恩认为，首先，生产关系是生产力发展到它在现存经济结构中不能超出的水平的产物。举例来说，奴隶制下的生产力水平不可能孕育出使用计算机技术社会的生产关系。其次，生产力加诸生产关系上的限制具有相互性，即如果高技术排除奴隶制，那么奴隶制同样也排斥高技术的产生。

而生产力首要性的性质，在第四部分科恩运用功能解释的方法去阐述，即"被解释项的东西的特征是由它对解释它的东西的影响决定的"②。在传统马克思主义者看来，生产关系发生变革是由生产力发生变化导致的；而在科恩看来，某种生产关系之所以存在是因为它适应了生产力发展的需要，否则落后的生产关系将会被先进的生产力所淘汰。就功能解释，科恩给出的例子是"鸟长有空心骨，因为空心骨有利于飞行"③。空心骨有利于飞行解释了鸟类为什么长有空心骨。同理，某种生产关系之所以存在是因为它适应了现存生产力发展的需要。

科恩上述对生产力和生产关系两个唯物史观基本概念的考察是基于经典作家的论述而得出的，也正是依托科恩对马克思历史理论的出色研究，英美学界开始承认马克思历史理论的科学地位，马克思主义理论研究在西方主流社会科学中的地位得到了提升。就我国的马克思主义理论研究而言，应该说，对唯物史观的传统解释存在一些模糊之处，而科恩对唯物史观的研究，有助于推进我们更清晰和更合逻辑地阐释唯物史观。

当然，科恩对唯物史观的解释也存在一些问题。科恩的论证逻辑在于，人是理性的动物，因此生产力是由较低水平向较高水平发展的，而很少会出现由较高水平向较低水平的变化；尽管相比人们的需要，外部世界提供的资源往往有限，但人们会发挥自己的主体能动性和聪明才智克服这种稀缺，推动生产力趋向于不断发展，并在此基础上推动生产关系的变革。考察这种解释逻辑，存在以下问题：

① 《马克思恩格斯文集》第2卷，第591页。
② 〔英〕G.A.科恩：《卡尔·马克思的历史理论——一种辩护》，第317页。
③ 〔英〕G.A.科恩：《卡尔·马克思的历史理论——一种辩护》，第250页。

其一，生产力本身是如何发展的，科恩并未做出解释。科恩所概括的发展命题，认为人的生产能力在整个历史进程中具有趋向于发展的倾向，对于为什么会有这样的倾向，科恩是用人具有理性，面对资源的稀缺会不断提高生产能力，以满足需求来加以解释的。但其中，究竟何谓人的理性，为什么理性就能推动人们的生产能力不断提高，科恩并未提供进一步的解释。而且，科恩也承认，生产能力并不总是在发展，也有停滞甚至倒退的时候，那这时是不是理性就不发挥作用呢？在思想发展史上，将历史进步归因于理性的思想家不乏其人，但这就像将历史进步归因于上帝一样，是一种万能、但又万万不能的解释。这实际上是一种没有现实指导意义的理论，无法在现实中接受检验以判定其正确与否。

其二，科恩将唯物史观的解释模式概括为功能解释，背离了唯物史观所主张的科学解释模式。科恩将唯物史观的解释模式归结为功能解释，遭到分析的马克思主义学派许多学者的反对。我们也认为，唯物史观是一种因果解释，而不是功能解释；而且我们认为，功能解释只有借助因果解释才能获得解释和保证其一定为真。例如，前面提及科恩的有关功能解释的例子——"鸟长有空心骨，因为空心骨有利于飞行"，可以很容易看出，这个所谓功能判断是以因果判断的形式提出的，但它并没有给出真正的因果解释，即空心骨为什么有利于飞行。用生产力和生产关系的例子来看，科恩的功能解释就是某种生产关系之所以存在是因为它有利于生产力发展，却没有回答为什么这种生产关系有利于生产力的发展。[①] 如果不了解其中的因果机制，就无法了解其中的机理，也就无法了解生产关系同生产力之间的结合状况，也就无法判断下一步可能会产生的矛盾。由此可见，如果仅仅停留于功能解释，而不了解其中的因果关系，那这种理论就无法真正指导我们的现实活动，也就无助于改进现实的状况。

其三，科恩过于推崇分析方法的功效，而否定辩证法的价值。科恩研究唯物史观的指导方法是分析方法，这就使他过于关注概念明晰和逻辑严密这

---

① 孟庆龙：《社会的物质性与社会性的区分及其运用——G.A.柯亨关于马克思的历史理论的一个重要辩护》，硕士学位论文，南开大学，2008，第23页。

种形式化的标准，却对唯物史观有关历史发展本身的理论建构关注不够。唯物史观的基本原理包括生产力决定生产关系、经济基础决定上层建筑、存在决定意识，唯物史观的基本理论包括历史发展动力理论、社会形态理论、阶级斗争理论等。但科恩却将唯物史观仅仅概括为"发展命题"和"首要性命题"，这明显无法涵盖唯物史观的丰富性。而且，科恩对马克思主义理论界公认的马克思和恩格斯所运用的辩证方法予以否定，认为辩证法过于模糊，无法经得起分析哲学的分析。我们认为，科恩对辩证法的否定是没有根据的，也正因为这种否定，科恩对马克思历史理论的解释出现偏颇，而使自己的解释无法自圆其说。

二 S.H. 里格比的"生产关系决定论"

里格比认为，马克思的著作本身存在深刻的分歧，因此并不存在单一体系的马克思主义。他进而提出两种理论流派在解释马克思主义唯物史观上都具有文本解释上的权威性[①]：第一种理论流派以生产力首要性为理论基础，第二种理论流派则更强调生产关系的首要性。里格比认为，不可能宣称其中的某种因素具有解释上的首要性，要做的是将历史唯物主义从一种狭隘的经济决定论中拯救出来，转向"不稳定和不断变化的话语结构"[②]，这样才能指导历史学的实际研究。里格比分两个部分论述了他所主张的生产关系决定论：在第一部分，他先梳理了马克思主义唯物史观基本定义，列举出马克思持生产力决定论的七条文本依据，并在批判马克思和科恩等提出的生产力决定论的不足的基础上，提出替代性命题生产关系决定论；在第二部分，他对马克思主义唯物史观中的经济基础和上层建筑进行考察，以此来论证其理论的合理性。以下将按照里格比的论证逻辑展开。

作为研究唯物史观基本原理的基础，里格比基本上赞同科恩有关生产

---

① 〔英〕S.H. 里格比:《马克思主义与历史学——一种批判性的研究》，吴英译，译林出版社，2012，"序言"，第 16 页。

② 〔英〕S.H. 里格比:《马克思主义与历史学——一种批判性的研究》，"前言"。

力、生产关系、生产方式等唯物史观基本概念的界定。但里格比对劳动关系的定义提出新的观点。

里格比认为，关于劳动关系的定义存在三种观点。其一，以分析的马克思主义学派的威廉姆·肖为代表，他将劳动关系视作生产关系的组成部分，理由是二者术语相近。其二，以科恩为代表，他主张区分社会生产的双重属性，劳动关系是人们在生产过程中结合的物质关系，而并非具有所有权性质的社会属性。因此，科恩主张劳动关系属于社会生产的物质关系，但是劳动关系并不属于生产力。其三，里格比本人主张，应该将劳动关系视为生产力的组成部分。里格比赞同科恩关于社会生产的物质属性和社会属性的划分。劳动关系实际上并不属于生产关系的范畴，因为它不涉及所有权关系。由此，他认为作为社会生产过程中的重要一环，劳动关系会对劳动生产率产生重要影响，所以劳动关系可以被视作生产力的组成部分。

在分析唯物史观的基本概念之后，里格比考察了将唯物史观理解为生产力决定论的主要论据。他从马克思的经典论述出发，列举出七条唯物史观可以被理解为生产力决定论的证据。这部分内容基本上是对科恩的发展命题和首要性命题的重新论证。接着里格比将论述的重点放在唯物史观也可以被解读为生产关系决定论上，也提出了支撑生产关系决定论的七点证据：

第一，对社会物质属性与社会属性的区分并未为论证生产力首要性命题提供基础。里格比指出，不论是马克思还是科恩都强调对物质属性和社会属性的区分，但这种区分并不能支撑生产力首要性命题。因为，即使我们承认存在物质属性和社会属性的区分，但就如同生产力与生产关系一样，仍然存在谁决定谁的问题。也就是说，区分社会的物质属性与社会属性并不能自动地就证明生产力决定生产关系。

第二，社会关系是构成生产过程的一种基本因素。尽管里格比认为，对社会物质属性与社会属性的区分无法证明生产力首要性命题，但他并不否认对社会关系和生产关系做出区分的合理性。正如马克思所论述的那样，生产关系既可以被理解为劳动关系，"在一定社会发展阶段上的生产——社会个人的生产"[①]，也可以

---

① 《马克思恩格斯文集》第8卷，第6—8页。

被理解为社会关系，"一切生产都是个人在一定社会形式中并借这种社会形式而进行的对自然的占有"①。由此，里格比主张，在分析社会生产关系时必须区分劳动关系和社会关系。同时，里格比认为马克思提出了对社会历史进程的两种解释。在第一种解释中，生产关系被理解为劳动关系，由此物质生产引发社会关系，生产力在解释社会历史进程中占据首要性地位；在第二种解释中，生产关系被理解为社会关系，那么生产就成为社会活动的一个方面，由此生产关系就在解释社会历史进程中居于决定性地位。

第三，生产关系可以被用来区分各种生产方式。里格比认为，如果说物质生产是全部社会生活的基础的话，那么根据生产力发展的不同水平来划分不同社会历史阶段才是符合逻辑的。但是马克思在论述不同时代的演进时，却常常是以所有制的不同形式作为划分不同时代的标志。

第四，马克思在解释社会历史进程中赋予生产关系以首要性。在前面的论述中，里格比指出，马克思对社会经济形态的划分是以生产关系或是榨取剩余产品的形式为依据的。接着里格比论证道，马克思用更多的历史实例说明生产关系在解释社会历史进程的首要性。马克思认为，古代世界的生产方式以直接的统治关系和从属关系为基础，所以大多表现为奴隶制。而在资本主义社会，生产方式则"一开始就以出卖自己的劳动力给资本的自由雇佣工人为前提"②。里格比认为，马克思在论述中反复强调生产关系在解释社会历史变迁中的首要地位。

第五，各种社会经济形态都具有自身的发展规律。马克思认为，在不同的生产关系下，生产力发展所带来的影响会存在差异。有的生产力发展会直接引发社会变革，而有的生产力发展却无法带来社会变革以及生产关系的变革。由此可见，有关生产力与生产关系的普遍规律并不存在，而是每个时代都有自身的规律。

第六，生产力并不总是必然向前发展的。里格比论证道，我们之所以会认为生产力总是在向前发展，正是由于我们受生产力决定论的影响。事实

---

① 《马克思恩格斯文集》第8卷，第11页。
② 《马克思恩格斯文集》第5卷，第388页。

上，在人类历史发展的长河中，生产力的发展出现停滞甚至倒退是常态，所以生产力的首要性命题和发展命题并不是不言而喻的公理，而是需要证明的对象。

第七，生产关系在解释社会历史进程上具有首要性。综上所述，里格比认为，马克思对社会历史进程的分析事实上构成了对生产力决定论的批判，而且他提出了一种相对于生产力决定论而言的替代性理论，即生产关系决定论。生产力的不断发展并不足以解释生产关系何以能够进化到资本主义生产方式，反之，正是资本主义生产关系的确立才是生产力增长的根本原因。里格比进一步论证道，马克思似乎并未提出对封建主义向资本主义过渡的因果解释，只是提供了"一种描述，并希望它能够是自我解释的"[①]。

里格比认为，马克思关于唯物史观的论述围绕着两个中心命题展开。第一个是前面介绍过的有关生产力和生产关系的关系的命题。科恩主张生产力决定论，认为生产关系的性质同生产力的发展水平相适应；里格比主张生产关系决定论，认为生产关系的状况决定生产力能否获得发展。第二个是有关生产关系作为基础决定政治、法律和意识形态等上层建筑的性质的命题。就第二个命题，里格比提出了四个问题。第一，能够对基础和上层建筑做出区分吗？第二，如何对基础和上层建筑做出区分？第三，基础是如何发挥决定性作用的？第四，生产关系可以决定上层建筑的性质吗？

对于基础和上层建筑能否做出区分的问题，里格比指出通常的观点是基础单向地决定上层建筑。里格比对此提出异议，他在考察马克思有关基础和上层建筑关系的解释时，认为马克思对于基础和上层建筑的论述是一种建筑学的隐喻。通过这种类比，马克思将基础和上层建筑类比为一栋建筑的有机整体，即基础和上层建筑之间相互作用和相互渗透。

就如何区分"基础"和"上层建筑"概念的问题，里格比指出从字面上理解很困难。因为既然是社会的基础，那按照马克思的论述它必然是社会经济的总和，但马克思却将生产关系的总和即经济结构视为社会基础。[②]"基础"

---

① 〔英〕S.H. 里格比：《马克思主义与历史学——一种批判性的研究》，第 188 页。
② 《马克思恩格斯文集》第 2 卷，第 591 页。

包含所有能发挥生产关系功能的因素①，它不仅包含一般意义上的经济，而且包含生产关系。就此而言，那些宣称马克思的理论只强调纯经济层面作用的论述便不攻自破。

就基础是如何发挥决定性作用的问题，里格比首先论证道，在《〈政治经济学批判〉序言》中，马克思只提出三项可以被用来解释社会历史发展的变量，即生产力、生产关系和上层建筑。在否定了生产力决定论基础上，生产关系和社会上层建筑成为讨论的重心；他接着指出，既然生产关系的变革将导致社会的上层建筑或慢或快地发生变革，因此生产关系在解释社会历史变迁上具有首要性。

就生产关系是否可以解释上层建筑性质的问题，里格比认为，马克思有关生产关系是否可以解释上层建筑的观点可以类比马克思有关经济基础和意识形态变革关系的解释。因为"生产关系的总和构成社会的经济结构"②即构成社会的经济基础，所以生产关系可以解释上层建筑的性质。正如《拿破仑法典》在其产生的时代没有引起注意，而在其后资本主义获得大发展的时代却获得广泛关注一样，正是生产关系的变革才使人们对上层建筑的变化予以关注。

在里格比看来，"存在一种经济决定论类型的'马克思'，正如存在一种能用来对经济决定论提出批判类型的'马克思'一样"③。因此，马克思既可以被理解为"生产力决定论者"，也可以被理解为"生产关系决定论者"。但只有生产关系发挥决定性作用的解释才不会遭遇那些逻辑上和经验上的困难，而且也对历史学家的研究最有帮助。④

里格比批判性地借用科恩有关社会双重属性的论断，通过三方面的论述证明不是生产的物质属性决定生产的社会属性，而是从生产的社会属性推导出生产的物质属性：

---

① 〔英〕S.H.里格比:《马克思主义与历史学——一种批判性的研究》，第209页。
② 《马克思恩格斯文集》第2卷，第591页。
③ 〔英〕S.H.里格比:《马克思主义与历史学——一种批判性的研究》，第10页。
④ 〔英〕S.H.里格比:《马克思主义与历史学——一种批判性的研究》，第170页。

其一，里格比首先批判了科恩的双重属性论断。他认为，科恩混淆了物质生产和社会生产两个概念。科恩在解释科学技术和思想是生产力时，只是从这个事物之所以是物质的，是因为它不是社会的予以确定。① 而这种解释本身根本不具有说服力。

其二，里格比进而论证，生产的物质性无法推导出生产的社会性。他大体赞同科恩关于生产过程的定义，即"生产过程包含物质内容（生产力和人）与社会形式（所有权、生产关系）"②。因为即使是处于同一生产过程之下，也可以存在多种不同的生产关系，所以无法从物质内容推断出相应的社会形式。因此，生产过程不具有解释上的首要性。

其三，既然生产的物质属性无法推导出生产的社会属性，所以里格比借此推导出他的替代性理论，即生产的社会性可以说明生产的物质性。里格比引述马克思的论述来说明所有生产都具有社会性——"说到生产，总是指在一定社会发展阶段上的生产。"③ 他认为，这说明马克思承认在生产之前存在社会形式。

社会的双重属性划分为里格比阐释他的替代性理论奠定基础。里格比正是在这个基础上论证生产关系是如何推动生产力变革的。里格比引述马克思关于生产与分配关系的论述，将生产过程视为一种社会性生产。作为社会性活动的生产的发展必然受到生产资料分配状况的制约，而生产资料的分配状况又受制于特定的生产关系。所以马克思在对生产形态的解释中赋予社会形式以首要性。

至此，里格比批判了生产力决定论，提出生产关系在社会发展中具有首要性地位的论断。但是里格比的论点并不能使人信服。无论是在对唯物史观基本方法的论证上，还是在对唯物史观基本原理提出的替代性解释上，都存在缺陷。

① 〔英〕S.H.里格比：《马克思主义与历史学——一种批判性的研究》，第170页。
② 潘中伟：《历史唯物主义基本概念研究中的旧形而上学思维——以生产力决定论与生产关系决定论为例》，《学术界》2019年第11期。
③ 《马克思恩格斯文集》第8卷，第6页；〔英〕S.H.里格比：《马克思主义与历史学——一种批判性的研究》，第174页。

　　首先，里格比所采用的"目的分析法"①，严重违背历史学所奉行的实证研究方法。他在著作的序言中明确表示，论证哪种解读最符合马克思的原意并不重要，最重要的是要找出哪种解释模式对历史研究最有帮助。这种"实用主义"的立场导致他带着"解释历史"的目的来建构对唯物史观的解释，由此构建出对马克思本意相悖的解释。

　　其次，里格比在对唯物史观的解释中所采用的"折中主义"方法，使他对唯物史观的解释充满模糊性。他认为科恩对唯物史观的解释完全能够获得马克思论述的支持，但同时又提出一种替代性解释，认为他提出的替代性解释同样能够获得马克思论述的支持。因此，两种解释从文本支持的角度看都具有合理性。至于如何分辨，那要看在解释历史研究中哪种解释更有用。这实际上是说，到底如何理解唯物史观并不重要，也就违背了分析的马克思主义学派要运用分析方法所要求的概念界定明晰和逻辑推理严密来研究唯物史观的初衷。

　　最后，里格比对唯物史观基本内涵的理解上存在缺陷。其一，唯物史观的研究方法是追溯终极原因的因果分析方法。里格比追溯生产力发展的原因是生产关系，但他却不做进一步追溯，即追溯生产关系变革的原因，反而止步于生产关系发挥决定性作用。其二，唯物史观并不否定生产关系对生产力、上层建筑对经济基础的反作用，它只是强调生产关系对生产力、上层建筑对经济基础发挥反作用是以生产力对生产关系、经济基础对上层建筑发挥决定作用为前提的。例如，里格比困惑于为什么有的生产关系变革能够发挥推动生产力发展的重大作用，有的生产关系变革却无法发挥积极作用，反而发挥消极甚至阻滞作用，其中的决定性因素是生产力发展的状况。

　　由此可见，里格比对唯物史观的解释像科恩对唯物史观的解释一样都存在缺陷，都有需要进一步发展的地方。

---

① 吴学东：《质疑里格比对马克思唯物史观的批判》，《河海大学学报》（哲学社会科学版）2014年第4期。目的分析法主要是指为达成某种既定的目的，带着倾向性去阅读、分析文献资料的方法。

三 如何理解唯物史观的科学内涵

无论是代表"生产力决定论"的科恩还是代表"生产关系决定论"的里格比，他们在理解唯物史观上所犯的错误就在于对唯物史观基本概念和基本原理的认识上存在偏颇。他们没有真正理解唯物史观是从人们的物质生产实践活动出发，从作用与反作用的视角把握生产力和生产关系之间的辩证关系。本部分将首先厘清科恩与里格比在对唯物史观基本概念认识上的偏差；其次，厘清两人对唯物史观基本理论问题认识上的偏差；最后，论证将唯物史观理解为生产能力决定的合理性。

（一）科恩和里格比在理解唯物史观基本概念上的缺失

在对生产力概念的理解上，应该说，科恩通过对生产力概念的词源学考察论证生产力应该译为"生产能力"，这相对于此前主流解释按"劳动者、劳动工具和劳动对象"来理解生产力概念是一种进步；而且科恩按照剩余多少来划分社会历史发展阶段，这相比此前主流解释仅仅根据生产关系来划分社会历史发展阶段也是一种进步。但科恩在生产力概念的界定上并未真正摆脱要素说的束缚，而是又回到要素说，将生产力界定为劳动力和生产资料（包括生产工具和原料）的组合，将科学技术视作决定生产力发展的关键因素。里格比对生产力概念的界定也基本遵循科恩的生产力要素说。里格比同样认为，生产力的性质可以通过马克思对于劳动过程中三要素的考察予以界定，即生产得以发展是生产主体运用劳动作用于生产工具和原材料的结果。里格比对科学知识的考察则稍不同于科恩，里格比认为对科学知识的定义要通过它所发挥的作用来加以明晰。因为科学知识是生产过程的重要组成部分，是"直接的生产力"[①]，所以科学知识属于生产力的范畴而不属于上层建筑的组成部分。

---

① 《马克思恩格斯文集》第 8 卷，第 198 页。

科恩与里格比在对生产力概念的界定上存在偏差。其一，马克思并不是按照要素说来界定生产力的，按照要素说来界定生产力是对马克思用要素说来描述劳动过程的误读。马克思在描述劳动过程时使用要素说，例如劳动过程是由"有目的的活动或劳动本身、劳动对象和劳动资料"①组成的。可见，用要素说来界定生产力在马克思那里找不到文本支持；而且，如果用要素说来界定生产力，那还必须进一步回答，在三要素哪种要素是对生产力最重要的决定因素。其二，科恩实际上是将科学技术理解为决定生产力发展的最重要因素。但这存在进一步探讨的空间。首先我们会问科学技术的进步又是由什么决定的；接着我们会问，为什么在历史上一些科学技术的进步很早就已出现，却并未被社会利用，反而却给科学技术的发明者带来厄运。这就是说，科学技术的发明创造以及在现实社会中的运用本身需要得到解释。

在对生产关系的理解上，科恩在生产关系中区分出物质属性和社会属性，这相比此前主流解释将生产关系笼统加以界定而未做进一步的区分是一种进步。里格比在对生产关系做进一步区分上借鉴了科恩的做法，对生产关系进行区分。应该说，这为进一步说明生产力是如何决定生产关系的，迈出关键一步。但令人遗憾的是，科恩和里格比并未能走出这关键一步，反而否定物质属性和社会属性之间决定与被决定的关系。例如，科恩指出，正如从雕塑的材料无法推断出雕塑的形状一样，物质属性也无法推断出社会属性。这就同马克思明确指出的生产能力的提高决定劳动分工的发展，由此决定产品分配关系的因果关系②相违背。

由此可见，马克思对生产力和生产关系概念进行了清晰的界定，并且指明了生产力如何决定生产关系的严密逻辑。这些无疑是科恩和里格比都未能把握的。

---

① 《马克思恩格斯文集》第5卷，第208页。
② 《马克思恩格斯文集》第1卷，第520—521页。马克思在《德意志意识形态》中的表述如下："任何新的生产力，只要它不是迄今已知的生产力单纯的量的扩大（例如，开垦土地），都会引起分工的进一步发展。""分工的各个不同发展阶段，同时也就是所有制的各种不同形式"，还决定"个人在劳动材料、劳动工具和劳动产品方面的相互关系"。

（二）科恩和里格比在对唯物史观基本理论问题认识上的偏差

科恩与里格比不仅在对唯物史观基本概念的理解上存在偏差，而且在对唯物史观基本理论问题的认识上同样存在偏差。

首先是历史发展的动力问题。科恩坚持生产力是历史发展的最终动力这一唯物史观关于历史发展动力问题的基本认识。但在解释生产力是如何发展的问题上，科恩却出现了倒退，回归到"什么都能解释、什么又都不能解释的"理性决定上。科恩指出，生产力之所以能够不断获得发展就在于人类是理性的，面对匮乏的处境，他会做出反应，不断提高生产力，来改善自身的处境，不断实现进步。这里，究竟何为理性，为什么人是理性就会导致生产力的提高，科恩都未给予回答。而里格比坚持认为生产关系具有历史发展的首要性，则从根本上背弃了马克思主义唯物史观的概念和原理。里格比认为作为生产力发展基础的分工与协作本身就是一种生产关系，所以生产关系可以解释生产力发展的根本动力问题。但是，马克思明确表示："人们不能自由选择自己的生产力——这是他们的全部历史的基础，因为任何生产力都是一种既得的力量，是以往的活动的产物。"①

我们知道，就解释生产力是如何发展的而言，马克思并未求助于所谓的理性，也没有抽象化具体的生产实践活动。生产力的不断提高是在人们的物质生产实践活动中实现的，人们在生产过程中会逐渐积累经验，即将正确的做法保持下去，从错误的做法中汲取教训，不会再犯之前犯过的过错。所以，马克思将人类历史发展的最终动力归结为人们的物质生产实践和生产实践中形成的生产能力。这就是马克思有关历史发展动力问题的认识。

而在历史发展阶段的划分问题上，科恩相比之前的唯物史观研究者前进了一大步。他试图用生产力发展水平来划分历史发展阶段，而之前的研究者主要按生产关系类型来划分历史发展阶段，这样就未真正贯彻唯物史观所主

① 《马克思恩格斯文集》第 10 卷，第 43 页。

张的"生产力决定生产关系"的基本原理。像科恩认为可以用剩余产品的数量来衡量生产力的发展水平，由此可以根据剩余量的多少来划分社会历史发展阶段。他根据剩余多少将历史发展阶段划分为四个阶段，即前阶级社会、前资本主义阶级社会、资本主义社会和后阶级社会。[①] 而里格比对于社会发展阶段的划分更是印证了他所提出的"生产关系决定生产力"的原理。里格比论证道，如果生产力是推动历史发展的根本动力，那么生产力的发展水平也将被看作衡量社会历史进步的重要指征。但是马克思的文本中，却是根据"对剩余劳动的特定占有方式加以界定的"[②]。所以这也从反面印证了马克思主义唯物史观将生产关系视为历史发展的根本动力，并据此将人类社会大致分为古代社会、封建社会和资本主义社会等。

应该看到，科恩与里格比只是粗略地提出了一个根据剩余产品来划分历史发展阶段的框架，而马克思则是提出了一套完整的历史阶段划分理论，即社会形态理论。相比马克思的社会形态理论，科恩与里格比的划分框架存在以下问题。首先，马克思的社会形态理论是一个严密的理论体系。其中既观照到生产力作为社会历史发展终极动力的作用，又观照到根据生产关系来划分社会发展阶段，后者是马克思社会形态理论划分历史发展阶段的基本标准。与之相比，科恩虽然强调生产力的作用，但忽视了用生产关系作为划分历史发展阶段的标准这一社会形态理论的基本要求。而里格比则相反，他只看到生产关系作为衡量历史发展不同阶段的指征，却没有看到生产关系不断发展的根源在于生产力的不断发展。其次，由于并未真正了解生产力到底是如何决定生产关系的这一因果关系，科恩与里格比在划分历史发展阶段时未能交代其中的因果关系。科恩将剩余多少同阶级社会的产生相联系，其中就未交代决定阶级产生的因素是劳动分工，而恩格斯曾经明确指出："分工的规律就是阶级划分的基础。"[③] 而里格比却将这种分工视作生产关系不断发展的产物，并由此得出生产关系是历史发展的基础这一结论。由于未能交代其中

① 〔英〕G.A.科恩：《卡尔·马克思的历史理论——一种辩护》，第229页。
② 〔英〕S.H.里格比：《马克思主义与历史学——一种批判性的研究》，第177页。
③ 《马克思恩格斯文集》第3卷，第562页。

的因果关系，所以人们也就无法了解为什么剩余多了就会产生阶级，以及谁会在阶级划分中占据主导地位。

（三）科学地理解唯物史观的内涵

作为唯物史观的基本概念和历史发展的终极原因，生产力概念的界定对唯物史观具有最重要的意义。之前对唯物史观的解释多以要素论来界定生产力，科恩虽然通过对生产力的词源学考察认定"生产力"应为"生产能力"，但最终未能跳脱要素论的泥淖。以要素论来界定生产力还必须在三要素中进一步确定能够衡量生产力的要素，即人们往往将生产工具作为衡量生产力的标准。但这却经不起历史的检验，因为从原始社会到资本主义手工工场阶段，甚至社会主义初级阶段都在使用手工工具，而已经发生了几种社会形态的更替。由此可见，按要素论来界定生产力既无法获得马克思文本的支持，又无法经得起历史经验的检验。

的确如科恩所考证的，马克思所使用的"生产力"就是"生产能力"，但马克思自己提出了衡量生产能力的标准。既然是衡量能力的标准，单位就是以效率为基础的劳动生产率，尤其是人均劳动生产率。不同于科恩等按照剩余产品的数量或是分配剩余产品的所有权关系考量生产能力发展，马克思是以衡量劳动者生产能力的人均劳动生产率作为考量生产能力发展的指征。马克思指出："社会上的一部分人用在农业上的全部劳动——必要劳动和剩余劳动——必须足以为整个社会，从而也为非农业劳动者生产必要的食物；也就是使从事农业的人和从事工业的人有实行这种巨大分工的可能。"[①] 唯物史观是一个严密的理论体系，只有科学地界定生产力概念才能推导出由它决定的因果诸要素的变化。

作为唯物史观的另一个基本概念，生产关系概念的界定同样对唯物史观具有重要的意义。之前对唯物史观的解释多以所有制形式来界定生产关系，科恩和里格比虽然都在生产关系中区分出物质属性和社会属性，但没有做进

---

① 《马克思恩格斯文集》第 7 卷，第 716 页。

一步的发挥，因此也就未能在物质属性和社会属性之间建立因果关系。将生产关系界定为所有制，最大的问题是没有追问所有制又是由什么决定的。对此，马克思有明确的回答。例如："与这种分工同时出现的还有分配，而且是劳动及其产品的不平等的分配（无论在数量上或质量上）；因而产生了所有制……。"[①] 也就是说，是劳动分工决定了产品分配，因为劳动分工关系决定了人们在生产中的贡献多少，贡献多的自然会获取更多的产品作为报酬，反之，则只能获得较少的产品作为报酬。当这种分配关系由国家以法律的形式予以认可时就变成了所有制。那么，分工又是由什么决定的呢？马克思同样予以了明确回答，是生产力，即"任何新的生产力，只要它不是迄今已知的生产力单纯的量的扩大（例如，开垦土地），都会引起分工的进一步发展"[②]。

由此可见，马克思所揭示的生产力决定生产关系的内在逻辑是：生产能力的提高导致劳动分工的变化，其中既包括产业部门分工的升级，从农业为主转变为工业为主，再转变为第三产业为主，又包括脑力劳动者和体力劳动者职位和数量的变化；劳动分工的变化导致分配关系的变化，其中既包括不同产业部门分配形式的变化，又包括脑力劳动者和体力劳动者之间分配形式的变化。

马克思在不同文本中对人类社会历史发展阶段有不同划分，其中同生产力发展水平建立联系的三阶段划分最具解释力，即著名的三形态理论。从最初的"人的依赖关系"，逐渐发展为"以物的依赖性为基础的人的独立性"，最终发展成为以全部人的自由为基础的自由人的联合体[③]。

第一大形态是自然状态下的人的依赖关系。在生产能力相对低下的情况下，人们还脱离不开他们所生存的共同体，由此产生的就是对共同体、对生存群体的依赖关系。"各个人通过某种联系——家庭、部落或者甚至是土地本身，等等——结合在一起……交换主要是人和自然之间的交换，即以人的劳

---

① 《马克思恩格斯文集》第 1 卷，第 536 页。
② 《马克思恩格斯文集》第 1 卷，第 520 页。
③ 《马克思恩格斯文集》第 8 卷，第 52 页。

动换取自然的产品……体力活动和脑力活动彼此还完全没有分开……所有者对非所有者的统治可以依靠个人关系，依靠这种或那种形式的共同体。"①

随着生产力的不断提高，人们逐渐能够摆脱对共同体的依赖关系，投入市场经济当中，形成新的依赖关系，即对货币和市场的依赖关系，也就是马克思所说的"以物的依赖性为基础的人的独立性"②。这就进入了第二大形态。在这个形态中，在市场竞争的压力下，人们的生产能力逐渐提高，物质和精神财富也不断积累，人们之间的交往也愈益丰富。这就为进入第三大形态创造条件。

在第二大形态物质和精神生产能力不断积累的基础上，人类将进入第三大形态，即"建立在个人全面发展和他们共同的、社会的生产能力成为从属于他们的社会财富这一基础上的自由个性"③。在这一阶段，由于社会生产力的普遍提高和个体生产能力的全面发展，消灭脑体分工成为可能，社会变成自由人的联合体。在第三大形态中，分工仍然存在，但这已不是能力差异产生的，而是取决于兴趣，即人们从事体力劳动并不是因他们的能力而不得不如此，而是兴趣使他们从事体力劳动，他们完全有能力从事脑力劳动，而且随着兴趣的变化可以变换他们的劳动类型。

结　语

分析的马克思主义学派的代表人物科恩从马克思、恩格斯等经典作家的论述出发，试图运用分析方法厘清生产力、生产关系、经济基础、上层建筑等基本概念，并提炼出生产力发挥决定性作用的"发展命题"和"首要性命题"，还将唯物史观的解释模式概括为功能解释。应该说，相比之前唯物史观研究者的解释，科恩的研究有很大推进。如他对生产力概念的考证、坚持唯物史观主张生产力发挥决定作用的观点、运用分析方法使唯物史观的研究

---

① 《马克思恩格斯文集》第 1 卷，第 555—556 页。
② 《马克思恩格斯文集》第 8 卷，第 52 页。
③ 《马克思恩格斯文集》第 8 卷，第 52 页。

做到概念界定明晰和逻辑推理严密等。这些对我们研究唯物史观都有重要的启示意义。当然，科恩对唯物史观的研究也存在这样或那样的缺陷，致使他最终承认对唯物史观的辩护失败——"我现在并不认为历史唯物主义是错误的，但对如何知道它是否正确却没有把握。"[①] 如他将生产力发展的原因归于理性、将唯物史观的解释模式归于功能解释等。这些可以为我们研究唯物史观提供鉴戒。

而作为历史学家的里格比从哪种对唯物史观的理解在解释具体历史进程中更有效的标准出发，在广泛考察马克思、恩格斯经典论述的基础上，指出经典作家既有支持生产力决定论的论述，又有支持生产关系决定论的论述。在这样的前提下，里格比反对科恩将唯物史观理解为生产力决定论的观点，坚持生产关系决定论。应该说，里格比从解释历史的有效性标准来考察唯物史观的解释模式，相比科恩等哲学家更注重文本考察而较少关注所做解释能否适用于历史和现实的重大问题而言，颇具特色，而且更容易发现对唯物史观的某种解释模式的不足之处。但相比科恩等哲学家的研究路数，里格比的研究范式也有其自身的不足。首先，在唯物史观基本原理解释的体系性上存在缺陷，唯物史观是一个严密的体系，生产力决定生产关系、经济基础决定上层建筑、存在决定意识，是它的基本原理，里格比提出生产关系决定论，虽然可能在解释历史上有其有效性，但这将导致唯物史观解释体系的重建，而不单是某个具体原理顺序的颠倒。其次，过于关注唯物史观在解释历史中的效用，而忽视在因果链条上的追溯，如里格比提出生产关系在历史发展进程中发挥首要性作用，那我们不禁要问，生产关系又是由什么决定的？里格比并未回答。最后，里格比是研究社会史的历史学者，他的研究对象决定了他更多关注社会关系变化的历史事实，而不像研究经济史的历史学者那样经常关注经济变化的历史事实。这也是导致里格比过多从生产关系而不是生产力视角，来理解唯物史观的原因所在。

从科恩和里格比对唯物史观做出的不同解释看，唯物史观大有继续深

---

① 〔英〕G.A.科恩：《卡尔·马克思的历史理论——一种辩护》，第341页。

究以建构更科学的解释体系的空间。尤其在唯物史观对各门社会科学的指导地位有所削弱的今天，这种重新建构就具有更大的迫切性。我们对科恩和里格比等西方学者对唯物史观的解释做出研究，就是想为我们重新建构唯物史观解释体系的工作提供资料和借鉴，使我们的研究能够在更广泛的基础上展开。本文就是想在这方面有所贡献。

莫米利亚诺的史学"遗产"研究述评

阿　慧[*]

摘　要： 莫米利亚诺的史学思想以"遗产"的形式在学界形成持续的影响。其内容主要由历史实证研究与史学理论研究两部分构成。相应的，现当代学者关于其"遗产"的研究，也集中体现在微观的历史实证考察与宏观的史学理论思考两大方面。不过，尽管目前的有关研究已体现出一定的丰富性与流动性，吸引学界对莫氏史学思想的进一步关注，但也存在缺乏均衡性、完整性、深刻性等不足，尚未对莫米利亚诺的史学思想形成真正的把握。

关键词： 莫米利亚诺　西方古代史　西方史学史

1987 年，西方古代史研究巨擘阿尔纳多·莫米利亚诺（Arnaldo Momigliano）离世。普林斯顿高等研究院资深研究员格伦·鲍尔索克（Glen W. Bowersock）将此事形容为"使多国学界遭受沉痛打击"[①]的重大损失。莫米利亚诺这位不满 30 岁即成为教授、一生著述上千的历史学者，被他的弟子、牛津大学知名古典学者奥斯温·穆雷（Oswyn Murray）评价为"他那一代最杰出的欧洲历史学家之一"[②]。美国罗马学术院主席彼得·米勒（Peter N. Miller）更在盛赞"他对罗马、希腊和犹太历史的掌握堪称传奇"的同时，进一步提出，"莫米利亚诺不仅是一位伟大的古代史学的研究者，他还揭示

　＊　阿慧，中国社会科学院历史理论研究所。

① G. W. Bowersock, "The Later Momigliano," *Grand Street*, Autumn, Vol. 9, No. 1 (1989), p. 197.

② Oswyn Murray, "Arnaldo Momigliano, 1908–1987," *The Journal of Roman Studies*, Vol. 77 (1987), p. xi.

了现代最核心的理论发展之一，即文化科学（cultural sciences）的诞生"①。换言之，莫氏在历史研究中的影响力并未局限在古代史的实证领域，还在更大范围的史学理论层面，为现当代的历史学者提供了思路与启发。由此，他在学术思想上持续影响着历史学界。正如古典学者格雷戈里·戈尔顿（Gregory K. Golden）所言，莫米利亚诺虽然已逝，"但其遗产的价值仍在延续"②。

本文尝试从历史实证研究与史学理论研究两方面，梳理、归纳莫氏史学"遗产"的内容；在此基础上，考察现当代学者对莫米利亚诺史学"遗产"的代表性研究；通过这一个案，从史学史角度出发，透视现当代西方历史研究的有关动向。

一　莫米利亚诺的史学"遗产"的内容

在《现代史学的古典基础》中，莫米利亚诺对其历史研究的说明如下：

> 和我这一辈的其他古代史学生一样，我必须再度反思这一领域最为基础的原则。渐渐地，虽然尚不完善，但在解读古代历史思想和现代历史思想之间更加复杂的关系方面，我还是形成了一些认识。……古代西方不止存在一种历史模式，而是有多种类型。如果有人想要理解历史学的意义，就必须从〔史学史的层面〕接受有关模式的多样性开始。③

这在一定程度上也是他对自己研究思路的总结。莫氏的研究主要分为两种类型，即以古代史为基础的历史实证研究，以及通过史学史建构的史学理论

---

① Peter N. Miller, "Introduction: Momigliano, Antiquarianism, and the Cultural Sciences," in Peter N. Miller, ed., *Momigliano and Antiquarianism: Foundations of the Modern Cultural Sciences*, Toronto:University of Toronto Press , 2007, pp. 3,6.

② Gregory K. Golden, "Review: *The Legacy of Arnaldo Momigliano*," *Classical Philology*, Vol. 111, No. 4 (2016), p. 482.

③ Arnaldo Momigliano, "Conclusion: The Classical Foundations of Modern Historiography," in *The Classical Foundations of Modern Historiography*, Berkeley: University of California Press, 1990, p. 154.

研究。米勒、安东尼·格拉夫敦（Anthony Grafton）和卢科·德尼兹（Luc Deitz）等学者称其为莫米利亚诺历史研究的"二分法"。[1]一方面，他以"古物学"等形式的古代史研究为出发点，基于实证考察展开史料分析，尝试形成相应的历史解释；另一方面，他又以历史书写的发展为线索，力图梳理出从古至今的历史发展脉络。而这两方面的研究综合在一起，便构成了穆雷、卡尔·克里斯特（Karl Christ）、鲍尔索克、利尔纳·鲁吉尼（Lellia C. Ruggini）等学者眼中，莫米利亚诺重要的史学"遗产"。[2]

在莫米利亚诺看来，以古代史为核心的历史实证研究始终是第一位的。他始终相信，过去是现实发生过且不可被动摇的："就史料所呈现的历史事实而言，历史就是一种事实，尊重事实是历史学者的天职。"[3]所以，"历史研究的所有史学方法都建立在甄别史料来源〔明确史实〕的基础上"[4]，其要义在于充分地收集、考证史料，从而形成关于过去的真实的历史认识。因此，历史学家是"人类过去的搜集者"[5]，其工作任务是：

第一，广泛关注人类过去的活动；第二，乐于探索有关人类过去的新证据；第三，在把握既有史料的基础上，形成具有实证价值的问题意

---

[1] Peter N. Miller, "Introduction: Momigliano, Antiquarianism, and the Cultural Sciences," in *Momigliano and Antiquarianism: Foundations of the Modern Cultural Sciences*, p. 41; Anthony Grafton, "Momigliano's Method and the Warburg Institute," in *Momigliano and Antiquarianism: Foundations of the Modern Cultural Sciences*, p. 104; Luc Deitz, "Review: *The Legacy of Arnaldo Momigliano*," *History of Humanities*, Vol. 2, No. 2 (2017), pp. 533-535.

[2] Oswyn Murray, "Arnaldo Momigliano in England," *History and Theory*, Vol. 30, No. 4, Beiheft 30 (1991), pp. 49-64; Karl Christ, "Arnaldo Momigliano and the History of Historiography," *History and Theory*, Vol. 30, No. 4, Beiheft 30 (1991), pp. 5-12; G. W. Bowersock, "The Later Momigliano," Grand Street, Autumn, Vol.9, No.1(1989); Lellia Cracco Ruggini, "Arnaldo Momigliano (1908–1987)," *Studi Classici e Orientali*, Vol. 58 (2012), pp. 191-213.

[3] Arnaldo Momigliano, "Historicism Revisited," in *Essays in Ancient and Modern Historiography*, Middletown, Conn.: Wesleyan University Press, 1977, p. 154.

[4] Arnaldo Momigliano, "Ancient History and the Antiquarian," in *Studies in Historiography*, London: Weidenfeld and Nicolson, 1966, p. 2.

[5] Arnaldo Momigliano, "Historicism Revisited," in *Essays in Ancient and Modern Historiography*, p. 366.

识；第四，致力于合乎逻辑地解释并评价史实。①

从这个意义上而言，莫氏认为，历史的作用只在于"告诉我们人类的过去，但并不为人类的未来提供标准"②。这在古代史的研究中，主要以"古物学"的形式体现，也就是在熟练掌握古代语言、充分收集古代史料基础上，呈现历史事实：

> 古物学的时代不只体现了史学关注的变革，还体现了史学方法的变革。对此，史学史的考察或可厘清两者之间的关系。在这一时代，历史研究确立起了〔最初的〕规范，提出了史学方法的〔基本〕问题，时至今日，我们都不可谓其过时。③

由此，莫氏进行了大量的历史实证研究。根据迈克尔·斯坦因博格（Michael P. Steinberg）的梳理④，仅是他发表在《历史与理论》（History and Theory）杂志上的重要成果就包括：《维科的〈新科学〉：罗马的野性与罗马的英雄》⑤《古典史学史中的时间》⑥《在希腊人与犹太人之间的德罗伊森》⑦《传统与古典的史家》⑧《古希腊史学史》⑨。而收录于其他期刊、文集中的有关研究更是不

① Arnaldo Momigliano, "Historicism Revisited," in *Essays in Ancient and Modern Historiography*, pp. 365-366.

② Arnaldo Momigliano, "History in an Age of Ideologies," *The American Scholar*, Vol. 51, No. 4 (1982), p. 507.

③ Arnaldo Momigliano, "Ancient History and the Antiquarian," in *Studies in Historiography*, p.2.

④ Michael P. Steinberg, "Introduction: *The Presence of the Historian:Essays in Memory of Arnaldo Momigliano*," *History and Theory*, Vol. 30, No. 4, Beiheft 30 (1991), pp. 1-4.

⑤ Arnaldo Momigliano, "Vico's *Scienza Nuova*: Roman 'Bestioni' and Roman 'Eroi'," *History and Theory*, Vol. 5, No. 1 (1966), pp. 3-23.

⑥ Arnaldo Momigliano, "Time in Ancient Historiography," *History and Theory*, Vol. 5, No. 1, Beiheft 6 (1966), pp. 1-23.

⑦ Arnaldo Momigliano, "J. G. Droysen between Greeks and Jews," *History and Theory*, Vol. 9, No. 2 (1970), pp. 139-153.

⑧ Arnaldo Momigliano, "Tradition and the Classical Historian," *History and Theory*, Vol. 11, No. 3 (1972), pp. 279-293.

⑨ Arnaldo Momigliano, "Greek Historiograph," *History and Theory*, Vol. 17, No. 1 (1978), pp. 1-28.

胜枚举，以至于古代晚期史研究名家彼得·布朗（Peter Brown）认为，"莫米利亚诺的人生似乎就是为历史研究而活"①。

同时，莫米利亚诺的历史研究中也不缺乏关于史学理论的思考。他承认历史与现实之间的连续。尽管莫氏始终将自己历史研究的眼光限定在过去，认为"历史研究要以充分的工作来解释过去的某些情况是如何发展的"②，但由于"我们认识过去的方式取决于，或至少是受制于我们各自身处的历史变化形势"③，所以，他也相信只要历史学者能够充分地收集并辨析证据，便能够自然地建立起过去与现在之间的联系，发掘自古以来的历史发展的价值所在：

> 只有存在于特定的形势或过程中时，事实才构成史实。但对史实的辨析〔其实〕取决于认识主体来自外部世界的预设（可称之为假设、模型或理想型）。而在特定的形势或过程的影响下，对特定史实予以重视，便是为有关史实赋意。④

在莫氏看来，依据不同史家进行历史书写的顺序，从史学史的角度梳理有关事实，便是实现这种赋意的重要途径。由于古代的历史书写构成了现代历史研究的基础，特别是现代跨学科研究的发展，使得"我们目前的历史研究工作具有复杂性和多样性，由此重新突出了以前忽视的、它与古代世界之间的联系"⑤，在此基础上，如果"在20世纪历史书写变革的历史背景之下，反思古代史的价值"⑥，由于历史书写本身所具的连续性，所以，"在20世纪

---

① Peter Brown, "Arnaldo Dante Momogliano, 1908-1987," *Proccedings of the British Academy*, Vol. 74 (1988), p. 441.

② Arnaldo Momigliano, "History in an Age of Ideologies," *The American Scholar*, Vol.51, No.4(1982), p. 506.

③ Arnaldo Momigliano, "Historicism Revisited," in *Essays in Ancient and Modern Historiography*, p. 366.

④ Arnaldo Momigliano, "Historicism Revisited," in *Essays in Ancient and Modern Historiography*, p. 367.

⑤ Arnaldo Momigliano, "Introduction: *The Classical Foundations of Modern Historiography*," in *The Classical Foundations of Modern Historiography*, p. 1.

⑥ Arnaldo Momigliano, "Introduction: *The Classical Foundations of Modern Historiography*," in *The Classical Foundations of Modern Historiography*, p. 3.

的历史学家的研究中，任意时期的过去都可以是修昔底德式的当代史，因为他们知道如何恰当地运用各种证据，将我们带回几乎所有时代的过去"①。

以此作为出发点，莫米利亚诺充分地发展了自己的史学理论研究。《历史学研究》②《古希腊传记的嬗变》③《外族的智慧：希腊化的局限》④《论古代与近代的历史学》⑤《现代史学的古典基础》⑥ 等精编文集，都是他在这一领域重要学术成果的汇总。尽管理查德·迪·多纳托（Riccardo Di Donato）指出，莫氏在史学理论方面的研究重点较为分散⑦，但格拉夫敦认为，这恰恰体现了作为历史学者的莫米利亚诺学养深厚，"能够在讨论公元前一千纪犹太和希腊历史书写的起源，以及进行 20 世纪末的社会科学阐释时，展现出同等深刻的洞察力和可靠的权威性"⑧。

二 莫米利亚诺的史学"遗产"的研究现状

在莫米利亚诺去世后，受到他影响的学者对其史学"遗产"的有关研究，同样集中在他生前主要研究的两大领域。他们或是在西方古代史的研究领域，回顾或推进莫氏的实证研究；或是在史学史与史学方法领域，解析或阐发莫氏的史学理论。目前这两个领域较具代表性的研究成果，主要汇总在 2007 年出版的《莫米利亚诺与古物学：现代文化科学的基础》⑨ 以及 2014 年

① Arnaldo Momigliano, "Introduction: *The Classical Foundations of Modern Historiography*," in *The Classical Foundations of Modern Historiography*, p. 1.

② Arnaldo Momigliano, *Studies in Historiography*.

③ Arnaldo Momigliano, *The Development of Greek Biography*, London: Oxford University Press, 1971.

④ Arnaldo Momigliano, *Alien Wisdom: The Limits of Hellenization*, Cambridge: Cambridge University Press, 1975.

⑤ Arnaldo Momigliano, *Essays in Ancient and Modern Historiography*.

⑥ Arnaldo Momigliano, *The Classical Foundations of Modern Historiography*.

⑦ Riccardo Di Donato, "Foreword: *The Classical Foundations of Modern Historiography*," in *The Classical Foundations of Modern Historiography*, pp. vii-xi.

⑧ Anthony Grafton, "Arnaldo Momigliano: The Historian of History," in *Essays in Ancient and Modern Historiography*, p. ix.

⑨ Peter N. Miller, ed., *Momigliano and Antiquarianism: Foundations of the Modern Cultural Sciences*.

出版的《莫米利亚诺的 "遗产"》① 两部文集之中。

在西方古代史的实证研究领域，学者们对莫氏史学"遗产"的考察，以古代希腊罗马史、古代犹太史、古代近东史、古代中世纪史等专业方向为主。其中，圭多·克莱门特（Guido Clemente）、约翰·诺斯（John. A. North）、艾伦·卡梅隆（Alan Cameron）以及蒂姆·康奈尔（Tim Cornell）等学者的讨论，以莫氏的古代希腊罗马史研究为中心；而泰萨·瑞洁克（Tessa Rajak）、盖·斯托穆萨（Guy G. Stroumsa）以及穆舍·埃德尔（Moshe Idel）的讨论，则以莫氏的古代犹太史研究为中心；艾弗尔·卡梅伦（Averil Cameron）、卡洛塔·迪奥尼索蒂（Carlotta Dionisotti）与格拉夫敦的讨论，以莫氏的古代晚期及中世纪研究为中心；至于艾米丽·库尔特（Amelie Kuhrt）的讨论，则以莫氏的古代近东研究为中心。

首先，在考察莫米利亚诺的古代希腊罗马史研究时，克莱门特评述了莫氏学术生涯早期关于罗马帝国与希腊化问题的研究，他指出，莫氏早期学术观点的形成，主要受到盖塔诺·德桑蒂斯（Gaetano De Sanctis）和贝奈戴托·克罗齐（Benedetto Croce）的影响②。卡梅隆则重点关注莫氏的奥古斯都研究，认为莫氏在有关史料的成书年代、作者的分析上，主要运用了一种基于"常识"（common sense）的历史判断法③。而在回顾莫氏如何建构罗马帝国时期宗教多元历史背景的基础上，诺斯指出，莫氏揭示了以往被低估的异教思想在罗马帝国中的价值④。康奈尔则通过探析莫氏在古代史研究中重视传记编纂的原因，认为莫氏的有关研究取向受到了他自己史学史研究的影响⑤。

其次，在考察莫米利亚诺的古代犹太史研究时，瑞洁克重点关注莫氏对

---

① Tim Cornell and Oswyb Murray, eds., *The Legacy of Arnaldo Momigliano*, London and Turin: Warburg Institute and Nino Aragno, 2014.

② Guido Clemente, "Between Hellenism and the Roman Empire," in *The Legacy of Arnaldo Momigliano*, pp. 13-28.

③ Alan Cameron, "Momigliano and the Historia Augusta," in *The Legacy of Arnaldo Momigliano*, pp. 147-164.

④ John. A. North, "Pagans, Jews and Christians in the Thinking of Arnaldo Momigliano," in *The Legacy of Arnaldo Momigliano*, pp. 129-146.

⑤ Tim Cornell, "Momigliano and Biography," in *The Legacy of Arnaldo Momigliano*, pp. 178-196.

古代东部地中海的希腊化犹太人生活的认识，她认为，莫氏自身所具的犹太教背景，影响了他讨论有关问题时的历史思想[①]。而斯托穆萨和埃德尔不仅提出了同样的观点，还通过进一步梳理莫氏如何运用"古物学"与传记学的方法理解古代宗教发展的历史，分别指出，莫氏个人的宗教思想和哥舒姆·舒勒姆（Gershom Scholem）的犹太教神秘主义思想，都在他的有关研究中有一定体现[②]。

再次，在考察莫米利亚诺的古代晚期及中世纪研究时，卡梅伦分析了莫氏关于希腊化背景下的基督教系列研究成果，他指出，在莫氏可谓海量的古代史研究中，相比其他"有关异教徒和犹太人的内容"[③]，关于古代基督教研究的数量极为有限[④]。迪奥尼索蒂概括了莫氏的古代晚期及中世纪研究涉及的基本主题，他认为，莫氏主要的研究兴趣集中在古代晚期罗马帝国的衰落与延续方面[⑤]。而格拉夫敦则从中世纪基督教会史的角度，回顾了莫氏对基督教史学传统的发展过程的追溯，指出莫氏将尤西比乌斯视为现代批判史学的源头之一[⑥]。

最后，在考察莫米利亚诺的古代近东研究时，库尔特另辟蹊径地将讨论聚焦在莫氏的有关研究对后辈学者的启发上，她从自己的研究出发，对莫氏未予充分辨析的古代巴比伦政体的自由权问题进行了探析[⑦]。

[①] Tessa Rajak, "Momigliano and Judaism," in *The Legacy of Arnaldo Momigliano*, pp. 89-106.

[②] Guy G. Stroumsa, "Arnaldo Momigliano and the History of Religions," in *Momogliano and Antiquarianism: Foundations of the Modern Cultural Sciences*, pp. 286-311; Moshe Idel, "Arnaldo Momigliano and Gershom Scholem on Jewish History and Tradition," in *Momogliano and Antiquarianism: Foundations of the Modern Cultural Sciences*, pp. 312-334.

[③] Averil Cameron, "Momigliano and Christianity," in *The Legacy of Arnaldo Momigliano*, p. 109.

[④] Averil Cameron, "Momigliano and Christianity," in *The Legacy of Arnaldo Momigliano*, pp. 107-128.

[⑤] Carlotta Dionisotti, "Momigliano and the Medieval Boundary," in *The Legacy of Arnaldo Momigliano*, pp. 1-12.

[⑥] Anthony Grafton, "Momigliano's Method and the Warburg Institute: Studies in His Middle Period," in *Momogliano and Antiquarianism: Foundations of the Modern Cultural Sciences*, pp. 312-334; Anthony Grafton, "Arnaldo Momigliano and the Tradition of Ecclesiastical History," in *The Legacy of Arnaldo Momigliano*, pp. 53-76.

[⑦] Amelie Kuhrt, "Even a Dog in Babylon is Free," in *The Legacy of Arnaldo Momigliano*, pp. 77-88.

而在史学史与史学方法的史学理论研究领域，学者们对莫氏史学"遗产"的考察，则以历史写作的方法论、史学思想史，以及跨学科的史学史等专业方向为主。其中，穆雷、英格·赫克洛茨（Ingo Herklotz）和迈克尔·卡哈特（Michael C. Carhart）等学者的讨论，以莫氏的批判性历史写作研究为中心；而威尔弗雷德·尼普尔（Wilfried Nippel）与迪·多纳托的讨论，则以莫氏的历史思想史研究为中心；至于米勒、马克·富马罗利（Mac Fumaroli）、彼得·伯克（Peter Burke）以及苏萨尼·麦查德（Suzanne Marchand）等学者的讨论，则以莫氏的跨学科史学史研究为中心。

首先，在考察莫米利亚诺的历史写作的方法论研究时，穆雷重点分析了莫氏实现批判性的历史写作方式，以及他看待历史书写的态度[①]，穆雷认为，莫氏的历史写作方法，延续了从约翰·加斯特（John Gast）到乔治·格罗特（George Grote）的思想发展路线[②]。赫克洛茨则在系统审视莫氏的历史书写方法的基础上，对他的"古物学"方法做出了评价，他指出，莫氏过分强调了"古物学"与"历史学"之间的差异，他对"古物研究"复兴的断代也过晚，以至于高估了"古物学"在17世纪的价值[③]。而卡哈特主要从文学史的视角来解读莫氏提出的历史书写方法，他认为，在16世纪的法国史家的历史书写中，已出现莫氏不曾注意到的、类似的方法论的萌芽[④]。

其次，在考察莫米利亚诺的史学思想史研究时，尼普尔因循了莫氏的思路，对莫氏也有关注的特奥多尔·蒙森（Theodor Mommsen）和马克斯·韦伯（Max Weber）的史学思想进行述评，指出两者在组织材料的方式上有

---

① Oswyn Murray, "Momigliano and the Problems of History," in *The Legacy of Arnaldo Momigliano*, pp. 29-52.

② 穆雷认为，这两位历史思想家是莫氏思想路线的起点和终点，按照他思想发展的顺序，其中还包括格奥尔格·黑格尔（Georg W. F. Hegel）、沃尔特·斯科特（Walter Scott）、爱德华·布威–利顿（Edward Bulwer-Lytton）等。

③ Ingo Herklotz, "Arnaldo Momigliano's 'Ancient History and the Antiquarian': A Critical Review," in *Momigliano and Antiquarianism: Foundations of the Modern Cultural Sciences*, pp. 127-154.

④ Michael C. Carhart, "Historia Literaria and Cultural History from Mylaeus to Eichhorn," in *Momigliano and Antiquarianism: Foundations of the Modern Cultural Sciences*, pp. 184-206.

相似之处，但韦伯随后的研究愈发朝莫氏所谓的"古物学"的方向发展[①]。迪·多纳托则着重考察了莫氏史学思想中的理论性，通过系统梳理莫氏晚年的著述，他指出，在其学术生涯晚期，莫氏愈发关注并试图发掘历史学的理论内涵[②]。而米勒在指出莫氏发现了文化科学的新道路的同时[③]，也通过比较研究考察了莫氏关于历史决定论的观点，他指出，尽管研究对象相同，但作为古代史学者的莫氏，其理论认识有别于文学史学者瓦尔特·本雅明（Walter Benjamin）的认识[④]。

最后，在考察莫米利亚诺的跨学科史学史研究时，富马罗利从艺术史的角度透视了16世纪法国美学思想中隐含的"古物学"认识，由此指出了莫氏与中世纪的法国古物学家凯鲁斯伯爵（Comte de Caylus）之间的思想联系[⑤]。而伯克和麦查德各自从人类学和考古学出发，探讨了莫氏的"古物学"研究在有关领域中的价值，前者宏观地认为，17世纪的古物学研究，构成了18世纪的历史哲学，以及19世纪的考古学、人类学和民俗学发展的基础[⑥]；而后者具体地指出，借助"古物学"的研究方法，19世纪的考古学在物质文化层面获得了长足的发展[⑦]。

---

① Wilfried Nippel, "New Paths of Antiquarianism in the Nineteenth and Early Twentieth Centuries: Theodor Mommsen and Max Weber," in *Momigliano and Antiquarianism: Foundations of the Modern Cultural Sciences*, pp. 207-229.

② Riccardo Di Donato, "Arnaldo Momigliano from Antiquarianism to Cultural History: Some Reasons for a Quest," in *Momigliano and Antiquarianism: Foundations of the Modern Cultural Sciences*, pp. 66-97; Riccardo Di Donato, "The Final Contributo," in *The Legacy of Arnaldo Momigliano*, pp. 165-178.

③ Peter N. Miller, "Introduction: Momigliano, Antiquarianism, and the Cultural Sciences," in *Momigliano and Antiquarianism: Foundations of the Modern Cultural Sciences*, pp. 3-65.

④ Peter N. Miller, "Momigliano, Benjamin, and Antiquarianism after the Crisis of Historicism," in *Momigliano and Antiquarianism: Foundations of the Modern Cultural Sciences*, pp. 334-378.

⑤ Mac Fumaroli, "Arnaldo Momigliano et la réhabilitation des 'antiquaires': le comte de Caylus et le 'retour à l'antique' au XVIIIᵉ siècle," in *Momigliano and Antiquarianism: Foundations of the Modern Cultural Sciences*, pp. 154-184.

⑥ Peter Burke, "From Antiquarianism to Anthropology," in *Momigliano and Antiquarianism: Foundations of the Modern Cultural Sciences*, pp. 229-248.

⑦ Suzanne Marchand, "From Antiquarian to Archaeologist? Adolf Furtwängler and the Problem of 'Modern' Classical Archaeology," in *Momigliano and Antiquarianism: Foundations of the Modern Cultural Sciences*, pp. 248-286.

三 莫米利亚诺史学"遗产"研究的价值与不足

就价值而言，基于上文对莫氏史学"遗产"研究现状的梳理，能够发现，目前的有关研究极大地拓展了历史学研究的丰富性与流动性。

一方面，现阶段围绕莫米利亚诺史学"遗产"的研究颇具创新性。有关研究角度多样、观点新颖，并未局限在莫氏既有的研究路径中。德尼兹指出，这些研究在呈现莫氏史学思想的同时，也"以充满思辨的方式刻画了莫米利亚诺的人生轨迹"[1]。例如，瑞洁克在考察莫米利亚诺的古代犹太史研究时，充分回顾莫氏的个人成长经历，甚至关注到他皈依基督教的叔叔对其思想发展的影响；而迪·多纳托也利用共时性的眼光，深入描绘莫米利亚诺人生中最后的十余年，其中提到莫氏最后的论文以及希望能够在未来推进的项目；米勒也通过述评莫氏有关"文化科学"的思想，发现莫米利亚诺的学术旨趣中针对结构主义史学的"最强烈的担忧与鄙夷之情"[2]。从这个意义上看，有关学者的研究在社会生活史、微观史学与情感史的层面，为学界理解莫米利亚诺的史学思想提供了帮助。

另一方面，有关学者的研究之间有交叉，由此通过古代史研究与史学史考察相结合的方式，在一些问题的探讨上形成呼应。例如，斯托穆萨和埃德尔对莫氏古代犹太史研究展开的考察，都通过"在现代历史学和宗教史学家的立场下讨论莫米利亚诺"[3]的方式，将自己的分析从古代犹太史领域拓展到现当代犹太史学思想领域，不仅在各自的学术观点中，体现出从莫氏实证研究到史学理论思想的发展，打破了莫氏自己未能突破的史学壁垒，也在彼此

---

[1] Luc Deitz, "Review: *The Legacy of Arnaldo Momigliano*. Warburg Institute Colloquia," *History of Humanities*, Vol. 2, No. 2 (2017), p. 533.

[2] Peter N. Miller, "Introduction: Momigliano, Antiquarianism, and the Cultural Sciences," in *Momigliano and Antiquarianism: Foundations of the Modern Cultural Sciences*, p. 22.

[3] Peter N. Miller, "Introduction: Momigliano, Antiquarianism, and the Cultural Sciences," in *Momigliano and Antiquarianism: Foundations of the Modern Cultural Sciences*, p. 48.

论述逻辑之间建立起"一系列的联系"①，为进一步开展学术对话构建了共同的交流平台。而克莱门特、康奈尔、格拉夫敦等学者对莫米利亚诺的古代希腊—罗马研究与中世纪研究的考察，也同样体现出对莫氏史学思想的反思，从而"有力地改善了既往的古代学术史研究的狭隘面貌"②，加强了实证研究与历史理论研究间的联系。

不过，尽管有关研究已在继承与发展莫米利亚诺的史学"遗产"方面取得了一定的进展，进一步吸引整个历史学界对莫氏的史学思想的关注，但由于莫米利亚诺的历史研究重点本身就较为分散，使得"他主要的学术兴趣没能从他极为多元的学术研究中清晰地呈现出来"③，所以学者们现阶段的研究也存在一些不足。

首先，现阶段围绕莫米利亚诺史学"遗产"的研究还不够均衡。一方面，对一些学术问题的考察还存在空白。例如，学者们较少关注到以莫氏的古代"普遍历史"研究为代表的历史理论观点，甚至有人认为他的史学思想中毫无关于历史理论的内容。菲利普斯（Mark Salber Phillips）便提出，"颇具讽刺意味的是，〔莫米利亚诺作为〕本世纪最伟大的历史学者之一，却在理论上将史学研究矮化为一门工具性的学科"④。少有学者注意到莫氏晚年发表的《普遍历史的诸起源》⑤《但以理与希腊人的帝国延续理论》⑥《一神论对

---

① Peter N. Miller, "Introduction: Momigliano, Antiquarianism, and the Cultural Sciences," in *Momigliano and Antiquarianism: Foundations of the Modern* Cultural Sciences, p. 48.

② Neville Morley, "Review: *The Legacy of Arnaldo Momigliano*. Warburg Institute Colloquia," *The Journal of Roman Studies*, Vol. 106 (2016), p. 328.

③ Riccardo Di Donato, "Foreword: The Classical Foundations of Modern Historiography," in *The Classical Foundations of Modern Historiography*, p. vii.

④ Mark Salber Phillips, "Reconsiderations on History and Antiquarianism: Arnaldo Momigliano and the Historiography of Eighteenth-Century Britain," *Journal of the History of Ideas*, Vol. 57, No. 2 (1996), p. 316.

⑤ Arnaldo Momigliano, "The Origins of Universal History," *Annali della Scuola Normale Superiore di Pisa. Classe di Lettere e Filosofia*, Vol. 12, No. 2 (1982), pp. 533-560.

⑥ Arnaldo Momigliano, "Daniel and the Greek Theory of Imperial Succession," in Silvia Berti, ed, *Essays on Ancient and Modern Judaism*, trans.by Maura Masella-Gayley, Chicago: University of Chicago Press, 1994, pp. 29-35.

普遍帝国认识的不利影响》①《两种普遍历史：以 E. A. 弗里曼和马克斯·韦伯为例》② 等探讨古代"普遍历史"的一系列研究成果。

　　另一方面，目前的有关研究在个别学术问题的考察上又存在过度解读的倾向。例如，将莫氏的"古物学"视作文化科学的米勒也承认，从跨学科的视角阐发莫米利亚诺史学"遗产"的研究虽然丰富，但有关内容大多是"莫米利亚诺没有看到的"，甚至是"他不会去探讨的"③。库尔特关于莫氏的古代近东研究的解读甚至受到"偏离主题"的批评，戈尔顿便认为，库尔特的研究"没有讨论莫米利亚诺的作品，而是在呈现自己的研究"④。

　　其次，现阶段围绕莫米利亚诺史学"遗产"的研究还不够完整。具体表现为讨论过于分散，没有形成系统，以致存在割裂。德尼兹就指出，有关研究目前的问题在于，"各部分的相加没有真正地构成一个整体"⑤。尽管一些关注莫氏历史实证研究的学者，已在有意识地拓宽解读相关问题的视野，将自己的考察从莫氏的古代史研究发展至史学理论研究；但在史学理论层面，尚未有学者从宏观角度对莫氏的史学"遗产"的内容做出总体的梳理、概括，进而真正地形成对莫米利亚诺史学理论的全面认识。

　　最后，现阶段围绕莫米利亚诺史学"遗产"的研究还不够深刻。由于缺乏对莫氏的史学理论的完整认识，穆雷、尼普尔、米勒、富马罗利等学者的有关研究便止步于以描述性的方式分析具体的历史条件，如莫米利亚诺的人生经历、个人偏好，抑或特定学者的学术观点，如何影响莫米利亚诺的史学理论，换言之，仅仅提供了"将莫氏的具体研究与更加广泛的历史背景和史

---

① Arnaldo Momigliano, "The Disadvantages of Monotheism for a Universal State," *Classical Philology*, Vol. 81, No. 4 (1986), pp. 285-297.

② Arnaldo Momigliano, "Two Types of Universal History: The Cases of E. A. Freeman and Max Weber," *The Journal of Modern History*, Vol. 58, No. 1 (1986), pp. 235-246.

③ Peter N. Miller, "Introduction: Momigliano, Antiquarianism, and the Cultural Sciences," in *Momigliano and Antiquarianism: Foundations of the Modern Cultural Sciences*, p. 51.

④ Gregory K. Golden, "Review: *The Legacy of Arnaldo Momigliano*," *Classical Philology*, Vol. 111, No. 4 (2016), p. 484.

⑤ Luc Deitz, "Review: *The Legacy of Arnaldo Momigliano*. Warburg Institute Colloquia," *History of Humanities*, Vol.2, No. 2 (2017), p. 535.

学问题联系起来”①的可能性，却没有通过进一步发掘他进行历史研究时的整体学术语境，真正地建立起这一联系，更遑论厘清莫米利亚诺史学思想的发展脉络。

　　由此可见，尽管莫米利亚诺的史学“遗产”在历史研究领域影响深远，许多受其影响的现当代学者围绕有关问题展开了多样化的考察。其中也不乏颇具前沿性、创新性的研究成果，为历史研究提供了一些新思路、新方法。不过，由于有关研究多以对莫氏的具体学术观点提出述评为主，因此“除了莫米利亚诺个人的学术兴趣之外没有真正统一的主题”②，尚且不够集中，未能以系统的方式，形成面向莫氏史学思想的充分认识。

---

① Neville Morley, "Review: *The Legacy of Arnaldo Momigliano*. Warburg Institute Colloquia," *The Journal of Roman Studies,* Vol. 106 (2016), p. 328.

② Gregory K. Golden, "Review: *The Legacy of Arnaldo Momigliano*," *Classical Philology,* Vol. 111, No. 4 (2016), p. 485.

史学思潮和史学流派的分野与交织

——评胡逢祥等著《中国近现代史学思潮与流派（1840—1949）》（全三册）

郑嘉琳　朱洪斌 *

20世纪80、90年代，在改革开放以来学术进步的潮流中，中国近现代史学史的研究"旧貌换新颜"，具体表现为著述激增，视角多元，层次深入，议题迭出。史学思潮和史学流派的分野与交织，尤其成为这一时期学者们研讨的焦点。[①] 研究者既不满足于梁启超首倡之"史学史的做法"，[②] 仅以"史家""史著"作为主体，填充学术史或代表一个时代的史学全貌，也不甘于以往流行的史学史著作"厚古薄今"，缺少近现代史学发展的丰富内涵。他们把目光投向转型时代的中国近现代史学，尝试以系统化、长时段的研究视野，拾捡归纳单一史家、史著或史学派别的散碎片段，从中西文化交流碰撞的语境入手，深入发掘中国现代史学的整体形态、内外逻辑及其学术价值。这一热度延续至今，成果已然盈箱累箧。

1991年，胡逢祥与张文建合著《中国近代史学思潮与流派》一书，上起

＊　郑嘉琳，南开大学历史学院；朱洪斌，南开大学历史学院。

① 有关"史学思潮"和"史学流派"的研究论著，参阅俞旦初《二十世纪初年中国的新史学思潮初考》，《史学史研究》1982年第3期；张文建《传统史学现代化的转揆——论五四时期的资产阶级史学思潮与流派》，《探索与争鸣》1990年第3期；方光华《试论二十世纪初年中国新史学思潮》，《社会科学战线》1995年第2期；朱政惠、林慈生《当代中国史学思潮散论》，《历史教学问题》1993年第3期；王学典《二十世纪后半期中国史学主潮》，山东大学出版社，1996；张书学《中国现代史学思潮研究》，湖南教育出版社，1998；邹兆辰、江湄、邓京力《新时期中国史学思潮》，当代中国出版社，2001；侯云灏《20世纪中国史学思潮与变革》，北京师范大学出版社，2007；张天社《近现代史学流派简析》，西北大学出版社，2018。

② 梁启超构想"史学史的做法"，认为至少包括史官、史家、史学之成立及其发展、最近中国史学的趋势四项基本内容。梁启超：《中国历史研究法补编》，中华书局，2016，第185页。

明清社会与学术主潮的演变，下迄马克思主义史学的诞生与发展，是新时期以来论述近代史学思潮与史学流派的开风气之作。[1]2019 年，胡逢祥与张文建、王东和李远涛合作，在原版基础上展开大刀阔斧的修订、增补，成果结集为《中国近现代史学思潮与流派（1840—1949）》（全三册，以下简称"胡著"）。研究时段从 1840—1919 年拓展为 1840—1949 年，篇幅较之于旧版增加三倍，章节设计更为严谨完备。[2]窃以为胡著探骊得珠之处有四。其一，按照时代的发展线索与流派的登场顺序，逐一阐述在中国史学近代化过程中发挥重要作用的思潮和流派，探索史学思潮与史学流派结合而论的可能性。其二，以长时段的历史视野把握史学思潮的全景与脉络，揭橥中国近现代的三大史学主潮，对于思潮和流派的辩证分析新意迭出。其三，以学术建制为路径，探索史学思潮和史学流派形成的制度环境，寄托对当代史学发展的学术关怀。其四，个案、专论与通论等书写体例轮番策用，行文具有浓郁的理论思辨色彩。职是之故，胡逢祥等合著的《中国近现代史学思潮与流派（1840—1949）》，可谓四十年来关于史学思潮和史学流派最为系统、充实且富于条理的研究著作。

一 史学思潮与史学流派相结合的长时段视野

细绎四十年来关于史学思潮和史学派别的论述，思潮及流派研究的重要意义已成为学术界的共识。正如乔治忠所言："研讨史学思潮与史学流派，反映了学者不甘于仅做散碎的研讨，试图对史学发展状态进行一定程度的统摄与整合，初衷是学术进取性的体现。"[3]

依笔者的观察，目前史学界的讨论可归纳为四项议题：首先，是对"史学思潮"与"史学流派"的概念界定；其次，是探讨两者之间的关系；再

---

① 胡逢祥、张文建：《中国近代史学思潮与流派》，华东师范大学出版社，1991。

② 胡逢祥等：《中国近现代史学思潮与流派（1840—1949）》（全三册），商务印书馆，2019。下文凡涉及此著作，皆在引文后括号注明页码。

③ 乔治忠：《改革开放 40 年来的中国史学史研究》，《中国史研究动态》2018 年第 4 期。

次，是考察思潮与流派的成因与演变；最后，是分析史学思潮与一般性的历史思潮、社会思潮的深层联系。这些议题勾勒出史学思潮与史学流派的研究框架，促进了这一领域规范化的理论探索。

王学典认为史学思潮是指"那些因倡导某种史学主张、史学方法、史学观点而形成的一股潮流"。① 史学思潮是许多举足轻重的史学家们自觉实践共同的治史旨趣而自然产生的结果，张书学据此将史学思潮定义为"一定历史时期和一定地域内的史学家，在历史观念（主要包括历史研究的目的、对象、基本的研究方法和评价标准等等）上所形成的一种普遍认同的趋向"。② 侯云灏指出："史学思潮是指一种史学思想趋势或倾向，具有群体性、社会性、地域性、时代性、相对稳定性和持续性等特点。"③

在一定的社会条件下，一种史学思潮的诞生通常与社会上既有思潮存在紧密的联系，与其他社会思潮或历史思潮共生共长。张书学将之归纳为内外两种因素："内因，即史学自身发展的内在要求；外因，即当时社会思潮、政治思潮、哲学思潮以及外来文化冲击等多种复杂因素的刺激和影响。"④ 王学典认为史学思潮不会凭空产生，"它们有的是对过去正确思潮的回归；有的是对过去占统治地位思潮的反拨。总之，都和已有、曾有的思潮分不开"。⑤ 围绕历史思潮、史学流派及史学思潮的关系，尤学工提出历史思潮的形成源于身处其中的人们对社会变迁的回应与思考。若史家成为回应世变的主体，史学思潮便随之诞生，"历史思潮和史学思潮的形成，主要取决于三方面：一是社会变迁对人们包括史家提出的要求，二是人们包括史家对这种要求的感知程度以及所能获取的思想与社会资源，三是社会各界对新思潮的认同程度与回应方式"。⑥ 学派以共同学术命题、理念、方法为思想纽带，其延续依赖于学术的传承与固定身份标志的形成。简言之，"历史思潮、史学思潮与史学流派是共生共存的

---

① 王学典：《二十世纪后半期中国史学主潮》，第1页。
② 张书学：《中国现代史学思潮研究》，第4页。
③ 侯云灏：《20世纪中国史学思潮与变革》，第6页。
④ 张书学：《中国现代史学思潮研究》，第4页。
⑤ 王学典：《二十世纪后半期中国史学主潮》，第1—2页。
⑥ 尤学工：《社会变迁与历史思潮、史学思潮的递嬗》，《史学理论研究》2023年第2期。

关系，思潮为学派的形成创造学术生态和社会环境，学派则为思潮涨落提供内驱与推动，二者的消长共同受制于社会的变迁"。①

胡逢祥在该书"绪论"中详细论述思潮与流派的定义及其相互关系。他指出学术思潮"为一定时期社会上带有普遍性的治学倾向或观念"，能够敏锐测定"各时代学术风气、发达程度和变化趋势"。学术流派是指"某一学科的研究者中，因相同的学术旨趣或师承关系而形成的具有独特治学观点、方法、风格的学术群体"。至于二者间的关系，他认为："一定的学术思潮往往会派生出相应的学术流派，甚至几种学术见解不同的流派。流派的发展，有时也会形成思潮。"思潮与流派会受到其他社会思潮的影响，但仍具备特殊的内涵与表现形式。（第 14—15 页）胡著"绪论"以后的九个章节，按照时代发展的线索，依次阐述在历史中涌现的各种史学思潮，指出中国近代真正形成较具影响并有实质性建树的史学思潮是：经世致用史学思潮、新史学思潮、国粹主义史学思潮、科学实证史学思潮、新人文主义史学思潮、民族主义史学思潮和马克思主义史学思潮。上述思潮的嬗变和递兴，经历了从依附于一般学术思潮到逐步地独立成潮的演进过程。

思潮与流派的分野，向来是众说纷纭。一些著作或者没有摆脱传统的写作范式，或者因循前人，思考并未贴近史学转型的复杂面相。② 胡著之界

---

① 尤学工：《社会变迁与历史思潮、史学思潮的递嬗》，《史学理论研究》2023 年第 2 期。

② 周予同主张将转变期的中国史学分为"史观"与"史料"两派，桑兵认为此种划分"用条理太过分明的派分法看待学术史，只不过是后人的心术而非历史的实情，过度的简约化在提供清晰得近乎虚假的脉络和泾渭分明的界限的同时，牺牲了大量错综复杂的事实"。许冠三以历史门径叙各派新学术的发生、流变与兴衰，透过学者所持理论、所用方法与所采原料区分学派，如将王国维、陈垣划为考证学派，胡适、顾颉刚被视为方法学派，傅斯年与陈寅恪合为史料学派，而以李大钊、郭沫若等马克思主义史家作为史观学派等。如此划分稍显随意，且罔顾史家前后期思想的转变及史学流派的多重面向。洪认清叙述 20 年代的史学思潮，包括瞿秋白、李达、蔡和森、梁启超、胡适、顾颉刚、何炳松、吕思勉等史家，三四十年代的史学思潮包括范文澜、吕振羽、翦伯赞、侯外庐、何干之、陈寅恪、陈垣、钱穆等史家，又单辟两章论述毛泽东与郭沫若的史学思想。此种撰史方式虽名为史学思潮，实际仍不出梁氏构想的以史家、史著为主体的模式。参阅周予同《五十年来中国之史学》，朱维铮编《周予同经学史论著选集》，上海人民出版社，1983，第 520 页；桑兵《中国思想学术上的道统与派分》，《晚清民国的学人与学术》，中华书局，2008，第 93—94 页；许冠三《新史学九十年》，岳麓书社，2003；吴怀祺主编，洪认清著《中国史学思想通史·近代后卷》，黄山书社，2002，第 99—244、354—504 页。

定明显区别于早期的一些研究，这主要缘于作者有意识地批判过度突出民族救亡色彩而将鸦片战争至辛亥革命时期的史学思潮归纳为"爱国主义史学思潮"，或是依照传统的阶级分析方法，把近代史学流派简单化为"地主阶级改革派史学""资产阶级改良派史学"等意识形态化的范畴。（第16—17页）

史学史作为历史学的一门分支学科，自存在以来便带有反思及探讨史学自身发展规律、认识史学本质之使命。传统史学向近代转型变迁的漫长历程中，存在着具有关键性意义的事件或实践，人们通过勘察古今合一的瞬间，裁决下一时代的行动，此为史学史的资鉴功用。思潮与流派相结合的长时段视角之优势，是仅仅关注某一时期的史家、史著的传统研究所不具备的。无可否认的是，无论是中国近现代史学史抑或史学思潮与史学流派的研究，皆远不如古代史学史研究起步早、发展迅猛兴盛，但40年来学者们奋力钻研，使这一领域的研究日趋精细缜密。胡著作为一部深耕20余年并臻于成熟的著作，其学术创新精神可畏可敬。

二　在中西文明交汇中把握思潮涌动与流派纷呈

近代中国历经"三千年未有之变局"，民族救亡、经世致用的群体意识与文化自觉被充分地唤醒，大批有识之士"开眼看世界"，汲取西方近代的自然科学、哲学和社会政治学说，浇灌意欲洗刷耻辱的灵魂，共蕲中华民族的独立与学术之进步。自那时起，西方史学思潮便与本土学术传统互为激荡，形成强劲猛烈、纷纭万状的新史学浪潮。20世纪的漫长百年赋予研究者足够多的时间去思考这样一个问题：何以一些思潮得以发展成主潮，余绪激荡不已、延续至今，而另一些思潮则昙花一现、湮灭暗淡？

围绕"史学思潮何为主流"的命题，历来言人人殊。在张书学看来，左右中国现代史学发展方向的是实证主义史学思潮、相对主义史学思潮和马克思主义史学思潮等三大潮流，马克思主义史学思潮则是21世纪中国史学的主导潮流。①瞿林东倾向于认为："概括说来，前四五十年的中国史学有三大思潮：'新史学'思潮、新历史考证学思潮、马克思主义史学思潮。"②刘永祥持论略同，他指出梁启超等所倡"新史学"范式在民国时期得到继承、深化，实现了从"流派"到"思潮"的转化飞跃，"新史学"进而与新历史考证学、马克思主义史学共同构成了中国现代史学的三大干流。③

胡逢祥通过宏观而精审的思考，提出了更具说服力的观点：20世纪最具影响且显示出持久生命力的三大史学主潮是现代科学实证思潮、唯物史观思潮、民族本位文化思潮。"此三大史学思潮，此起彼伏，互争雄长，交替主导了20世纪上半叶中国史学的基本走向。"（第19页）他提出史学主潮的判断标准，"除了因缘际会和其本身在理论和方法上的某些长处外，最主要的，乃是因为在现代史学的建设过程中能自觉地注意融合中西之长，并在本土文化中找到了合适的生长点，由此建立起了较为稳固的根基之故"。（第20页）由此可见，胡著始终贯彻这样一种观念：在中西两种文明摩荡、交汇的历史背景下，中国传统史学逐步向近代史学转型，推动各种思潮的迭兴与交织，而思潮能否成为主潮，关键在于是否能够会通中西所长，并在文化母体中"安身立命"，实现契合中国文化传统的"创造性转化"。

准确界定一股思潮、一种流派和一位史家绝非易事，因为研究者常常难以将其严丝合缝地嵌入预想的框架中去。一种史学思潮的内部会存在异响，

---

① 张书学：《中国现代史学思潮研究》，第5、35页。胡逢祥批驳张氏之论"似有强求与西方近现代主要史学思潮合辙的痕迹"，西方相对主义曾于一战以后的中国史学界轰动一时，却远未达到与另两种思潮三足鼎立的程度，故而其说仍欠推敲。参阅胡逢祥《六十年来的中国近代史学史研究》，胡逢祥等《中国近现代史学思潮与流派（1840—1949）》下册，"附录一"，第1283页。

② 瞿林东认为："近百年来的中国史学，前四五十年思潮迭起，或接踵而兴，或齐流并进，推动着史学的发展；后五六十年则思潮时隐时现，似无却有，影响着史学的发展。"新历史考证学思潮亦称"新汉学"，此思潮寻找到乾嘉考据学与西方自然科学之间的接榫点，并按照实证主义的理念，探索"科学史学"的实践方式，促使"人文学术"的科学化。在瞿林东看来，新历史考证学是以陈寅恪、胡适、顾颉刚与陈垣为代表的史学思潮，他们都有"重材料、重考证、重方法"的特点。参阅《中国史学史纲》，《瞿林东文集》第4卷，北京师范大学出版社，2017，第724、729页。

③ 刘永祥：《"新史学"：从思潮到流派——基于比较视野的考察》，《史学理论研究》2016年第2期。

一种流派的影响未必独尊一家，一位史家会在诸种流派之间摇摆不定。① 为恰当处理纷繁复杂的研究对象，胡著处处留心，不仅在整体思潮的判断上留下不刊之论，对于学派和史家的具体剖析更是精义迭出。

第一，作者将史学思潮置于广阔的社会思想语境中加以考量，探究中外社会思潮如何渗透与碰撞，共同塑造并制约近代史学思潮的发展趋向及其学术特征。胡著认为，从世界范围看，西方近代哲学与社会政治学说间接影响和形塑了中国近代史学的面貌。新史学思潮是受到西方近代史学潮流的冲击，以及域外史学理论传入中国而激起的持久回响，并非一国之独唱。（第206页）

第二，除对诸学派的文化特征、研究取向、学术成就、社会影响及其时代局限予以持平判断外，作者更致力于对既有历史知识的纠谬补遗。在"史料派"与"史观派"的分野中，马克思主义史学无一例外地被归入后者，这在一定程度上遮蔽了马派史学内部多元化的历史实相。一些学者指出："在马克思主义史学内部，存在不同学术观点、不同倾向、不同方法、不同主张的情况，完全是正常现象，进而形成不同的潮流与学派也是完全可能的。"② 胡著竭力凸显马克思主义史学重视史料与追求科学的多面性，"在20世纪上半叶的马克思主义史学发展过程中，史料学领域的艰苦探索和理论建设一直都是它的一项重要学术使命"。（第1118页）基于此，确证了将李大钊、郭沫若等马克思主义史家划分为"史观派"并不严谨。

第三，作者以历史主义的关怀检视史家的观念与实践之间的内在张力，还原史家个人思想的复杂性。以胡适为例，胡适认为清代朴学近乎西方近代的科学方法，同时批评其治学范围过狭之弊。胡著评判胡适的治学精神与方法，不仅"听其言"，而且"观其行"，鞭辟入里地指出："试观其一生的史

---

① 胡逢祥指出许多学者接受唯物史观，是出于追求真理的学术自觉，但这部分学者对于唯物史观的认识或有所保留。例如陈寅恪重视社会经济，并不是完全受唯物史观的影响，也有重视"食货"的传统史学的影响。换言之，不能因史家的研究取向某派主张相近，便武断地认为其归属于此派。参阅胡逢祥等《中国近现代史学思潮与流派（1840—1949）》下册，第1101页。

② 邹兆辰、江湄、邓京力：《新时期中国史学思潮》，第3—4页。

学活动，除讲论方法以外，大部分皆为史料或个别史实的考据，其最为见长的则是以校勘和版本技术比较为主的史源考辨术。"（第523页）这就启示研究者：若仅局限于史家生前言论与所立招牌，唯史家之言是听，视之为史学实践的精确提炼，无疑会陷入视野局限的窘境。学术研究的严谨性要求研究者超越单一视角的束缚，全面审视史家观念与史学实践的多维背景。唯有此，方能避免"一叶障目，不见泰山"的局限性，最大限度地接近历史实相。

第四，作者聚焦以往研究所忽视的思潮与流派之间的关联与分歧，不仅"注意揭示其各自的特点、相互分歧的焦点及对史学演变的影响，还应体察其间的互动关系"。（第22页）如第八章第四节"战国策派与战时的思想界"，着重论述"战国策派"与时兴的学术思潮之关系。战国策派四面出击，对三大主潮抱持批评态度，因而不可避免地招致各派的异议与攻击。胡著勾勒多方论争的历史场景，并在一边倒的批评声中刷垢磨光、提要钩玄，从历史环境与政治渊源的角度给予公允的判断。"战国策派"输入新理论，对国家抱持深切情感，言行虽然夹枪带棒，但"要说他们的思想就是'法西斯主义'，显然不符历史实际，对其人格，则更是一种误判"。（第1033页）著者遍稽学人日记和档案资料，有力地证实其论断，可见其在著史问学上的孜孜矻矻与周密奋勉。

三 学术建制与思潮流派的贯通分析

在把历史学建设成为一门独立学科的进程中，学术体制的构建与运作扮演着标尺的角色。刘龙心指出，"如果我们企图从制度面的角度，去观察现代中国史学建立的问题时，绝不可能忽略学科体制对它所产生的影响"。[①] 从这个意义上说，史学的专业化、体制化的进程，恰恰反映了中国史学转型的深度与良窳。逯耀东提示道："过去对一个学术问题或个人，或一个学术机构

---

① 刘龙心：《学术与制度：学科体制与现代中国史学的建立》，新星出版社，2007，第2—3页。

的研究，往往将其孤立在时代潮流之外，这是只见树木，不见树林的讨论问题。因为任何学术问题与学术机构，以及学术人物个人，都是产生在一个时代之中，并且和这个时代发生交互的影响。"[1] 任何一种史学现象的研究，必须纳入一定时代的社会制度和时代环境之中，学术建制正是考察近现代史学不可缺少的一环。胡逢祥持有同样的理念，故将学术建制与史学思潮、史学流派融会贯通，学术机构、学科评估、历史教学等一系列命题相互连接，既为思潮与流派的分析确立制度背景，也为当代史学的体制建设提供另一时空的比照镜鉴。

胡著全面而深入地研讨现代史学的学术建制，包括学术机构的运行机制、规章制度及其在史学思潮中发挥的作用。胡著的第五章第一节与第三节，论及北京大学国学门、中山大学语言历史学研究所、中央研究院历史语言研究所等研究机构，梳理彼此的承继关系、组织架构、工作方针、运作目标、研治取向、学界反响等内容。最有价值的是，通过比较以北大国学门为阵地的"整理国故运动"与20世纪初年的"国粹主义思潮"，指出二者的研究范围同为传统学术文化，概念范畴亦有相通之处，但价值体系、研究方法和学科架构却是天差地别。（第383—385页）北大国学门、中大语言历史研究所与史语所的运作方式各具特色，"国学门的组织系统虽有操作灵便和易于向外扩张的特点，但总体上却显得较为松散……相较之下，史语所的建制和管理则要规范得多"。"在运作目标上……国学门从中国现代学术方处起步阶段的认识出发，比较偏重于新型人才培养和材料积累等基础性工作，史语所则主张采取精英战略。"（第446—448页）在论述20世纪40年代延安中国历史研究室时，作者同样运用比较的视野，与北大国学门、史语所前后对照，凸显不同时期、不同思潮统摄下史学研究的异趣。

历史学的独立学科建设之路，与近代历史教学和专业人才的培养密不可分。作者耗费大量笔墨投入近代历史教学体制的创设研究，涵盖教科书的更

---

[1] 逯耀东：《序》，陈以爱：《中国现代学术研究机构的兴起：以北大研究所国学门为中心的探讨》，江西教育出版社，2002，第1页。

新迭代、历史教学的革新与课程设置、历史教学法的制定、教育部组织规程的颁布等各个方面。如第三章第五节论述清季学堂的历史课程与新式教科书的编译，第五章第三节论说现代史学专业人才培养机制的确立、历史教学与课程设置的革新历程。

胡著从"现代性"视角观照史学机构的运作，精炼概括了中国近代史学建制演变的趋势和特征："一是建立以现代'科学'为本位的独立运行机制；二是构筑以现代技术为基础的专业研究平台；三是涵养现代民族意识观照下的学术容忍度；四是营造符合现代社会发展趋势的物质支撑体系。"（第466—476页）值得一提的是，胡著深入剖析史学建制的发展脉络，寄寓作者对当代中国史学体系构建的深切思考与现实关切。胡逢祥曾倡议性地提出，"今日中国史学建设遭遇的问题，不少都可通过近现代史学的研究追源溯流，直接获得启示。就此而言，中国近现代史学史的研究，在坚持学术本位的基础上，理应注入更多的现实关怀，故颇可从当代中国史学建设遭遇的问题中，选择其与近现代史学渊源直接关联的部分展开重点研究"。[1] 胡逢祥大抵于此书实践其说，"力行近乎仁"。

学术建制是多方合作、妥协和磨合而成的结果，学人筚路蓝缕创办史学机构，行政机构适时出台规范性的章程，为这一时期学术体制的良性发展拾柴添薪。在近现代中国学术界占据优势的史学主潮，无一不是借助于现代学术机构与政府之间的密切联系而得以发展壮大甚至形成某种垄断。作者评价占据政府最优资源的史语所，批评其过于排斥异己，虽易于加强内部合力，却威胁学术界资源配置的公平公正，滋生党同伐异的风气，此非学术良性发展之万全法门。或许限于全书结构，胡著未能充分揭示各方在学术体制建设过程中的权力运作与利益纷争，此部分内容亟待后起学者予以补充。[2]

---

[1] 胡逢祥：《再接再厉，把中国近现代史学史的研究进一步推向纵深》，杨共乐主编《史学理论与史学史学刊》2018年下卷，社会科学文献出版社，2018。
[2] 借助顾颉刚日记，余英时揭示其"事业心竟在求知欲之上"，为创建具有广泛影响力的"学术界重镇"，从20世纪30年代以后辗转于学、政、商三界，即是一个典型。参阅〔美〕余英时《未尽的才情：从〈日记〉看顾颉刚的内心世界》，台北：联经出版事业股份有限公司，2007，第6、15页。

四 多重著史体例之运用与浓郁的理论思辨色彩

人所共知而易见，史学史研究因所牵涉的知识框架极为广泛，往往使研究者似羝羊触藩，进退维谷，限制了史学史研究向深广方向的发展。对此，胡逢祥曾言："即便如此，我们在遭遇此类专业性较强的问题时，既不能凭感觉轻下断语，也不宜以回避的方式自掩其短，而应尽量下功夫接触相关资料，掌握该领域或某问题的基本研究现状特别是最新进展信息。如此，方不致在研究中举证失当，妄下评论。事实上，也只有这样，才能更生动恰当地展现出各种理论与方法的得失或示范意义，并在相当程度上增强史学史研究的学术史含量，真正起到为当代各相关领域治史者提供借鉴的作用。"①

胡著面对专业性较强的研究领域不忧不惧，深入历史地理学、考古学、宗教学等多门精深学科，以支撑其对李济、陈垣等学人的定位与评价。为更好地阐明现代史学建设路向，作者深入钻研影响中国甚深的西方史学理论，梳理出多条中国现代史学发展路径的线索。如第五章第一节，总结出史学"科学化"的两种路向。（第374—377页）在消化专业领域的知识疑难以后，研究者还需将庞杂纷乱的内容排兵布阵，使之变为几无破绽的阵列。统揽全书，胡著融合个案、专论与通论等多种书写体例，叙述每一种史学思潮，往往从剖释定义与分析背景起始，后续篇章深入各派、各家，挑选具有突出学派特质的学人充当典型，条理清晰，论说晓畅。

胡逢祥教授于1978年考入华东师范大学历史系，师从吴泽先生接受系统的史学史专业训练。吴泽先生作为马克思主义史学之大家，其主编《中国近代史学史》全面考察1840—1919年的近代中国的史学思想、历史编纂学及史学发展情形。② 早期的史学史论著，大多以马克思主义唯物史观作为从事研究的理论工具，此书在划分各种派别时常以阶级、阶层为标准，如封建

---

① 胡逢祥：《自觉注入对当代史学的关切——对中国近现代史学研究的一点看法》，《中国史研究动态》2017年第2期。

② 吴泽主编，桂遵义、袁英光著《中国近代史学史》，江苏古籍出版社，1989。

地主阶级改革派史学、资产阶级改良派史学、资产阶级革命派史学、封建地主阶级正统派等阶级意味明显的名称。现如今，这些带有时代印记的分析框架显然被基于学术自身的理论体系所取代。胡逢祥所撰的同一主题的两部专著，集中反映了这一学术变化的痕迹，体现作者不断反思、超越自身认识的进取精神和浓郁的理论思辨色彩。

譬如，现代中国史学专业学会的发展有力地促进了现代史学流派和某些新兴史学分支学科的形成，胡著指出："由于现代历史学会采取的是一种群体性的学术活动方式，特别是当某一专业方向或学术理论被学术团体所认同，并转化为一种集体的实践之后，其所发出的声音便易被大幅度地放大，从而对社会或学术界形成一种冲击力和群体效应。"（第508页）质言之，学术社群的知识产生，是现代史学有别于传统史学的重要特征。此书论及王国维的历史研究成就，蕴含对过往所有人类文明的基本态度，作者指出传统文化、学术与方法都是一种人类文明的积累，尽管某些部分暗淡褪色，"但其中具有长久生命力的许多因素，必然会继续融入现代乃至未来的人类生活中"。（第610页）我们所需做的是破除成见、兼蓄中外，正确对待人类过往文明留下的思想资源。

五　商榷与讨论

为了探究人类足迹曾践履的历史长河，人们创造出数不胜数的理论工具与归纳框架，抱持着"我们可以认识真实历史"的纯真信念摸着石头过河，却又不能不悲观地承认，打过水的那只竹篮一直在向外渗水。历史能够被人们认识吗？历史真实能否被史家如实书写？或许作者写作此书的同时，也留下了他的答案，即便原原本本的历史遥不可及，但史家仍能选择其所服膺的史料，通过剪裁谋篇而日益趋近历史的真实。就整体而言，胡著极大地拓宽了中国近代史学史研究的领域和内涵，史料发掘极为丰富，涵盖档案、书信、日记、年谱、报刊、学人著述等，体例富于变化，内容灵活穿插，行文系统全面，确实是近现代史学思潮与流派的集大成之作。由于该书跨越时段长，取材与内容牵涉广泛，通盘思虑难免挂一漏万。作者颇为谦逊地写道：限于主题与叙事架构，一些内容未能纳入讨论。（第22页）笔者就研读思考所及，胪举若干条浅见于后。

第一，思潮与流派的划定皆具有一定的权宜性。桑兵指出："以派分看学术犹如一柄双刃剑，虽有简便易行之效，但使用不当，则淆乱视听；可是又无法忽略，沟通汉宋的前提是能够分清汉宋。若处理得当，则可从各派关系的比较中获得理解各自学术的钥匙并把握其利弊得失。"① 分辨思潮，同样不可避免以上的困境。胡著论述主要以纵向历时的维度，依次介绍不同历史时期犹如走马灯式地占据主流的思潮流派，但思潮流派之间的细致互动难以充分展开，彼此之间利益纷争与合作交流的叙述亦难两全，若能专设章节论说上述问题，或能多方位地呈现思潮流派问题的复杂性及其多重意蕴。

第二，胡著叙述洋务思潮、新史学思潮、国粹主义史学思潮、现代科学实证思潮、唯物史观思潮等，皆谈及西学、西史对中国学术思潮及知识界的影响，然而却未能展开阐述中国史学走出国门之后的活动。② 中外史学交流本是双向互动的过程，涉及不同文化及学术传统之间的知识共享与思想碰撞，而非仅是域外传输、中国接受的单向信息传递。譬如《古史辨》第1册出版后，顾颉刚当即拉开招牌、兜售主张，第一时间寄送诸位汉学家，而后美国汉学家恒慕义向西方学界推荐此书，扩大了古史辨运动的域外影响。③ 若在原书的基础上融入这一维度，无疑将为此著述带来更为丰富的视角和深度。

第三，法国年鉴学派把书籍史的研究引向社会文化史，不同阶层、群体的读者对某一新式书籍可能产生不同的理解，新历史教科书在社会各界的流

① 桑兵：《中国思想学术上的道统与派分》，《晚清民国的学人与学术》，第100页。
② 相关研究可参阅如下：〔法〕维吉尔·毕诺《中国对法国哲学思想形成的影响》，耿昇译，商务印书馆，2013；顾銮斋《关于"中国史学走向世界"的一些思考》，《济南大学学报》（社会科学版）2019年第3期；陈怀宇《国际中国社会史大论战——以1956年中国历史分期问题讨论为中心》，《文史哲》2017年第1期；陈怀宇《从普林斯顿到莱顿：中国史学走向世界》，台北：秀威资讯，2024。
③ 李长银：《西方汉学与"古史辨运动"》，《史学理论研究》2017年第2期。

转也会产生众多的利益勾连，这足以提供认识近代史学发展的一种新维度。胡著关于史学对社会公众影响的刻画着墨不多，如第三章第五节探究 20 世纪初新历史教科书的引进、编辑与使用，大多没有超出对教科书所载内容的爬梳，未跳脱出教科书本身，从更深广的社会层面切入。①

第四，近代学术建制是此书的重要内容之一，一种新学术体制的形成必然伴随着旧有学术机制的更新迭代。作者未能充分论述近代学术建制在中国近代学术发展中产生的负面影响。以传统书院为例，王汎森指出在思想转变时代，主流文化力压地方文化，新教育体制逐级确立以后，核心与边陲之别重新树立，主流文化在一定程度上形成垄断，原本松散多元的学问团体难以存活。②

第五，胡著在 1991 年原作基础上修订增补而成，避免按照阶级、阶层区分思潮流派，但在分析"新史学"首倡者梁启超的思想矛盾与时代局限时，仍将之定义为"不能科学地认识历史的资产阶级学者"（第 234 页），完全归因于阶级局限，似应再做斟酌。

第六，此书尚有一些手民之误亟待修正。如第 407 页，"主张把研究范围扩大到人类社全生活的各领域"中"社全"应作"社会"。

---

① 学者刘超已从书籍出版史、阅读史等新史学视角深入晚清历史教科书在学校、学生乃至出版发行业等范围内的影响、互动与传播，揭示书局的权势网络与知识生产。刘超：《历史书写与认同建构：清末民初时期中国历史教科书研究》，社会科学文献出版社，2016，第 169 页。
② 王汎森：《近代中国的史家与史学》（增订本），陕西人民出版社，2022，第 224—225 页。

2023 年中国史学理论及史学史研究综述[*]

孙广辉[**]

2023 年中国史学理论与史学史研究呈现出了迅猛前进的势头，学者在历史理论、史学理论、史学评论、中国历史学"三大体系"建设、历史编纂、史学史研究等方面开展了系统深入的研究，或着眼新问题的考察，或提出关于传统问题的新思路，推动着本学科的不断发展。本文主要择取 2023 年该领域具有代表性的成果，进行概要综述。

一　中国历史突出理论问题研究的持续推进

推进历史理论研究是本学科目前面临的首要问题。2023 年有关历史理论的讨论紧紧围绕国家统一、中华民族统一性展开。"大一统"、民族统一性思想，贯穿于中国古代政治家的政治思想和史学家的历史思想之中，对其进行系统梳理和深入探讨，对于当今构建中华民族共同体意识具有借鉴意义和启发作用。

李治安分秦汉郡县制"中国一统"、元"华夷混一"、明清"华夷一统"三个阶段系统论述了秦汉以降"大一统"秩序的华夷交融演进过程，提出，秦汉"中国一统"为汉唐文明的辉煌及辐射周边提供了必要的政治秩序及演进基础；元明清"华夷一统"囊括中土和塞外，形成了华夷多元的复合共同体。随着"华夷一统"的演进，复合式共同体的中国由"小"变大，多民族

---

　*　本文系中国社会科学院历史理论研究所博士后创新项目"20 世纪 50 年代中国史学会研究"（02010105030105224002）阶段性成果。

　**　孙广辉，中国社会科学院历史理论研究所。

统一国家、中华文明结构及传统王朝序列等在新时空格局下皆得到了相应的完善升华。[①] 成一农着重考察了宋代之后的"大一统"思想，且对"大一统"与地理空间之间的关系进行了讨论，认为，从王朝时期的"天下"和"华夷观"来看，"大一统"在名义上必然应当包括整个"天下"，而核心则是"中国"。[②] 李金飞从核心首义、价值功能、根本目的三个方面对清朝的疆域"大一统"观展开了探讨，指出，清朝所追求的疆域"大一统"观在表达疆域之广的同时，又注入了获取之德与实体之清晰双重要素。[③] 晁福林讨论了中华民族一体化过程中的几个重要认识问题，指出，"内其国而外诸夏，内诸夏而外夷狄"强调的是诸国"王化"先后的问题，与"夷夏大防"说无涉。[④] 段金生、蒋正虎认为先秦时期产生的"天下"观念是中华民族共同体及其意识形成的思想根基。[⑤] 郑师渠指出，中华民国的建立成了近代国人实现现代国家认同的重要里程碑，同时也彰显了近代中华民族共同体意识的觉醒。[⑥]

二　中国史学重点理论问题的再研讨

作为中国历史学研究的分支，史学理论彰显着自身独特的价值和魅力。学界 2023 年中国史学理论的研究成果主要体现在中国古史分期、中国史学近代化、历史编纂学理论、史学方法论、史学理论研究上。

中国古史分期问题是中国马克思主义史学的重要问题之一，百余年来一直受到学界关注。陈峰从学术史的视角，对 1949—1966 年古史分期问题讨论的特点及得失进行了深入分析，提出，十七年时期的中国古史分期问题的讨论呈现出政治化与学术性并存的特点，并留下了开启中西比较研究门径、

① 李治安：《秦汉以降"大一统"秩序的华夷交融演进》，《中国社会科学》2023 年第 5 期。
② 成一农：《王朝时期的"大一统"》，《思想战线》2023 年第 5 期。
③ 李金飞：《论清朝的疆域"大一统"观》，《北京师范大学学报》（社会科学版）2023 年第 2 期。
④ 晁福林：《中华民族一体化过程中若干重要认识问题》，《文史哲》2023 年第 3 期。
⑤ 段金生、蒋正虎：《中华民族共同体意识的思想根基论析》，《史学理论研究》2023 年第 3 期。
⑥ 郑师渠：《近代国人的现代国家认同——从戊戌变法到辛亥革命》，《北京师范大学学报》（社会科学版）2023 年第 1 期。

对中国历史上发生剧烈变动时期进行细致勘探的学术贡献，未来要通过充分自治的学术讨论，来实现十七年时期古史分期研究成果向中国史学发展中积极有效资源的转化。① 王慧颖系统探讨了 20 世纪 50 年代凉山彝族社会调查与古史分期争论之间的交互影响及其经验得失，指出，20 世纪 50 年代郭沫若与胡庆钧的互动是少数民族历史调查与古史分期讨论两项研究相互作用的缩影。自郭沫若将胡庆钧的凉山彝族社会研究引入西周社会性质的讨论后，古史分期争论受到凉山彝族社会调查资料的启发，反过来又推动了凉山彝族社会研究的深入与扩大。②

中国史学近代化问题的研究关乎中华文化的传承发展。《史学理论研究》编辑部邀请了胡逢祥、谢贵安、刘开军、刘永祥、童杰五位学者以"文化传承视野下的中国史学近代化"为主题展开圆桌讨论。胡逢祥指出，中国史学传统正是在积极融入近代史学的实践中，得以经"现代性转化"实现了自我更新。要发扬民族史学的优良传统，需按照民族史学的内涵和特点，对其相关概念和特殊表述方法重加梳理和解释，还其本来面貌。谢贵安认为，史学近代转型是近代中国人面对西方史学东渐，在传统史学中做出的主动选择。在近代转型中，中国传统史学在中西嫁接中起着"砧木"作用，承接中国传统的近代史学依然占据主流地位。中国史家能在接纳西学的同时，建立起以中国本土史学为主体的近代史学体系，反映了中国文化的韧性及国人对中国史学的信心。刘开军提出，取法旧史学、私淑旧史家和整理旧史料是中国近代史家赓续传统的三条路径。传统遇见近代，是一个时代命题。对抗、超越与赓续、演化是可能而且必然共存的，政治、文化、思想、学术莫不如此。刘永祥指出，近代历史编纂学新格局是在保有浓厚本土特色的前提下，由中西方史学理论和文化观念相互融合而成。随着中国史学近代化程度的加深，中国史家对争夺史学话语权抱有充分的自觉，并努力构建带有中国特色的史学话语体系，中国史学的主体性愈发凸显。童杰指出，民国时期在中西思想

① 陈峰：《十七年时期中国古史分期讨论的特点及得失》，《齐鲁学刊》2023 年第 4 期。
② 王慧颖：《20 世纪 50 年代的凉山彝族社会调查与古史分期争论》，《史学理论研究》2023 年第 1 期。

冲突、新旧学术矛盾的文化背景下，"浙东学派"概念的提出，起到了融会多元贯通并包的作用，很好地提炼了中国传统思想和学术文化的精髓，诠释并厘清了以浙东经史学为代表的中华优秀传统文化的重要根脉。① 这组文章考察了中国史学的近代转型之路，彰显了中国文化传承发展中自信自立、开放包容、守正创新、赓续不绝的珍贵品格，为学界继承和发扬中国史学求真求实、经世致用的优良传统，构建新时代中国历史学自主知识体系，建设中华民族现代文明贡献中国史学的智慧和力量做出了表率。

历史编纂学理论是中国史学理论研究的重要内容，深受学界关注。黄雯鏸从通史体例、通史架构、通史史观三个方面对梁启超的中国通史撰述理论进行了考述，提出，梁启超在登高呼吁"新史学"的同时，精心构筑他的中国通史理论，在实践中历经体例的多次调整、叙史主线的转移、史观的更迭和理解的变动，在固有的史实和全新的历史诠释之间不断磨合，他的中国通史撰述观念影响了中国近代乃至当代的史学发展。② 徐国利探讨了吕思勉的中国通史编纂理论，指出，吕思勉对传统史学进行批判继承，提出综合体通史编纂理论并应用于实践，特点鲜明、价值突出，但吕思勉基于史学为记事之学的社会文化史观，将中国传统史书编纂概括为"理乱兴衰"和"典章经制"的史事二分结构有片面性，其重记事的中国通史编纂模式亦有缺陷。③ 张杰以《史通》对历史编纂学基本问题的认识为导引，考察了中国历史编纂学理论的构建问题，指出，《史通》开启了中国史学史上对体裁、体例、文辞等历史编纂学问题的系统讨论，后人对史书编纂的批评、反思、总结、继承和创新所形成的理论认识，构建起了具有中国特色的历史编纂学的理论框架。④

---

① 胡逢祥：《中国史学传统及其近代转型之路》；谢贵安：《中国传统史学在史学近代转型中的中心地位》；刘开军：《中国近代史家赓续传统的三条路径》；刘永祥：《近代历史编纂新格局与传统文化应变力》；童杰：《中国史学近代化的一个缩影——以"浙东学派"概念的构建为中心》，均载于《史学理论研究》2023 年第 4 期。

② 黄雯鏸：《梁启超中国通史撰述略考》，《历史教学问题》2023 年第 4 期。

③ 徐国利：《"理乱兴衰"与"典章经制"：吕思勉的传统史书编纂论和中国通史撰述及意义》，《史学理论研究》2023 年第 1 期。

④ 张杰：《论〈史通〉开启的关于体裁、体例、文辞与史书编纂的讨论》，杨共乐主编《史学理论与史学史学刊》2023 年上卷，社会科学文献出版社，2023。

史学方法论是中国史学理论遗产中不可或缺的内容，历来备受瞩目。乔治忠《史学史研究的理论与实践》一书，分为史学理论探析、史家史书个案考析、史学专题考论、中外史学比较四章内容，书后还附录了作者迄今发表、出版的论著简目，汇集了作者多年研治史学理论及史学史的学术成果。①书中所示著述数量和学术创见令人称叹，书中所显史学考据和理论思维二者兼通的治学理路值得研史者学习。乔治忠还探析了辩证思维在历史学研究中的重要性，指出，在现代历史学的视域内，辩证思维比形式逻辑有更大的视野、更大的维度；辩证思维是解决史学问题的利器；要以辩证思维探索史学发展的机制。②李振宏提出，对马克思主义史学基本理论问题做进一步的正本清源是一项长期的理论工作。发展当代中国的马克思主义史学，要抓住基本的历史思维要素，还应该抓住这一理论体系中的薄弱环节，进一步拓展和深化历史认识论研究。③

史学理论研究主要体现在对某一时期的史学理论研究和史家的史学理论研究上。杨艳秋指出，目前史学理论研究在学科建设方面还存在着马克思主义理论相对弱化、基础理论研究相对薄弱、对社会重大现实问题的关注相对不够、话语系统的构建和面向世界的能力相对不足的问题。未来会迎来"中国史重返故土"的热潮。④左玉河认为，本土化、科学化和方法热，成为民国时期史学理论研究的基本趋向。⑤赵庆云认为，朱谦之在移植、整合西方理论基础上形成的生机主义史观有完全的理论体系，自成一家之言。⑥张德明指出，民国时期姚从吾的史学理论探索，既吸收了中国古史的优点，又充分借鉴了西方史学理论，形成了自己独特的中西史观。⑦

---

① 乔治忠：《史学史研究的理论与实践》（"南开史学家论丛"第4辑），中华书局，2023。
② 乔治忠：《历史学研究切勿轻忽辩证思维》，《中国社会科学报》2023年8月16日。
③ 李振宏：《关于发展马克思主义史学的几点想法》，《史学月刊》2023年第9期。
④ 杨艳秋：《新时代中国史学理论研究：进展、挑战与方向》，《求索》2023年第2期。
⑤ 左玉河：《本土化、科学化和方法热：民国时期史学理论研究的基本趋向》，《史学史研究》2023年第1期。
⑥ 赵庆云：《略论朱谦之的史学理论建构》，《史学史研究》2023年第1期。
⑦ 张德明：《民国时期姚从吾的史学理论探索》，《史学史研究》2023年第1期。

三　史学评论研究的新突破

史学评论涉及对历史观、史学思想、史学方法、史学评论工作等诸多方面的评论，对促进史学的发展进步具有重要作用。学界 2023 年的中国史学评论研究，在整体性的评论研究外，也有单一方面的成果，其内容涉及对史书的评论、对历史观的评论。

整体性的评论研究方面，朱露川以史学批评的对象和演进路径为依据，考察和分析了中国古代史学批评的总体进程和发展趋势，指出，中国古代史学批评的路径及发展的趋势是从千年史著批评的积累和启示，走向史学批评的广阔空间和理论升华，即从评论史书到全面地评论史学，再到理论层面史学批评的广泛展开，并形成方法论，对当代史学发展多有启发意义和借鉴价值。① 此文探讨、揭示中国古代史学批评的深入发展路径及其规律，有助于学界更清晰地认识中国传统史学何以能够不断生长出关于自身构成的知识体系、话语体系和理论体系。

对史书的评论，成为今年史学评论研究的重要方面。王郝维按时序大致列举对梁启超《清代学术概论》较具代表性的研究，并加以概述，梳理了此书成书百年以来接受史的大致面貌，指出，《清代学术概论》所拥有的中国学术史开山典范的地位是其在一百年来受到持续关注的重要原因，同时，虽然《清代学术概论》的研究史已有百年，但仍有继续探索的空间。② 李孝迁选取 1950 年前后对郭沫若《十批判书》的相关评论作为分析对象，揭示了《十批判书》被"受"与"拒"的具体情形，还检讨了研究中国马克思主义史学时易陷入的若干认识偏差，指出，中国马克思主义史家与史学虽有共性，然每位史家在不同时代的不同作品，处理学术和政治的方式各异，不能一概而论。研究中国马克思主义史学固然需要重视政治面，但也不能忽视学

---

① 朱露川：《中国古代史学批评的演进路径和发展趋势》，《史学理论研究》2023 年第 2 期。
② 王郝维：《百年来梁启超〈清代学术概论〉的接受史》，《鲁东大学学报》（哲学社会科学版）2023 年第 2 期。

术面，以及社会、人事等其他各种复杂因素在其中所发挥的作用。[①]

对历史观的评论，亦成为今年史学评论研究的关注点。张玉翠从历史观的基本范畴出发，对历史观的理论属性与历史概念进行了辨析，并提出了对司马迁历史观所包含内容的看法，指出，以往在关于司马迁历史观问题的讨论中，无论是模糊历史观的理论属性，还是扩大历史观的思想内涵，均忽视了对历史观学术研究的学理性思考。研究司马迁的历史观，应以对历史观概念内涵的科学理解和界定为前提。[②] 此文对于正确把握司马迁历史观的主要内容，明晰司马迁历史观研究中存在的问题及其产生原因具有指导作用。

四　中国历史学"三大体系"建设的进一步思考

在中华民族伟大复兴的时代，通过学科体系、学术体系和话语体系建设，构建中国社会科学的自主知识体系，乃是我们时代社会科学研究最重要的学术建设。历史研究是一切社会科学的基础，建设历史学自主知识体系的任务更重要也更紧迫。如何构建中国历史学的自主知识体系就成为中国历史学研究最重要的学术论题。

面对构建中国历史学自主知识体系的学术问题，《史学理论研究》编辑部约请陈其泰、王晴佳、董立河、吴英四位学者从不同方面发表意见、提出思路。陈其泰指出，我们必须以更大的努力发掘和总结历史学整体层面和诸多分支领域层面的课题，做出精当的概括，为发展中国历史学的自主知识体系和增强"文化自信"贡献力量。王晴佳认为中国史学家寻求建立自主知识体系，正是在与外来文化的碰撞和互动中开始的。在知识体系的整理、重构的过程中，外来文化的冲击起到催化剂的作用，促进了本土文化和外埠文化之间的交流，有助人们寻求文化自信，并由此出发而构建属于自己的知识体系。董立河指出，我们的历史学可以与哲学携手并进，致力于对历史的本真理解，坚持对真实的内在追求，磨砺自己的思想敏锐力，增强自身的精神价

[①] 李孝迁：《郭沫若〈十批判书〉的同时代反响》，《史学理论研究》2023年第2期。

[②] 张玉翠：《司马迁历史观研究的再审视》，《河北学刊》2023年第6期。

值感。如是，我们的历史学便自然获得了自主性，从而为我们国家的整体学科发展，也为世界的学术进步，贡献一份独特的智慧和力量。吴英指出，面对唯物史观对历史学指导地位有所削弱的现实，构建中国历史学的自主知识体系，亟须突破唯物史观传统解释体系的缺陷，构建适应新时代需要的新的解释体系。① 这四位学者分别从继承中国史学的优良传统、借鉴外国史学的优秀成果、加强同哲学学科的交流、指导理论的与时俱进方面提出了对如何建构中国历史学自主知识体系问题的认识，回应了当下学术研究的现实关怀，表现了学者们强烈的学术责任感和使命感。

此外，高希中指出，历史工作者要基于文化认同，依托文化自信，回归中国历史本身，重新认识中国历史发展的内在理路，提炼出富有启发性和解释力的概念、理论和观点，在揭示中国道路特殊性的同时，为世界贡献有益的经验和智慧。② 廉敏认为中国传统史学是中国史学自主知识体系的根基，我们需要学会古为今用。外国史学，尤其是外国近现代史学，是中国史学自主知识体系的参照。要真正激发中国史学的活力、实现中国史学的真正价值、推动中国史学取得丰硕成果，必须将中国史学与现实实践有机结合。③ 张越认为，建构中国史学自主知识体系亟待总结近代史学的相关建树，评估其得失，借此推进中国特色历史学研究稳步前行。④

"三大体系"建设是构建中国历史学自主知识体系的基础工程，这是时代语境与学术发展赋予历史学科的重要课题。学界对如何推进中国历史学"三大体系"建设进行了诸多讨论。王记录认为，构建中国特色历史学"三大体系"，需要借鉴乾嘉考据学的求实方法、求真精神和批判意识，以"实事求是"为准则，以史料考证为基础，详尽占有史料、严谨考辨史料，同时

---

① 陈其泰：《对构建中国历史学自主知识体系的思考》；王晴佳：《交流与互动、自信和自主》；董立河：《克罗齐"哲学与历史学同一"思想解读——兼谈哲学在历史学知识体系中的地位》；吴英：《构建中国历史学的自主知识体系必须解决指导理论与时俱进的发展命题》，均载于《史学理论研究》2023 年第 3 期。

② 高希中：《新时代历史学研究的中国"主体性"构建逻辑及路径》，《求索》2023 年第 2 期。

③ 廉敏：《建构中国史学自主知识体系应处理好三个关系》，《中国社会科学报》2023 年 12 月 4 日。

④ 张越：《中国近代史学发展与历史学自主知识体系建构》，《社会科学》2023 年第 6 期。

根据时代变化，吸纳相关学科的理论与方法，为具有悠久历史的中国史学注入新的生命力。① 夏春涛指出，新时代是历史学可以也必须大有作为的时代，是历史理论研究受到空前重视、享有前所未有发展机遇的时代。我们要把握机遇，乘势而上。② 左玉河指出，推进学科融合，加强哲学界与史学理论界的密切合作，促进马克思主义哲学研究与史学理论研究深度融合，回应当代中国面临的重大理论问题，提升理论研究的国际视野，提炼富有民族特色和时代气息的新概念、新问题、新话语，成为加快建设新时代中国特色马克思主义史学理论"三大体系"的基本趋向。③

五　历史编纂研究的深入与拓展

历史编纂学是中国传统史学的重要组成部分，在中国史学史研究中占有突出地位。编纂动机、编纂思想、编纂过程、编纂机制、编纂内容、体裁体例、历史文学等层面，都是历史编纂学的研究重点。2023 年多位学者关注此问题，主要体现在整体性研究、局部细节考察、修史制度探析、对史书编纂与政治之间互动的审视及新视角的开拓方面。

整体性研究方面，赵生群《〈史记〉导论》一书对与《史记》编纂相关的内容进行了全面系统的探讨，包括《史记》的体例、取材、内容、述史框架、成书过程、史料运用与史料价值、书法、其与几种主要史籍的关系、对史学理论的探索、编纂的几个问题、纪传与传记文学的关联等方面。④ 该书为读者了解司马迁与《史记》、理解《史记》编纂学有所助益。霍艳芳《明代图书官修史》一书对明代官修图书情况进行了全面系统的考察，包括明代官方修书的历史背景、明代中央官修机构、明代中央官修书范围、中央官修图书编撰过程、明代地方政府和藩王的官修活动、明代官修的特点及明代官

---

① 王记录：《乾嘉考据学的传统与历史学"三大体系"的构建》，《求索》2023 年第 2 期。

② 夏春涛：《加快构建新时代历史理论研究"三大体系"》，《史学理论研究》2023 年第 1 期。

③ 左玉河：《新时代中国马克思主义史学理论研究与"三大体系"建设》，《中国高校社会科学》2023 年第 5 期。

④ 赵生群：《〈史记〉导论》，中华书局，2023。

修图书在中国编撰史上的地位和影响诸方面。① 该书问题意识突出，加强了史学史研究领域中重要内容之一的官方史学研究的薄弱环节，也对我们正确认识明代官修图书在中国官修图书史上的地位和作用裨益良多，是有创造性贡献的研究成果。聂溦萌探讨了汉魏南北朝时期礼仪事务运作中的文书、文书的收藏整理以及礼仪典章的修撰问题，指出，魏晋南北朝时期礼典的资料来源、编纂方式都与尚书的政务运作密切相关。而汉代的礼典编纂与当时的礼仪事务运作及礼仪文书未能衔接，汉礼典因此很难实现。②

局部细节考察方面，集中在编纂源流史、编纂宗旨、史料来源、内容特点、史家对史书编纂之贡献的研究。何朝晖、殷漱玉认为，"著"字在先秦时期已出现"书写""记录"的含义。至汉代，"著"成为现在的"著"，连接作者与作品，表示作品的撰述。"著"作为著作方式的确立过程，反映了作者身份的变化与著述意识的觉醒。③ 靳宝立足于李大师"将拟《吴越春秋》，编年以备南北"这一修史设想，较为系统地阐释了《吴越春秋》与《南史》《北史》编撰间的多重关联，指出，李延寿编撰完成《南史》《北史》，离不开对李大师修史设想及其蕴含的编撰思想的继承与发展。这使李延寿在南北朝历史编撰上真正实现了"以备南北"的著述之志，在南北关系处理上既有以北为正的正统观念，更能跳出正统观念而做南北贯通的编排。④ 张文华探讨了作为顾祖禹《读史方舆纪要》重要组成部分的"川渎异同"篇的撰述旨趣和学术价值，指出，"川渎异同"篇体现出顾祖禹承继"志河渠"传统的学术旨趣、心中有天下全势的战略思维以及关心国计民生的忧患意识。⑤ 该文探讨"川渎异同"的撰述旨趣和学术价值，对于全面、立体地认识《读史方舆纪要》和顾祖禹的史学思想具有重要意义。而且，该文这种转换视角，

---

① 霍艳芳：《明代图书官修史》，中华书局，2023。
② 聂溦萌：《礼的运作：魏晋南北朝的仪注文书与礼典编纂》，《北京大学学报》（哲学社会科学版）2023 年第 4 期。
③ 何朝晖、殷漱玉：《著作方式"著"的来源与确立》，《文史哲》2023 年第 1 期。
④ 靳宝：《备南北：〈吴越春秋〉与〈南史〉〈北史〉编撰》，《史学史研究》2023 年第 1 期。
⑤ 张文华：《〈读史方舆纪要〉"川渎异同"的撰述旨趣及学术价值》，《史学史研究》2023 年第 3 期。

以小见大，由微知著的研究路径，可为系统深入地研究《读史方舆纪要》提供一定的参考。张呈忠、刘坤考察了《宋史·刘豫传》的史源问题，认为《宋史·刘豫传》的史源主要是吸收了《建炎以来系年要录》内容的《中兴四朝国史·高宗本纪》。因此，《刘豫传》也间接保留了《建炎以来系年要录》中的考证成果，并且《刘豫传》在一定程度上也保留了本纪按照年月日顺序编排的体例痕迹。除此之外，元朝史臣在修撰《刘豫传》时也可能参考过《伪齐录》和《金史·刘豫传》。[①] 该文通过追溯《宋史·刘豫传》的史料来源，打开了刘豫与伪齐存世史料之间源流关系的突破口，这对于推进伪齐政权研究、认识《宋史》的纂修过程都具有重要的价值。牛子晗考察了正史《循吏传》的入传标准及内容特点，指出，正史《循吏传》不仅传名各有变化，或曰《循吏》，或曰《良吏》《良政》《能吏》，其入传标准及内容特点前后亦有变化。[②] 李金华对章学诚在《史籍考》编纂中的作用进行了重新评估，指出，章学诚是《史籍考》编纂的最初提出者与设计者，署名周震荣的《上李观察书》对《史籍考》编纂内容与体例的陈述，乃是章学诚校雠学理论的集中体现，展现出章氏学术视野的高远及其目录学理论体系的融通。[③]

修史制度的研究，主要体现在对中国古代记注制度的探讨上。曹刚华、刘欣宇对北魏的起居注制度进行了系统探讨，指出，北魏起居注制度是孝文帝改革在史官制度上的一个反映，也是北魏与南朝争夺华夏正统在史学上的需求。北魏形成了一套行之有效的起居注制度，为魏收编撰《魏书》奠定了深厚的基础，亦对东魏、北齐乃至隋唐史官制度有深远的影响。[④] 吴凤霞对辽代记注官的充任情况、归属机构、选任特点、所编修《起居注》的质量等内容进行了探讨，认为，辽代记注官由皇帝身边的近侍牌印郎君或契丹翰林文臣兼职。虽然辽代《起居注》质量不高，但辽代记注官之设，亦在弘扬相

---

① 张呈忠、刘坤：《试析〈宋史·刘豫传〉的史源》，姜锡东主编《宋史研究论丛》第32辑，科学出版社，2023。

② 牛子晗：《正史〈循吏传〉入传标准与记述内容的变化》，《史学史研究》2023年第2期。

③ 李金华：《章学诚与〈史籍考〉编纂新论》，《南开学报》（哲学社会科学版）2023年第4期。

④ 曹刚华、刘欣宇：《北魏起居注制度新探》，《史学理论研究》2023年第4期。

延数代的编修《起居注》传统、促进多民族文化交融方面具有积极的意义。①

史书编纂与政治之间的关联亦是学界的着眼点。尤学工《史权与秩序：清初史家群体的明史书写》一书探讨了清初遗民史家、仕清史家和贰臣史家在兴亡、忠义、正统、君臣等明史书写主题上的异同，分析了他们各自的书写取向，梳理了他们的分化与整合，反思了易代之际史家群体所面临的困境与选择，阐释了史家群体与史学在清初文化秩序建构中的地位和作用。② 马雪松从历史政治学的角度，论述了正史修撰的相关实践在史学宗旨与政治功能向度的内在张力，指出，中国传统正史修撰兼具历史书写与政治实践的双重属性，蕴含着深刻的历史政治学意义。基于传统历史演进脉络与政治权力运作逻辑的复杂交织与互动共生，正史修撰的相关实践逐渐背离传统的史学宗旨并且日渐偏离特定的政治功能，呈现出多维复合的内在张力。③ 陈爽从魏晋南北朝时期的起居注文本入手，从政务运行和史志编纂的关系着眼，探讨了魏·晋南北朝时期起居注修纂制度和起居注的功能，提出，西晋北朝起居注是专用修撰国史的机密文档，东晋南朝起居注是君主诏令、群臣奏议等政府行政文书的汇编。东晋南朝的起居注的撰录除作为史志编纂素材之外，还是为政府日常政务处置提供参考和借鉴的公开文本。④ 该文以政务运行为切入点，从文献梳理进入制度史乃至政治史的视域，尝试跳出以往单一的史学史或文献学的叙述模式，更为全面地阐释中古记注之史的生成过程与特定历史作用，对我们从史学自身发展的逻辑来观察起居注的发展，来认识起居注制度在王朝行政运行中的特定功能具有意义。杨德会以记注制度为中心探索了中国古代史权的演变历程，指出，依据记注制度的变迁，史权演变可被划分为两个上升期与两个下降期，记注制度从诞生之初就被赋予监督君主的职能，该制度兴衰与史权强弱紧密相关。⑤

---

① 吴凤霞：《辽代记注官初探》，《史学史研究》2023 年第 2 期。

② 尤学工：《史权与秩序：清初史家群体的明史书写》，高等教育出版社，2023。

③ 马雪松：《中国传统正史修撰内在张力的历史政治学诠释》，《学习与探索》2023 年第 1 期。

④ 陈爽：《"王命之副"——魏晋南北朝的起居注编纂与政务运行》，《北京大学学报》（哲学社会科学版）2023 年第 4 期。

⑤ 杨德会：《中国古代史权演变考论——以记注制度变迁为中心》，《历史教学问题》2023 年第 1 期。

在新视角的拓展方面，历史书写成为学界考察史书编纂的新领域。邓凯、谢贵安以《皇明大政纪》为切入点，分析了明世宗的隐衷所在、该书对明武宗历史的书写方式及作者雷礼对明世宗隐衷的内在思想，指出，《皇明大政纪》作为一部私修的当代史，敢于大肆揭露明武宗的劣迹及其治下弊政，一如对武宗历史直言无隐的《武宗实录》。这启示我们，要把中国传统史书放置于特定的社会和历史背景下仔细观察，才能发现来自统治阶级的权力话语对人们的历史认识、价值观念和史学书写方式的潜在制约。[①] 李孝迁着重发掘了延安"降低一格"的中国史读物，分析了它们的叙事策略、意图及对建构历史知识的影响，指出，延安的中国历史书写深受斯大林、毛泽东的影响，《联共（布）党史简明教程》构成了中共史学的方法论基础，毛泽东直接介入延安的写史读史活动。随着中共革命的胜利，延安的历史读物从地方推向全国，借助各种管道，层层渗透，形塑了几代人的国史记忆。[②] 惠男指出，清代不同时期的蒙古文人对"传国玉玺"史事的书写呈现出较大差异。清初蒙古文人集体回避了与"传国玉玺"有关的话题；而随着对清朝文化和政治认同的增强，清中后期的蒙古文人则逐渐站在清朝的立场讲述"传国玉玺"故事，并基于个体经验差异，对玉玺来历、性质以及皇太极获得玉玺的过程等进行了多样化诠释。[③]

六　史学史研究的蓬勃发展

本年的史学史研究呈现出蓬勃发展之势，有学科史专著的推出，有学术史的回顾与整理，还有对史家、史学流派、史学思想史的探讨。

学科史专著方面，周文玖等著《民国史学：中国现代史学的产生和发展》一书[④] 对民国时期史学进行了整体的、全景式而又不乏史学家活动的系

---

① 邓凯、谢贵安：《〈皇明大政纪〉的武宗历史书写与世宗隐衷关系初探》，《历史教学问题》2023年第2期。
② 李孝迁：《"行动的指针"：战时延安的中国历史书写》，《史学月刊》2023年第10期。
③ 惠男：《清代蒙古文史著对"传国玉玺"的书写》，《历史研究》2023年第5期。
④ 周文玖等：《民国史学：中国现代史学的产生和发展》，人民出版社，2023。

统探讨，全书七章内容分别为民国史学的发展过程，民国时期的史学流派，民国时期的历史学的学科建设、研究机构以及历史学会，民国时期的中国史料整理及通史等撰述，民国时期的世界史研究，民国时期历史学重大问题的研究和争鸣，民国时期的中外史学交流，结语就民国时期史学与社会，特别是史学与政治的关系进行了探讨，还对民国时期史学的特点、成就和局限以及历史影响做出了论断，弥补了学界在民国史学史研究上的不足。

学术史研究方面，虞云国以吕思勉、陈垣、陈寅恪、顾颉刚、吴晗、丁则良、严耕望、刘子健、张家驹与程应镠等著名史学家为典型个案，再现了他们在时世剧变下的人生轨迹与学术生涯及其历史观与方法论，既多方勾勒出中国百年史学的辉煌业绩与曲折走向，也真实还原了这些史学大家的命运遭际与心路历程，为后来者在历史的回望中留下了深沉的思考。① 王嘉川《〈史通〉学术史》一书从思想史的角度，考察了《史通》这部著作自产生以来，对中国史学发展产生的影响，以及不同历史时期对它的研究情况及其发展脉络。② 该书是一部动态演进和螺旋式发展的元典阐释史，梳理了《史通》学术发展的线索，帮助我们认识了《史通》在后世所受评价的情况、《史通》实事求是的史学品格和刘知幾"书名竹帛、以图不朽"的学术夙愿。陈其泰对自身治史理念之形成、运用和提升过程进行了回顾，指出，"从文化视角研究史学"是从学术实践中总结出来的治史理念，主要是考察史家对时代特点的认识，考察中国文化传统对推动社会前进和学术发展产生的作用。在此基础上，考察传统学术的精华何以通向马克思主义，并探索中华民族文化基因的锻造。③

史家研究方面，治学和学人交谊成为研究重点。徐国利考察了侯外庐"谨守考证辨伪"治史范式的内涵和意义，指出，侯外庐将考证辨伪与马克思主义理论方法相统一，赋予其诸多新内涵，使之成为他史学方法论体系的

---

① 虞云国：《学随世转：二十世纪中国的史家与史学》，上海人民出版社，2023。

② 王嘉川：《〈史通〉学术史》，济南出版社，2023。

③ 陈其泰：《从"文化视角"到探索中华民族文化基因的锻造——治史心路回眸》，《史学集刊》2023 年第 2 期。

有机组成部分。① 李长银探讨了翦伯赞的史料学建设在中国马克思主义史学史和中国近现代史料学上的价值，认为，翦伯赞以辩证唯物主义和历史唯物主义为指导，在传统史学、实证主义史学的基础上初步建立了中国马克思主义史料学。这一工作不仅完善了中国马克思主义史学体系，也推动了中国近现代史料学的发展。② 屈宁探讨了阮元与章学诚之间的学术交集，指出，阮元与章学诚存在诸多学术交集，而二人种种学术暗合的根本原因在于经史观的契合，尤其是对史学经世价值的高度重视。③ 张峰对傅斯年与岑仲勉从相知到相离的学术关联进行了系统考论，指出，考析学人之间关系亲疏远近原因，除应观照两人因学术见解和工作范围认知不同造成的隔阂之外，还应从宏观层面加以考量，将着眼点置于近代以来时代变动对史学演进趋势的影响，兼顾史学家在推进史学专业化进程中采取的不同学术主张、建构路径与实践方法。④

史学流派研究集中在对顾颉刚及古史辨派的研究上。《史学月刊》邀请站在学术前沿的几位学者——赵轶峰、张越、郭震旦、李政君就古史辨运动发表评论，他们从认识论、方法论等不同角度，提出了自己的真知灼见。赵轶峰指出，历史学无须继续古史辨研究全面质疑古史的基调，但不应该抛弃"疑古"所体现的批判性。古史辨的"疑古"与晚近的"走出疑古时代"在历史学求真、实证的取向意义上并无二致。古史体系的建构毕竟不应该超出证据基础，否则会导致主观性过强的判断和书写。张越指出，顾颉刚疑古学说已经深入到史学理论的一般性层面，从历史书写到历史事实、从史学认识论到历史本体论、从史学理论到历史理论，完成了近代中国古史学说的一种理论构建。郭震旦认为，层累说以及"四个打破"，已为当代历史认识论所证明是历史叙事带有规律性的特征，如果硬要"走出"，就意味着对当代历史认识论成果的颠覆。李政君认为，顾颉刚为解决中国古史层累问题，做出

① 徐国利：《继承与发展：侯外庐"谨守考证辨伪"的内蕴和意义》，《湖北大学学报》（哲学社会科学版）2023年第3期。
② 李长银：《翦伯赞与中国马克思主义史料学的初步建立》，《近代史研究》2023年第3期。
③ 屈宁：《冲突下的暗合：论阮元与章学诚的学术交集》，《文史哲》2023年第4期。
④ 张峰：《从相知到相离：傅斯年与岑仲勉关系考论》，《史学史研究》2023年第3期。

一系列带有本土原创色彩的学术贡献。顾氏建立了民间故事研究的经典范式和不同于西学或人类学范式的中国现代民俗学的基础范式，推动了带有浓厚本土或传统色彩的中国历史地理学的建立。[①] 此外，还有多位学人注重对古史辨运动发展过程的考察。王震中探讨了古史辨派的贡献和局限以及如何重建中国上古史的问题，[②] 王红霞着重分析了"古史辨运动"重心转向的表现及原因，[③] 王晴佳从情感史的视角，讨论了顾颉刚与其父亲紧张和对立的情感关系对顾发动"古史辨"讨论的作用。[④]

史学思想史的研究成果主要体现在通史的史学思想研究、对史家史学思想的研究、史学思想研究的现状及展望方面。汪高鑫 2023 年推出了两部著作，分别是《中国史学思想史十五讲》和《中国史学思想史教程》。[⑤] 前书以问题为序，选取"易学视野下的汉代史学思想""'究天人之际'：传统史学的整体思维""'通古今之变'：传统史学的通变思维""20 世纪的'新史学'思潮"等十五个重大论题进行讨论。后书则按先秦、秦汉、魏晋南北朝、隋唐、宋元、明与清前中期、近代七个阶段对中国史学思想史进行了系统论述。

《史学月刊》组织了以"刘知幾史学思想辨析"为主题的一组笔谈，选取《史通》中的《采撰》《书事》《探赜》《鉴识》四篇，由概念的生成与史学活动的展开，论及历史撰述中史料的搜集与处理、叙事主线的规划与实现、史家治史过程中的认识论，以及研究者的一般性认识活动等触及史学理论原则的问题。瞿林东认为，鉴识是人的一种认识活动，不可把这种认识即所谓"鉴"之"定识"过分夸张，使其神秘化，而且，亦不可将其做绝对看

---

① 赵轶峰：《我看"古史辨"》；张越：《顾颉刚疑古学说百年流播的若干审思》；郭震旦：《古史辨：现代中国史学的记忆之场》；李政君：《顾颉刚古史观念探微》，均载于《史学月刊》2023 年第 5 期。
② 王震中：《古史辨的贡献和局限与上古史的重建》，《文史哲》2023 年第 5 期。
③ 王红霞：《"古史辨运动"的重心转向及其原因探析》，杨共乐主编《史学理论与史学史学刊》2023 年上卷。
④ 王晴佳：《顾颉刚及其"疑古史学"再释——试从父子情感的角度分析》，《河北学刊》2023 年第 5 期。
⑤ 汪高鑫：《中国史学思想史十五讲》，北京师范大学出版社，2023；《中国史学思想史教程》，北京师范大学出版社，2023。

待，而应做变动的、发展的看待。还要认识到，鉴识不是无条件的，除了社会条件，人的素质、才识和敏锐也是不可缺少的，要把握这一认识过程的各种条件和要素。陈安民指出，刘知幾关于史料采择须"博""雅"合一的基本主张，为司马光、四库馆臣等史家所发展运用，又得郑樵、章学诚等人之别样发挥，共筑了中国古代史学求实求信的史料观根基。刘开军指出，在探赜上多下些功夫，借此寻觅史心归处，观察史学的发生与延续，聚焦理论的误读与纠谬，提炼研究的原则与方法，或可发现中国史学别样的风景。朱露川认为，刘知幾依据朝代史的撰述经验，提出以"国之大事"为标准，以"常事不书"为法则的书事体要，成为古代史学有关"书事"问题的主流认知。启示今天史学工作中的"国之大事"的内涵应该随时代变化而赋予新的内涵，而且作为修史通例，对待历史撰述中的恢宏和细微，应坚持以"国之大事"为主体，辅之以其他事实的充润、细化。① 这组文章对认识刘知幾的史学思想，了解中国传统史学的理论魅力，促进中国史学理论研究的发展具有重要意义。刘丹忱探讨了中国传统史学思想与方法在当今的传承问题，认为，今天的中国史学需要以唯物史观为指导，以通史精神将宏观研究与微观研究有机结合，避免碎片化研究的倾向；重拾以史为鉴、经世致用的史学传统回答时代之问；打通经史，借助经学的义理阐发，将中国传统史学思想、理论辨析出来，创新并发展中国特色的史学理论；还应当抢救性地继承一些传统经学、史学的研究方法，将一些中国经学史学特有的概念，从概念史的意义上加以深入研究。②

综上所述，2023 年学界中国史学理论与史学史研究在诸多方面取得了突出的成绩，展现了学科发展的旺盛生命力。但是，尚存在一些不足：第一，历史理论研究相较于史学理论与史学史研究，稍显不足，议题稍显单一，亟须进一步发展；第二，有关历史学"三大体系"建设论述的文章较多，实

---

① 瞿林东：《"物有恒准，而鉴无定识"再认识》；陈安民：《〈史通·采撰〉论历史撰述之得失》；刘开军：《关于〈史通·探赜〉的三重探赜》；朱露川：《"书事"新论：范畴、恒理及其他》，均载于《史学月刊》2023 年第 9 期。
② 刘丹忱：《新时期传承中国传统史学思想与方法的再思考》，《史学史研究》2023 年第 3 期。

际具可操作性、指导性的并不多；第三，史学理论与史学史研究虽然蓬勃发展，但是相较于前两年，有关史学理论中纯理论问题的探讨相对减少。面对现状，放眼未来，本学科或将在如下方面继续发展。一是历史学"三大体系"建设，大一统与历史认同、民族认同，历史编纂与历史撰述，学术史的回顾与整理将持续受到关注。二是史学研究经世致用的诉求将愈发凸显。中国史将进一步重返故土，研究中将更进一步关注传统史学对当下历史学发展及当下社会的作用。而中西史学比较乃至中西史学理论比较或将受到重视。三是在史学研究与历史研究日趋联系紧密的情势下，史学与政治、思想等其他领域的互动及交叉领域研究或将成为新的增长点。

稿　约

一、《理论与史学》集刊由中国社会科学院历史理论研究所中国史学理论与史学史研究室主办，一年出版两辑。本集刊立足于打造历史理论研究的前沿阵地，注重发掘中国史学理论遗产的当代价值，推动中西史学对话、比较研究，促进理论研究与实证研究的融会贯通。为此，本集刊欢迎研究、评析国内外的历史理论和史学理论，以及探索重大历史和现实问题的论文，同时也欢迎书评、专访、综述等方面的稿件。

二、本集刊提倡严谨的学风，坚持"百花齐放、百家争鸣"的方针，坚持相互尊重的自由讨论。本集刊发表的所有文章都不代表编辑部的意见，均由作者文责自负。

三、来稿请寄编辑部邮箱（lilunyushixue@sina.com），或登录投稿系统（www.iedol.cn）。

四、采用专家匿名审稿制度。

五、注释一律采用脚注。脚注格式请参《史学理论研究》注释规范及示例（http://lls.cssn.cn/xsqk/xsqk_sxllyj/sxllyj_bjjsgf/202006/t20200628_5162869.html），注释中所引书目、篇名，第一次出现时务请注明出版社名称和出版年份；论文则需注明所载刊物名称和期数。如果引用书目为外文，请用原文，不必译成中文。

六、投稿者（理论沙龙、书评等短篇除外）请提供300字的中、英文摘要和中文关键词。摘要不仅要说明文章所谈主要问题，而且要明确说明观点。

七、来稿请勿一稿数投，如发现这种情况，本刊将不支付稿酬，并在五年内不受理该作者稿件。本刊因人力和经费有限，来稿一律不退，请作者自留底稿。稿件发出三个月未收到采用通知可另行处理。

八、来稿请写明作者真实姓名（发表时笔名听便）、工作单位、职称或职务、通讯地址、邮政编码、电话号码和电子邮箱，以便联系。

《理论与史学》编辑部

2024 年 8 月

图书在版编目（CIP）数据

理论与史学 . 2024 年 . 第 1 辑 : 总第 10 辑 / 中国社
会科学院历史理论研究所中国史学理论与史学史研究室编 .
北京 : 社会科学文献出版社 , 2024. 12. -- ISBN 978-7-
5228-4504-3

Ⅰ . K0-53

中国国家版本馆 CIP 数据核字第 2024J7H022 号

理论与史学 2024年第1辑（总第10辑）

编　　者 / 中国社会科学院历史理论研究所
　　　　　中国史学理论与史学史研究室

出 版 人 / 冀祥德
责任编辑 / 赵　晨
文稿编辑 / 孙少帅
责任印制 / 王京美

出　　版 / 社会科学文献出版社·历史学分社（010）59367256
　　　　　地址：北京市北三环中路甲29号院华龙大厦　邮编：100029
　　　　　网址：www.ssap.com.cn
发　　行 / 社会科学文献出版社（010）59367028
印　　装 / 三河市龙林印务有限公司

规　　格 / 开　本：787mm×1092mm 1/16
　　　　　印　张：18.25　字　数：281千字
版　　次 / 2024年12月第1版　2024年12月第1次印刷
书　　号 / ISBN 978-7-5228-4504-3
定　　价 / 128.00元

读者服务电话：4008918866